4차 산업혁명 시대 창의융합형 인재 양성을 위한

소프트웨어 교육의 이론과 실제

신재한 박민황 나영동 장준익 김건호

교육과학사

머리말

SW중심사회는 소프트웨어(SW)가 혁신과 성장, 가치창출의 중심이 되고 개인·기업·국가의 경쟁력을 좌우하는 사회이다. 미래 사회를 이끌어갈 SW인재 양성을 위해 우리 정부는 2014년 7월 'SW중심 사회 실현 전략보고회'를 개최하여 'SW중심사회'라는 새로운 어젠다를 설정하고 미래세대에 대한 SW교육 저변 확산의 기반을 마련했다. 어린 학생들의 SW에 대한 관심이 증가하고 대학 SW학과 인기가 상승하는 등 소프트웨어교육에 대한 관심이 그 어느 때보다 뜨겁다. 기존의 성과를 확대하고 SW중심사회로의 이행을 가속화하기 위해서는 SW교육에 대한 혁신이 필요하다. SW교육의 핵심은 컴퓨팅 사고력이다. 즉 컴퓨터가 생각하는 방식으로 논리력, 알고리즘 등을 학습하여 창의적 문제 해결 능력을 키우는 것이다. SW가 중심인 사회, SW가 세상을 바꾸는 시대, 즉 SW중심사회로 한 단계 더 도약하기 위해서는 컴퓨팅 사고력을 가지고 세상을 이끄는 창의·융합인재 양성이 필요하고 그를 위해 시행하는 것이 SW교육이다.

특히, 본 저서는 1부. 소프트웨어 교육 개론, 2부. 놀이와 체험 위주의 언플러그드 SW교육, 3부. 교육용프로그래밍언어(EPL) SW교육, 4부. 피지컬 컴퓨팅을 활용한 SW교육, 5부. 세상을 바꾸는 SW교육, 총 5부로 구성되어 있다. 1부에서는 국내외 소프트웨어 교육과 컴퓨팅 사고력, SW교육 교육과정과 교수학습 방법 등으로 구성되어 있고, 2부에서는 컴퓨팅과학 개념의 언플러그드 활동, 알고리즘 기반의 언플러그드 활동과 SW교육용 보드게임으로 구성되어 있다. 또한, 3부 교육용프로그래밍언어(EPL) SW교육에서는 국내외 블록형 코딩 기반의 교육용프로그래밍 언어를 알아보고 학교에서 학생에게 쉽게 적용할 수 있는 예제 중심으로 구성되어 있고, 4부피지컬 컴퓨팅을 활용한 SW교육에서는 아두이노, 메이키메이키, 비트브릭, 햄스터로봇, 레고 마인드스톰 EV3 등으로 구성되어 있다. 5부 세상을 바꾸는 SW교육에서는 SW교육 관련 메이킹, SW교육 대회, 선도학교 관련 사례를 제시하였다.

본 저서는 컴퓨팅 사고력을 신장하기 위하여 SW교육을 처음 접해보는 이도 쉽게 적용 가능한 SW교육 이론과 실제로 내용을 구성하였으므로, 학부모, 교사, 학생, 교육전문가 등에게 매우 유용할 뿐만 아니라, 실제 사례를 중심으로 구성되어 있어 누구든지 쉽게 이해할 수 있다. 따라서, 본 저서는 컴퓨팅사고력 향상 기반의 SW교육에 대해 연구하고 현장에 실천하는 현장 교사, 학부모, 교육 전문가들에게도 많은 도움을 줄 것으로 기대한다. 아무쪼록 본 저서가 SW중심사회, 컴퓨팅 사고력을 통하여 창의적 문제 해결 능력을 키우는, 미래 사회를 이끌어갈 SW 인재를 양성하는 데 기초가 되는 기본 지침서가 되기를 바라는 마음이다. 끝으로 본서 출판에 도움을 주신 교육과학사 가족 여러분께 감사를 드린다.

2018년 8월

저자 대표 신재한

차 례

I

소프트웨어 교육 개론

1 소프트웨어 교육과 정보과학적 사고력

가. 소프트웨어 교육 배경

소프트웨어는 컴퓨터가 세상에 등장한 이후로 정치, 경제, 사회, 문화, 예술, 교육 등 다양한 분야에서 복잡한 문제들을 해결하고 새로운 산출물을 생산하거나 혁신의 도구로 디지털 창조 경제 시대의 핵심 도구로 부각 되고 있다.(위키피디아)

정보화 사회가 정보화, 디지털화를 통해 산업 사회의 생산성을 높인 사회라면 소프트웨어 중심 사회는 소프트웨어가 혁신과 성장, 가치 창출의 중심이 되고 개인·기업·국가의 경쟁력을 좌우하는 사회라고 할 수 있다.(한국교육개발원, 2014)

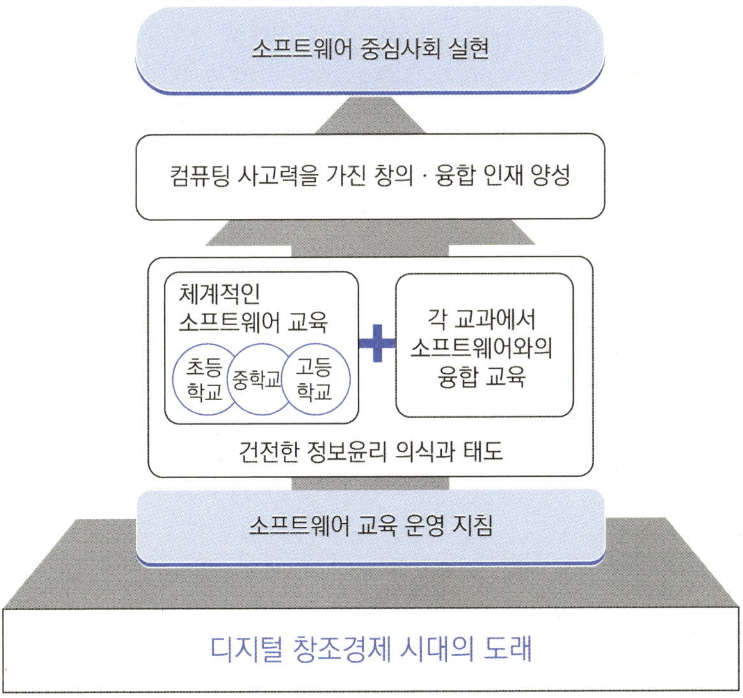

[그림 Ⅰ-1] 소프트웨어 중심사회

따라서 우리 사회 전반에 전문적인 소양을 갖춘 소프트웨어 인력의 중요성과 요구가 크게 높아졌지만 학교에서는 우수한 소프트웨어 인재들을 충분히 배출해내지 못하고 있다. 이렇게 되면 앞으로 기업과 국가 간에 소프트웨어 핵심인재 확보를 위해 보이지 않는 인재 영입전쟁이 일어날 것이며 이런 현상은 현재에도 충분히 목격되고 있다.

그러므로 소프트웨어 중심사회에서는 컴퓨터 과학의 원리와 기술을 학습하여 창의적이고 효율적으로 문제를 해결하는 능력을 지닌 인재가 필요하며, 정부는 교육과정 개정을 통해 미래 사회에서 필요로 하는 인재를 육성해야 한다.

현재 컴퓨터 과학의 핵심적인 요소는 하드웨어인 디지털 기기나 소프트웨어의 활용에만 그치는 것이 아니라, 다가올 미래 사회의 핵심적인 사고력이라고 할 수 있는 컴퓨팅 사고력(Computational Thinking, CT)을 함양하는 것이라 할 수 있다.

이에 정부는 급변하는 세계 교육의 흐름에 맞추어 미래 사회에서 요구되는 컴퓨팅 사고력을 지닌 인재를 양성하기 위한 목적으로 2015 개정 교육과정을 통해 초·중·고등학교에 소프트웨어 교육을 도입하였다.

나. 소프트웨어 교육의 필요성

현대 사회에서 소프트웨어가 가치 창출의 중요한 도구이자 국가 경쟁력을 결정하는 핵심 요소 중 하나라 자리매김하고 있다. 특히, 지식정보사회로 급속하게 전환되면서 소프트웨어가 사회, 문화, 경제 등 국민 생활 전반에 중요한 영향을 미치고 있다. 이러한 경향은 최근 OECD의 PISA나 IEA의 ICILS 등을 통해 학생들의 정보소양이 국가 인재 양성의 중요한 잣대로 활용되고 있다는 점을 통해서도 쉽게 알 수 있다.

또한, 최근에는 소프트웨어가 개인과 기업, 정부의 경쟁력을 『소프트웨어 중심사회』로 바뀌면서 세계 주요국은 이러한 변화에 적극 대응하기 위한 국가 전략을 추진하고 있다. 이의 일환으로 영국, 미국, 일본, 이스라엘 등 주요 선진국에서는 한생들의 컴퓨팅 사고력을 기르기 위해 초등학교 저학년부터 소프트웨어 교육을 실시하고 있으며, 국가 경제의 지속 성정과 사회 문제 해결에 소프트웨어 교육의 기회가 제공될 수 있도록 교육과정의 기반을 마련하는 일이 요구되고 있다.

이러한 시대적 요구에 부응하기 위하여 2014년 9월, 교육부는 2015년 개정 교육과정 총론(시안)을 발표하였다. 2015 개정 교육과정은 문이과 칸막이 없는 학교교육을 통해 학생들이 인문·사회·과학기술에 대한 기초 소양을 함양하여 인문학적 상상력과 과학기술 창조력을 갖춘 창의·융합 인재로 성장할 수 있도록 우리나라 교육을 근본적으로 개혁하려는 움직이다.(교육부, 2014) 총론의 주요 내용 중의 하나는 기존의 정보 교육과정을 소프트웨어 교육 중심으로 개편하여 초·중·고등학교에서 소프트웨어 교육을 강화하자는 것이다. 개정 방향에 따르면 초·중고등학교에서의 소프트웨어 교육은 건전한 정보 윤리의식을 바탕으로 컴퓨팅 사고력 기반의 문제해결력을 기르는데 기본 목적을 두고 있다. 이를 토대로 다양한 분야에서 소프트웨어 역량을 융합하여 창의적으로 문제를 해결할 수 있는 창의·융합 인재 양성을 목적으로 하고 있다.

다. 소프트웨어 교육의 개념

지금 우리가 살고 있는 시대는 디지털시대이다. 디지털시대는 컴퓨터시대, 정보시대 혹은 뉴미디어시대라고도 불린다. 이미 아날로그시대가 저물고 앞으로 인류는 오랫동안 디지털 문명의 기기와 함께 살아가야 한다. 디지털시대에서는 하이테크 기술 기반으로 노동이 아닌 지식중심사회가 생성된다.

이러한 지식중심사회에서는 가치 산정의 기준이 생산비용이나 원재료비가 아니라 전적으로 소비자가 느끼는 가치에 의해 결정된다. 이런 가치 평가가 바로 하이테크 기술의 핵심인 소프트웨어의 대표적인 특성이며, 모든 나라가 추구하는 지식경제사회의 가장 중요한 원동력이 소프트웨어인 이유이다.

우리나라 소프트웨어 교육의 시작은 7차 교육과정 이후 정보통신기술(ICT)교육을 통해 시작되었다. ICT란, 정보 기술(Information Technology)과 통신 기술(CommunicationTechnology)의 합성어로 정보기기의 하드웨어와 이들 기기의 운영 및 정보관리에 필요한 소프트웨어 기술과 이들 기술을 이용하여 정보를 수집, 생산, 가공, 보존, 전달, 활용하는 모든 방법을 의미한다.

우리나라의 ICT교육은 2000년에 「초·중등학교 정보통신기술 운영지침」의 발표와 함께 실시되었으며, ICT사용 방법을 비롯한 정보의 생성, 처리, 분석, 검색 등 기본적인 정보 활용 능력을 기르는 교육인 ICT 소양교육과 기본적인 정보 소양 능력을 바탕으로 학습 및 일상생활의 문제 해결에 정보통신기술을 적극적으로 활용할 수 있도록 하는 교육인 ICT 활용교육으로 나누고 두 영역을 연계하여 활용할 수 있도록 하였다.

그러나 2014년 교육부의 「초·중등 소프트웨어 교육 활성화 방안」에서 ICT교육의 문제점으로 첫째, 학교 교육에서 학생의 발달 단계에 적합한 체계적인 소프트웨어 교육이 미흡하여 ICT 활용 중심의 정보교육이 디지털 정보 세대의 관심과 흥미를 충족시키지 못하고 일부 소프트웨어 기초 교육이 혼재되어 왔으며, 둘째, 미래 정보사회에 대비하기 위한 소프트웨어 영재 조기 발굴 육성 지원 체제가 부족했다고 말하고 있다.

소프트웨어란 '예', '아니오'만을 인식하는 기계장치를 구동하기 위해 논리적인 일련의 실행명령을 구성하는 것이다. 장난감 쌓기나, 미술 시간의 채색 활동을 통해 사물의 구조와 아름다움을 배우게 되는 것처럼 디지털 세대는 소프트웨어의 역할과 영향에 대해 이해할 필요가 있다.

디지털 세대는 하드웨어(HW), 인프라 중심의 1차 IT혁명을 거쳐 창의적 인재를 바탕으로 하는 소프트웨어(SW)와 콘텐츠 중심의 2차 IT혁명의 시대로 진입하고 있다. 디지털 창의적 인재 양성을 위해서는 창의·융합적 인재의 보편적 육성이 필요하며, 소프트웨어 교육은 이전의 ICT교육이 추구했던 사용자(User) 교육에서 창조자/생산자(Maker) 교육으로의 변화에 중심이 되고 있다.

즉 소프트웨어 교육은 자신의 아이디어를 설계하고 융합하고 구현해 낼 수 있는 능력 중심의 교육이며, 논리적 사고, 창의적 사고, 문제 분석 능력의 증진을 위한 교육이다.

현재까지 논의되고 있는 소프트웨어 교육의 방향은 결론적으로 그 목적이 정보과학적 사고력의 향상에 있다. 즉, 기존에 교육정보화 정책으로 이루어진 ICT 교육에서 다룬 컴퓨터 과학 교육, 정보 기술 소양 교육, 정보기술 유창성 교육의 목표와 교육 내용, 교수 학습 방법에의 적용 등의 관점인 어떻게 가르쳐야 하는가에 대한 관점에서 벗어나야 함을 의미한다.

기존의 교육이 학문 분야의 전문성 신장에만 초점을 두고 있다면, 소프트웨어 교육은 전체를 다루는 능력을 갖춘 전문가의 양성에 그 목표가 있다.

즉, 실세계의 문제는 단편화된 문제에서 복잡한 문제로 그리고 다양한 학문분야의 관련된 지식과 기술의 통합을 요구하고 있으며, 기존의 교육 방법으로는 단편화된 영역의 사고를 향상시킬 수는 있으나, 그 밖의 사고를 향상시키는 데에는 적합하지 못했다.

따라서 소프트웨어 교육은 모든 학습자가 갖추어야 할 기초 능력 즉 정보과학적 사고력 기반의 문제해결 능력 함양을 위하여 체계적인 교육이 진행되어야 한다.

지금 논의되고 있는 소프트웨어 교육은 프로그래밍 언어 자체를 배우는 것이 목적이 아니다 프로그래밍언어를 사용하여 정보과학의 원리를 배우고 이를 통해 정보과학적 사고력을 향상시키고 프로그래밍 언어의 문법적 내용과 이를 통해 어떻게 시스템을 개발할 것인가 보다는 생활 주변의 문제를 어떻게 정보과학의 원리를 이용하여 창의적으로 해결할 것인가에 대한 고민이 필요하다.

라. 정보과학적 사고

현재 'Computational'이란 용어는 이미 여러 분야에서 사용되어 오고 있다. 인터넷 한국어 위키 백과와 관련 전문 사이트의 번역에 의하면, 'Computational' 이라는 용어를 사용하는 전문 용어로 Computational Geometry(계산기하학), Computational Physics(계산물리학), Computational Linguistics(계산언어학), Computational Biology(계산생물학), Computational Biochemistry(계산생화학), Computational Chemistry(계산화학) 등과 같이 이미 광범위한 영역에서 'computational'을 '계산'으로 번역하여 통용하고 있다.

물론 그 의미도 '컴퓨팅적인', '컴퓨터를 사용하는', '컴퓨터과학적인', '정보과학적인' 등과 같은 의미를 갖고 있으며, 학술용어로 많이 쓰이고 있다. 따라서 'Computational Thinking'의 번역도 '정보과학적 사고' 로 번역하는 것이 무방하다고 볼 수 있다.

Wing(2008)은 정보과학적 사고가 3R(읽기, 쓰기, 셈하기)과 더불어 모든 학습자가 갖추어야 할 기본 능력이며, 추상화(Abstraction)와 자동화(Automation)를 통한 문제해결능력이라고 하였다. 정보과학적 사고가 문제 해결 과정에서 추상화 과정을 통해 문제의 핵심 요소를 추출하고 모델링하여 컴퓨팅 기기를 통해 해법을 자동화하는 능력을 의미한다고 하였다. 또한 단순히 컴퓨터 과학 및 프로그래밍에 대한 지식을 가지고 있다거나 프로그래밍을 실천하는 기술적인 능력을 가지고 있는 것만이 정보과학적 사고능력을 가지고 있는 것이 아니라, 문제의 인식과 분석, 자료 수집과 분석, 문제 해결책 마련을 위하여 다양한 사고를 진행하고, 그 과정에서 컴퓨팅 능력을 활용하고 그 해결책을 컴퓨팅적으로 구현하는 방법을 설계하는 과정 전반을 정보과학적 사고로 생각하고 있다.

그리고 정보과학적 사고의 정의에 대한 논의는 워싱턴 D. C에서 2009년 2월과 2010년 2월에 열린 두 차례의 워크숍에서 공식적으로 논의되었다. 관련논의는 CT의 핵심적 개념에 대한 논의, CT의 구조 및 개인의 CT 능력의 측정, CT 교육 방안 등에 대해 진행되었다. 이 워크숍에서 논의된 CT의 정의는 학자마다 조금씩 다르며 이를 정리하면 〈표 Ⅰ-1〉과 같다.(김경규, 2014)

〈표 Ⅰ-1〉 Computational Thinking에 대한 학자들의 정의

학자	Computational Thinking 정의
David Moursund	Saymour Papert가 그의 저서 'Mindstorms'에서 언급하였던 절차적 사고와 연관되어 있는 개념이다. 절차적 사고는 개발(developing) -표현(representing) - 시험(testing) - 디버깅(debugging)의 순서들로 구성되어 있고, 효과적인 절차를 만들기 위해서는 컴퓨터 등의 특별한 장치로 수행 가능한 형태인 구체적인 단계별 명령이 필요하다.
Peter Lee	CT는 인간 지능을 확대하여 실제적인 적용을 할 수 있는 인간지능의 메커니즘에 관한 연구이다. 다시 말해 인간의 정신적인능력의 복잡도를 관리하거나 일을 자동적으로 처리하도록 하는 추상화 도구를 통해 확장하는 것이라 할 수 있다.
Bill Wulf	과학은 물리적인 대상(physical object)에 관련된 것이고, CT는 어떠한 문제를 해결하는 과정과 그 과정의 진행을 가능하게 하는 추상적인 현상들에 초점을 맞추고 있다.

학자	Computational Thinking 정의
Don Abrahamson	CT는 형식지를 설명하고, 암묵지를 객관화하고, 이러한 지식을 컴퓨팅적인 형태로 퍼뜨리고, 이러한 활동에서 발생한 결과물을 관리하는 컴퓨터 관련 기호 체계의 사용이다.
Gerald Sussman	CT는 일을 처리하는 정확한 방법을 공식화하는 방법이다. 다시 말해 특정한 문제를 효율적으로 처리하기 위해 그 문제를 철저하게 분석하고 해결하기 위한 엄밀한 절차를 만드는 과정이 CT인 것이다.
Edward Fox	문제 해결을 목적으로 눈에 보이지 않는 추상화된 개념을 다루거나 조작하는 것이 CT의 핵심이다. CT는 "인간이 세상에 접근하고, 과정들을 생각하고, 디지털로 표현된 것들을 다룰 때 하는 일들"이라고 표현할 수 있다.
Robert Constable	CT는 특정한 기술이나 사고 과정들의 집합이 아니라 개방적이고 점점 발전하는 기술의 역동적인 본질에 관련된 개념이다. 현재까지 나타난 CT를 대략적으로 기술한다면 "지적인 과정을 자동화하는 것"과 "정보처리 과정을 연구하는 것"정도가 될 것이다. CT가 특별하게 받아들여지는 이유는 우리가 생각하는 "컴퓨팅 사고력"이 컴퓨터라는 도구를 통해 실행될 수 있다는 점이고, 이러한 점은 "컴퓨터가 파트너 및 동지가 될 수 있다."는 발견을 가져왔다는 것이다.

위 학자들의 정의에 대한 공통적인 의견을 요약하면 다음과 같다.

첫째, 컴퓨터 과학에 기초한 문제해결의 방법이다.

둘째, 문제해결의 논리적 구체적, 계산형태의 명확한 기호적 표현 방법이다.

셋째, 문제해결의 효율적 실행을 위한 절차적 사고의 과정이며 인간의 지적 능력을 확장하는 추론의 과정이다.

넷째, 문제해결을 위해 하드웨어/소프트웨어를 인지적도구로 사용한다.

다섯째, 정보과학적 사고는 기술과 사고 과정의 한정된 집합이 아니라, 기술과 학습의 역동적 성격을 반영하는 개방적이고 성장하는 개념이다.

여섯째, 계산사고의 핵심적 개념은 명확한 절차의 반복 적용, 탐색, 패턴 매칭, 반복적 정교화, 무작위 기법, 모델링, 시뮬레이션, 시각화 등이다.

일곱째, 계산사고 교육의 대상은 공학자, 과학자를 중심으로 전 분야의 대학생, 대학원생, 그리고 K-12과정의 학생들이다.

따라서 여러 학자들의 의견과 선행 연구들을 바탕으로 정보과학적 사고력 도입이 학습자들에게 가져올 수 있는 교육적 효과는 다음과 같다.

첫째, 의사소통과 협업을 촉진시킬 수 있다. 정보과학적 사고력은 인간의 사고를 직접적으로 다루고 있으며, 실생활의 문제를 탐색하고 해결책을 모색하는 과정에서 문제 해결을 위한 도구로 정보과학적 사고력을 활용하게 되면서 타인과의 협업, 의사소통이 이루어지도록 한다.

둘째, 문제 해결에 있어 적절한 도구와 전략을 선택하고 활용하도록 한다.

정보과학적 사고력 교육의 도입은 학습자로 하여금 정보과학적 사고력을 계발하고 활용할 경험을 제공하게 된다. 정보과학적 사고력은 문제 해결을 위한 적절한 전략을 수립하고 이 전략을 바탕으로 컴퓨팅 시스템이 문제를 해결하도록 적절한 자동화 도구를 사용하는 것을 포함하기 때문에 실생활이나 다양한 학문 분야에서의 문제 해결에 있어 효율성을 향상시킬 수 있다.

셋째, 학습자들이 정보화 사회, 디지털 세상에 잘 적응할 수 있도록 한다.

정보과학적 사고력 교육은 현대사회에서 정보과학적 사고력의 역할을 이해하게 하고, 습득한 배경 지식들을 적재적소에 어떤 방식으로 효과적으로 사용하도록 할 것인지, 어떤 지식을 갖추고 있어야 하는지 그 필요성과 중요성을 깨닫도록 한다.

넷째, 정보과학적 사고력의 향상은 곧 문제 해결 능력의 향상이다. 정보과학적 사고력 교육의 도입은 필요한 정보를 효과적으로 수집하는 능력, 수집한 자료들의 패턴을 분석하는 능력, 문제 해결에 필요한 필수 요소를 걸러내는 능력, 문제 해결 과정을 절차적으로 설계하는 능력, 문제 해결을 위하여 정보 과학적 시스템을 활용하는 능력을 기르도록 함으로써 궁극적으로는 학습자들의 창의적 문제해결능력을 향상시키도록 한다.

다섯째, 학습의 향상을 가져다준다. 정보과학적 사고력은 기초 학문 분야에서 학습한 개념과 원리를 공학적 측면에서 실천하도록 하여 학습자로 하여금 학습한 지식들이 왜 필요한지, 어떻게 만들어졌는지를 이해하도록 하며, 단편적인 개념이나 원리를 서로 연계시켜주거나 인간의 사고가 갖는 한계에 의해 발생하는 사고의 오류들을 수정해줌으로써 인지 구조의 확장이 가능하도록 한다.

이에 정보과학적 사고력 학습은 복잡하고 모호한 문제를 분석해 손에 잡히는 구체적인 문제로 바꾸고, 이를 해결하기 위해 필요한 데이터를 찾아 모델을 만들어 답을 얻어내는 과정을 말한다. 그러므로 학생들에게 창의적 사고능력과 논리적 사고력을 키우데 가장 적합하다는 것이다. 본 연구에서 소프트웨어 교육을 강조하는 또 다른 이유는 코딩(Coding)을 하면 자연스럽게 논리적 사고와 창의적 문제해결능력이 길러지게 된다는 점에 있다.

2 우리나라의 정보 교육과정 분석

가. 우리나라 정보 교육과정 변천

우리나라에서 정보교육이 시작된 것은 제3차 교육과정(1974년) 중 일반계 고등학교 「기술」 교과에 컴퓨터의 역할에 관한 내용이 제시되었다. 제 4차 교육과정(1981년)에서는 중학교 「기술」 교과에 컴퓨터의 역할에 관한 내용이 제시되었다. 제 5차 교육과정(1987년)에서는 초등학교 「실과」, 중학교 「기술」, 「가정」, 「기술·가정」, 고등학교 「기술」 교과에 컴퓨터 관련 내용이 영역으로 포함되고 고등학교 「정보산업」이 선택과목으로 도입되었다. 제 6차 교육과정(1992년)에서는 중학교 「컴퓨터」 과목이 신설되었다.

제 7차 교육과정(1997년)에서는 「실과」, 「기술·가정」 교과에 정보 관련 내용이 제시되었고, 선택과목으로 중학교 「컴퓨터」, 고등학교 「정보사회와 컴퓨터」가 편성되었다. 또한 「초·중등학교 정보통신기술 교육 운영지침」 (2000. 8)을 개발하여 컴퓨터 관련 과목뿐 아니라 모든 교과에서 10% 이상 정보통신기술을 활용하는 교육을 실시하도록 하였다.

2007 개정 교육과정에서는 중·고등학교 컴퓨터 관련 과목의 명칭을 「정보」로 통일하고, 과목의 정체성을 새롭게 정립하였다. 컴퓨터의 도구적 활용뿐 아니라, 정보과학과 기술의 원리를 통해 지식정보사회를 올바르게 이해하고, 창의적 문제해결력과 논리적 사고력을 신장하기 위해 개정한 것이다. 응용 소프트웨어를 중심으로 한 단순한 기능 교육의 비중이 축소되었으며 정보과학의 원리와 이해를 증진시킬 수 있는 내용, 문제해결력 방법과 절차에 대한 내용, 교육용 프로그래밍 언와 정보윤리에 대한내용 등이 강화되었다.

현재 우리나라의 정보교육은 2009 개정 교육과정에 따라 초등학교에서는 「실과」, 중·고등학교에서는 「기술·가정」 교과에 단원으로 구성되어 있으며, 중·고등학교에서는 「정보」 과목이 선택으로 운영되고 있다. 즉 초등학교 5학년 창의적체험활동에서 정보교육을 실시하고 있고, 중학교는 「기술·가정」에서 약 23시간 정도 실시하고 있으며, 선택으로 「정보」 과목이 운영되고 있다. 고등학교는 일반 선택과목 「기술・가정」에서 약 5시간 정도 정보교육을 실시하고, 「정보」 (기술・가정 교과군), 「정보과학」(과학 교과군) 과목은 심화 선택으로 운영하고 있다. 중고등학교의 「정보」 과목에서는 논리적 사고력, 창의적 문제 해결력에 중점을 두고 유사 교과와의 연계 교육・융합 교육을 강화했으며, 학생들이 「정보」 과목 수업에 흥미를 갖고 적극 참여할 수 있도록 학습 내용을 일상생활에서의 문제해결 중심으로 구성하였다. 범교과 학습 주제로 정보화와 정보 윤리를 설정하여 관련 교과와 창의적 체험활동 등 교육 활동 전반에 걸쳐 통합 교육이 가능하도록 구성하였다.

이러한 교육과정의 변천을 통해 2015 개정 교육과정에서는 지금까지 초・중등학교에서 이루어졌던 정보교육을 소프트웨어 교육 중심으로 전환하는 것이 주요 방향이다. 초등학교는 「실과」 교과에서 이루어졌던 ICT 활용 중심의 '정보' 단원을 소프트웨어 기초 소양 중심으로 대단원을 구성하여 17시간 이상 확보하도록 할 예정이다. 중학교는 「과학/기술・가정」교과군을 「과학/기술・가정/정보」 교과군으로 개편하고, 해당 교과군의 시간 배당 기준을 34시간 증배할 예정이다. 고등학교는 심화선택인 「정보」 과목을 일반선택으로 전환하고, 소프트웨어 중심 내용으로 개편하는 내용을 포함하고 있다.

〈표 Ⅰ-2〉 우리나라 정보 교육과정 현황(2009 개정 교육과정)

<table>
<tr><th>학교급</th><th colspan="2">교과영역/교과군</th><th colspan="2">과목</th><th>교육내용</th><th>교육 시수</th></tr>
<tr><td>초등학교</td><td colspan="2">과학/실과</td><td colspan="2">실과</td><td>정보이해</td><td>약 6시간/1년</td></tr>
<tr><td rowspan="2">중학교</td><td colspan="2">과학/기술・가정</td><td colspan="2">기술・가정</td><td>정보기초</td><td>약 23시간/3년</td></tr>
<tr><td colspan="2">선택</td><td colspan="2">정보</td><td>정보 교육/
SW 교육일부</td><td>0~68시간/3년</td></tr>
<tr><td rowspan="3">고등학교</td><td>탐구</td><td>과학</td><td>심화</td><td>정보과학</td><td>SW교육</td><td>선택</td></tr>
<tr><td rowspan="2">생활
교양</td><td rowspan="2">기술가정/
제2외국어/
한문/교양</td><td>일반</td><td>기술가정</td><td>정보이해</td><td>선택</td></tr>
<tr><td>심화</td><td>정보</td><td>정보교육/
SW 교육일부</td><td>선택</td></tr>
</table>

나. 정보 교육과정 내용 분석

초·중등학교의 정보 교육 내용을 살펴보면, 초등학교 「실과」 와 중학교 「기술·가정」 (필수)에서는 ICT 기술과 활용에 대한 기본적인 이해 교육 중심으로 이루어지고 있다. 따라서 소프트웨어 중심 교육이 아닌 응용 소프트웨어를 단순하게 활용하고 정보 기기와 운영에 대한 기본적인 지식 중심의 교육으로 이루어지고 있다고 볼 수 있다.

〈표 Ⅰ-3〉 「실과」, 「기술·가정」 교과의 내용 체계 및 성취 기준

구분 \ 영역	기술의 세계	성취기준
초등학교	◉ 생활 정보 • 정보기기와 사이버공간 • 멀티미디어 자료 만들기와 이용	일상생활 속에서 올바른 정보윤리 의식을 가지고 정보 기기와 사이버 공간을 이용하고, 정보기기를 활용하여 멀티미디어 자료를 창의적으로 만들어 활용한다. • 정보기기의 종류와 기능을 이해하여 다양한 활용 방법을 익히며, 올바른 정보윤리 의식을 가지고 정보 기기와 사이버 공간을 이용할 수 있다. • 사용하기 쉬운 소프트웨어로 창의적인 발표 자료를 만들고, 일상생활에서 많이 사용되는 정보기기를 이용하여 사용자의 환경에 적절한 멀티미디어 자료를 만들어 활용할 수 있다.
중학교	◉ 정보와 통신기술 • 정보통신기술 세계 • 컴퓨터와 통신기술 • 정보통신기술 체험과 문제해결 활동	• 우리 생활 속에서 정보 통신 기술의 세계를 탐색하고, 정보 미디어 및 정보통신의 원리와 기능을 활용하여 정보통신기술과 관련된 문제를 해결한다. • 정보통신기술의 발달 과정 및 우리나라 정보통신기술을 탐색하고, 우리 생활 속에서의 정보통신기술의 개념, 특성, 시스템을 이해하며, 미디어 및 이동통신기기를 개인의 생활에서 활용할 수 있다. • 컴퓨터 및 정보통신기술의 기초적 원리를 이해하고, 이와 관련된 직업 세계를 탐색하며, 정보통신윤리, 개인 정보 보호를 이해하고 실천할 수 있다.

구분 \ 영역	기술의 세계	성취기준
		• 정보 미디어 활용 체험활동 및 정보통신기술과 관련된 문제를 창의적으로 해결할 수 있다.
고등학교	◉ 미래 기술과 사회 • 미래기술의 세계 • 미래기술의 사회 • 융합적 문제해결 체험활동	• 핵심 기술의 현재와 미래 동향을 파악하고, 다방면에 걸친 기술의 영향을 평가하며 미래 융합적 기술과 관련된 문제를 창의적 해결할 수 있다.

중·고등학교의「정보」과목(선택)에서는 소프트웨어 교육이 일부 포함되어 있으며, 고등학교의「정보과학」(과학의 심화선택)은 소프트웨어 교육 중심으로 구성되어 있다. 〈표 Ⅰ-3〉은 중·고등학교에서의「정보」과목의 교육 목표를 제시한 것이다. 중등학교의「정보」과목은 정보과화과 정보윤리, 정보기기의 구성과 동적, 정보의 표현과 관리, 문제해결 방법과 절차의 4개 영역으로 구성되어 있으며 나선형 교육과정으로 내용이 위계적으로 선정되었다.「정보」과목의 내용은 컴퓨터 과학을 기저로 하고 있으며 컴퓨터 과학을 통한 문제해결력 향상을 그 목표로 한다. 〈표 Ⅰ-3〉의「정보」과목의 내용 체계를 살펴보면, 정보의 표현과 문제해결과정으로서의 알고리즘과 프로그래밍 포함되어 있다.(김홍래, 2013)

〈표 Ⅰ-4〉 중·고등학교「정보」과목의 목표

학년군	중학교 (7–9학년)	고등학교 (10–11학년)
목표	정보과학기술의 기본 개념과 원리를 이해하고, 실생활의 다양한 문제를 계산적사고(computational think)로 관찰하고 해결하는 능력과 정보 윤리적 소양을 기르는데 중점을 둔다. • 정보과학기술의 기본 개념과 원리를 습득하고, 계산적 사고력을 익혀 창의적이고 효율적인 문제재력 능력을 갖춘다. • 미래 정보사회의 일원으로 갖추어야 할 소양인 정보윤리 및 정보보호, 정보기술 및 기기에 대해 이해를 바탕으로, 이를 올바르게 활용하고 실천할 수 있는 태도를 기른다. • 다른 학문들과 통합되어 새로운 형태로 확장, 발전시켜나가는 융합 학문 분야를 개척할 수 있는 역량과 태도를 기른다.	

〈표 Ⅰ-5〉 중·고등학교「정보」과목의 내용 체계

	중학교 (7-9학년)	고등학교 (10-11학년)
정보 과학과 정보윤리	• 정보과학과 정보사회 -정보과학기술의 역사 -새로운 정보기술의 윤리적 활용 • 정보의 윤리적 활용 -개인정보의 침해와 대응방안 -지적재산의 보호와 정보공유 • 정보사회의 역기능과 대처 -인터넷 중독과 예방 -악성 프로그램과 대응방안 -정보기기의 보호	• 정보과학과 정보사회 -정보과학기술의 분야 -미디어의 변화와 정보윤리 • 정보의 윤리적 활용 -정보보안과 대응 기술 -정보윤리 관련법과 제도 • 정보사회의 역기능과 대처 -사이버 범죄와 대응 방안 -유해정보 유통과 대응 방안
정보 기기의 구성과 동작	• 컴퓨터의 구성과 동작 -컴퓨터의 구성 요소 -컴퓨터의 동작 원리 -컴퓨터의 종류와 활용 • 운영체제의 이해 -운영체제의 개념 -운영체제의 동작 및 기능 -운영체제의 종류와 활용 • 네트워크의 이해 -네트워크의 개념 -네트워크의 동작 및 기능 -네트워크의 종류와 활용	• 컴퓨터의 구성과 동작 -디지컬 설계 -중앙처리장치의 동작 원리 • 운영체제의 이해 -지원 관리의 개념과 원리 • 네트워크의 이해 -데이터 전송 원리 및 네트워크 서비스
정보의 표현과 관리	• 자료와 정보 -자료와 정보의 개념 -다양한 표현 방법 -디지털 정보 • 정보의 이진표현	• 정보의 효율적 표현 -정보의 효율적 표현 • 자료와 정보의 구조 -선형 구조

중·고등학교에서는「정보」과목이 선택(정보, 정보과학)으로 이루저지고 있으나, 선택 비율이 낮아 학생들의 미래 핵심 역량 중의 하나인 정보 활용 및 개발 역량 교육이 미흡하다는 우려가 제기되고 있다. 〈표 Ⅰ-6〉의 결과는 중·고등학

교에서 「정보」 과목을 이수하는 학급 수가 해마다 감소하고 있어 학생들 간에 정보격차가 발생하고 있음을 나타낸다.

〈표 Ⅰ-6〉 정보 과목 선택 학급 수 현황

학교급	중학교	고등학교
2008년	24,012개	10,578개
2010년	1,6350개	9,135개
2012년	4,395개	2,042개

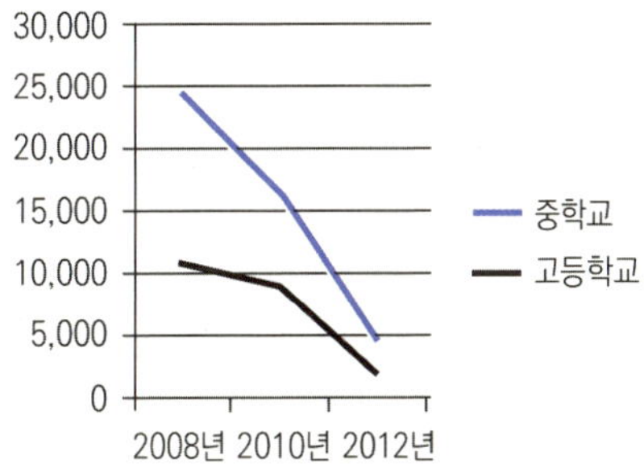

이러한 문제점을 해소하기 위하여 2015년 교육과정에서는 초등학교 「실과」 교과에서 소프트웨어 교육을 17시간 이상 실시하고, 중학교에서는 「과학/기술・가정」 교과군을 「과학/기술・가정/정보」 교과군으로 개편하고, 기존의 646시간을 680시간으로 24시간 증배하였다. 고등학교에서는 심화선택 「정보」 과목을 일반선택과목으로 전환하여 학생들이 보다 쉽게 정보교육에 접할 수 있는 교육과정 기반을 마련하였다.

3 외국의 정보 교육과정 분석

가. 영국

영국은 2014년 9월부터 모든 초·중등학교에서 기존의 'ICT를' '컴퓨팅(Computing)'으로 대체하여, 학생들이 컴퓨터과학의 기초적인 원리와 개념을 이해하고 이를 바탕으로 일상에서의 문제를 프로그래밍을 통하여 해결할 수 있는 능력을 기르기 위한 교육을 실시한다. 이전의 ICT 교과목에서의 도구를 활용한 문제해결보다 컴퓨팅을 통한 문제해결로 목표를 분명하게 설정한 것이다.

〈표 Ⅰ-7〉 영국의 컴퓨팅 교과로의 변화 내용

ICT 교과 과정(~2013)	컴퓨팅 교과 과정(2014.9~)
• 기초적인 S/W 사용법 • 문서, 표 그래프 등 오피스 사용 • 파워포인트 발표 등 학생 흥미 유발	• 소프트웨어 사용 방법 • 소프트웨어 작동원리 학습 • 소프트웨어 직접 제작 능력 배양

2014년부터 적용하는 영국의 컴퓨팅 과목의 목표는 다음과 같다.

학생들은 컴퓨터과학의 기초적인 원리와 개념을 이해하고 응용할 수 있어야 한다.(abstraction, logic, algorithms and data representation).

학생들은 컴퓨팅 용어로 문제를 분석하고 그러한 문제들을 해결하기 위해 컴퓨터 프로그램을 작성하는 실제적인 경험을 충분히 가져야 한다.

학생들은 문제를 해결하기 위하여 새롭거나 친숙하지 않은 기술들을 포함하여 분석적으로 정보기술을 평가하고 응용할 수 있어야 한다.

학생들은 정보통신기술에 대하여 책임 있고 숙련되며 확신을 가진 창의적 사용자이다.

영국은 5세부터 16세까지 컴퓨팅 교육을 실시하고 있으며 저학년에서는 알고리즘을 이해하고 간단한 프로그램을 작성해 보는 내용으로, 고학년에서는 정보기술에 대한 역량과 창의성을 개발하고 컴퓨팅 사고력을 신장하기 위한 내용으로 교육하고 있다. 각 단계에 따른 교육 내용은 〈표 Ⅰ-8〉과 같다.

〈표 Ⅰ-8〉 영국의 컴퓨팅 교육의 단계별 내용

단계	나이/학년	주요 내용
Key Stage1	5-7세 1-2학년	• 알고리즘의 이해 • 간단한 프로그램의 작성 및 디버깅 • 간단한 프로그램의 동작을 예상하기 위한 논리적 추론 • 디지털 콘텐츠의 생성, 조직, 저장, 조작, 검색을 위한 기술을 활용 • 학교 밖의 일반적인 정보 기술 활용을 이해 • 사생활을 위한 안전하고 책임 있는 기술의 활용
Key Stage2	7-11세 3-6학년	• 특정목표 달성을 위한 설계-코딩-수정 • 순차, 선택, 반복의 활용, 변수와 다양한 입출력 • 단순 알고리즘의 동작을 설명하기 위하여 논리적 추론을 사영, 알고리즘에서 에러 검출과 수정 • 컴퓨터 네트워크의 이해, 서비스 제공 방법의 이해 • 검색기술의 활용 • 데이터와 정보의 수집, 분석, 평가, 제시 등을 포함한 목표 성취를 위한 프로그램, 시스템, 콘텐츠의 설계와 생성을 위한 디바이스에 다양한 소프트웨어의 선택, 활용, 결합 • 사생활을 위한 안전하고 책임 있는 기술의 활용
Key Stage3	11-14세 7-9학년	• 컴퓨터 과학적 추상화(Computation abstraction)를 설계, 활용, 평가 • CT를 반영한 주요 핵심 알고리즘을 이해, 동일 문제에 대한 알고리즘들의 유용성을 비교 • 2개 이상의 프로그램 언어를 활용: 적절한 자료 구조 사용, 함수를 사용하는 모듈 프로그램을 설계 개발
		• 단순 논리의 이해, 수의 표현, 2진수의 단순 계산 • 하드웨어 및 소프트웨어의 이해 • 명령의 저장 및 실행방법의 이해 • 복수개의 응용프로그램을 선택, 활용, 결합한 창의적 프로젝트의 실행 • 디지털산출물의 생성, 재사용, 변경 • 사생활을 보호하기 위하여 안전하고 책임감 있게 기술을 사용하는 다양한 방법을 이해

단계	나이/학년	주요 내용
Key Stage4	14-16세 10-11학년	• 모든 학생들에게 상급학교 진학이나 전문 경력으로 나아갈 수 있도록 컴퓨터과학과 정보기술을 습득할 수 기회를 제공 • 컴퓨터 과학, 디지털 미디어, 정보기술에 대한 역량, 창의성, 지식을 개발 • 학생들의 분석적 문제해결, 설계, CT역량을 개발하고 적용 • 온라인 상 프라이버시를 보호기 위한 새로운 방법을 포함하여 안전에 영향을 미치는 기술의 변화를 이해

나. 미국

미국은 컴퓨터학회(ACM)와 미국 정보과학교사협회(CSTA)가 공동 연구하여 "정보과학교육 표준(National Standards for K-12 Computer Science Standards)을 제시하고 주별로 이를 반영하고 있다. 컴퓨터 과학 단계별 교육과정은 학교급을 단계로 구분하여 저학년에서는 컴퓨팅 사고에 대한 기초 개념부터 고학년에서는 실제적인 문제에 컴퓨팅 사고력을 적용할 수 있도록 〈표 Ⅰ-9〉와 같이 교육 내용을 구성하고 있다.

〈표 Ⅰ-9〉 미국 컴퓨터과학의 단계별 교육 내용

요소	내 용
1단계 (K-6학년) Computer Science and Me (초등학교)	① CT에 관한 간단한 아이디어와 기본적인 정보기술을 통합하여 컴퓨터과학의 기초 개념 소개 ② 이 교육과정으로부터 도출된 학습 경험은 컴퓨팅이 학생들의 삶의 중요한 부분임을 알 수 있도록 깨우치고 관심을 유도하도록 도와주어야 함 ③ 학습 경험은 능동적인 학습, 창작, 탐구 활동에 초점을 맞추어 설계되어야 하고 사회과학, 언어, 수학, 및 과학 등이 다른 교과 내에 포함되도록 하여함
2단계 (6-9학년) Computer Science and Community	① CT를 문제 해결의 도구로써 사용 ② 컴퓨팅의 편재를 인식하고 컴퓨터과학이 의사소통과 협력을 촉진하는 방법임을 인식하기 시작 ③ 관련된 이슈들을 언급하는 수단으로써 CT를 경험 ④ 교육과정으로부터 도출된 학습 경험은 학생과 연관되어야하고 진취적

요소	내 용
	이고 능력을 가진 문제해결자로서 스스로를 인지하도록 촉진 ⑤ 컴퓨팅이 학생들의 삶의 중요한 부분임을 알 수 있도록 깨우치고 관심을 유도하고 도와주어야 함 ⑥ 학습 경험은 능동적인 학습과 탐구 활동에 초점을 맞추어 설계되어야 하고 컴퓨터과학 과정을 명시적으로 가르치거나 사회과학, 언어, 수학, 및 과학 등의 다른 교과 내에 포함되도록 하여야 함
3단계 (9-12학년) Applying conceps and creating real-world solutions	① 학문으로써 컴퓨터과학을 3개의 과정으로 분리하고, 학생들은 고급 컴퓨터과학의 개념을 습득하고 가상공간이나 실제의 제품을 개발하는 데 이 개념을 적용, 학습 경험은 실제적 문제의 탐구와 해결책을 구하기 위한 CT의 적용에 초점을 맞춤, 이러한 과제는 협력학습, 프로젝트 관리, 효과적인 의사소통을 포함. ⓐ 현대 사회의 정보과학(Computer Science in the Modern World) ⓑ 정보과학의 개념과 실습(Computer Science Conceps and Pracices) ⓒ 정보과학의 주제(Topic in Computer Science)

또한, 미국에서는 다음의 학습 요소를 학년의 수준에 맞춰 구성하여 운영하고 있다.

- 정보과학적 사고(Computational Thinking)
- 협력(Collaboration)
- 컴퓨팅 실습 및 프로그래밍
  (Computing Practice and Programming)
- 컴퓨터와 커뮤니케이션 장치
  (Computer and Communications Devices)
- 커뮤니티, 글로벌 및 윤리적 효과

다. 인도

인도에서는 '정보' 교과를 초·중고등학교의 필수 및 선택 필수로 지정하고, 초등학교 저학년부터 컴퓨터를 친숙한 도구로써 다양한 문제를 해결하는데 사용할 수 있도록 접근하고 있다. 초등학교 고학년과 중학교에서는 논리적 사고력과 창의력, 문제해결력을 향상시키는데 중점을 두고 있으며, 2013년부터 '정보과학' 수업 시수를 중학교 9-10학년은 160시간에서 180시간으로, 고등학교는 140시간에서 180시간으로 확대하여 운영하고 있다.

〈표 I-10〉 인도 DSP 국제 초등학교 정보과학 교육 내용

학년	내 용
1	㉠ 컴퓨터와 만나기 ㉡ 어디에나 있는 컴퓨터 ㉢ 키보드와 마우스 ㉣ 컴퓨터로 글씨 쓰고 그림 그리기
2	㉠ 컴퓨터의 작동 원리 ㉡ 컴퓨터의 구조와 입출력 장치 ㉢ 텍스트 데이터의 원리
3	㉠ 컴퓨터 시스템과 CPU의 구조 ㉡ 컴퓨터를 올바르게 쓰기 ㉢ MS-Word 활용 ㉣ LOGO의 소개
4	㉠ 컴퓨터의 역사 ㉡ LOGO ㉢ 입출력 장치 ㉣ 프레젠테이션
5	㉠ 메모리의 이용 원리와 종류 ㉡ ROM과 RAM ㉢ 보조 메모리 ㉣ HTML과 편집 방법, 하이퍼링크와 백그라운드 이미지 ㉤ 알고리즘과 순서도
6	㉠ 테이블과 필드, 버튼 ㉡ 2진수와 8진수, 16진수의 원리와 변환 ㉢ 컴퓨터와 언어, 컴파일러, 인터프리터 ㉣ 순서도로 논리화로 설계하기 ㉤ QBASIC 등

중학교에서는 정보과의 이론 실습을 분리하여 학습하고 고등학교에서는 정보과학, 정보 실습, 멀티미디어와 웹 기술 등 3과목을 운영하고 있다.

〈표 Ⅰ-11〉 인도 중 · 고등학교의 정보과 교육 내용

학년	과 목	내 용
7-10학년	정보과학 내용	기본적인 조작과 개념, 사회적 도덕적 문제, 정보기술도구, 통신도구, 기술 탐색 도구
9-10학년	정보과학 이론	정보기술의 기초, 정보처리 도구, IT 어플리케이션
9-10학년	정보과학 실습	정보기술의 기초, 정보처리 도구, IT 어플리케이션, IT의 사회적 경향
11학년	정보과학 내용	컴퓨터의 기초, C++ 언어와 소개, 프로그래밍 방법론, C++ 프로그래밍
12학년	정보과학 교육	객체지향 프로그래밍, 데이터베이스 및 SQL, 부울 대수, 네트워크 및 오픈소스의 개념

라. 이스라엘

이스라엘은 정보과학을 물리, 화학, 생물같이 과학으로 받아들이고 1970년대 중반부터 고등학교에서 필수교과로 정보과학을 배우고 있으며 알고리즘에 중점을 둔 수준 높은 프로그래밍 교육을 강화하고 있다.

초등학교에서는 로봇을 도구로 사용하고 알고리즘적 사고를 개발하는 초점을 맞추고 있으며 그 내용은 로봇의 구성요소와 친숙, 설정 출력-입력 코드, 프로그래밍 환경 및 출력, 로봇 동작과 정지, 감지 및 피드백, 조건, 평가 및 측정, 프로젝트 요약 등이다.

중학교에서는 정보과학의 기본 개념과 프로그래밍 활동을 병행하며, 개인 및 그룹을 통한 프로젝트를 계획하고 설계하는 훈련을 실시하고 있다.

〈표 Ⅰ-12〉 이스라엘 중학교의 정보과학 교육과정

구분	과목	시간	모듈 명	내용
필수	7학년	60 시간	Introduction to CS	전체 CS 교육과정의 핵심 –serial execution, variables, conditions, loops(for asnd while) counters, accumulators, messaging and event handling
	8학년	20 시간	Spreadsheet with anemphasis on its usage for scientific research	전체 프로그램에서 CS가 기여하는 내용으로 수학이나 물리학 교육과정을 표현하기 위한 기초적인 지식을 제공 –graphics, using mathematical functions and basicstatistical functions and operations on the database
	9학년	30 시간	Final programming project	3년을 마무리하는 프로젝트 작성 –project proposal choosing an environment (Scratch or Robotics or Internet), modeling the problem designing algorithms, writing the project and presenting it to the class
선택	8-9학년	70 시간	Intoduction to Robotics	Use algorithmic think to solove robotic problems –to develop integrated logical and engineering think –basis conceps and principles of robotics
	8-9학년	70 시간	Basic internet programming	HTML5, CSS, JavaScript and 2Dim graphics using the canvas cimbined with javaScript

고등학교에서는 기초, 일반, 심화의 수준별 수업으로 90, 270, 450시간을 교육하고 있으며, 내용은 컴퓨터 개론, 정보과학 개론 등으로 필수 과목과 선택과목으로 운영하고 있다.

〈표 Ⅰ-13〉 이스라엘 고등학교의 정보과학 교육과정

수준	시간	단계	내 용
기초	90	1	컴퓨터 개론
일반	270	1	정보과학 1 개론
		2	정보과학 2 개론
		3 (택1)	A) 논리 프로그래밍 B) 컴퓨터 그래픽 개론 C) 정보 시스템 개론 D) 컴퓨터 구조 및 임계 언어 E) 기능적 프로그래밍 F) 인터넷 프로그래밍 환경
심화	450	1	정보과학 1 개론
		2	정보과학 2 개론
		3 (택1)	A) 논리 프로그래밍 B) 컴퓨터 그래픽 개론 C) 정보 시스템 개론 D) 컴퓨터 구조 및 임계 언어 E) 기능적 프로그래밍 F) 인터넷 프로그래밍 환경
		4	소프트웨어 설계
		5 (택1)	A) 계산 모델 B) 객체 지향 프로그래밍 C) 병렬 및 분산 처리 D) 컴퓨터 이론 E) 컴퓨터 시스템과 어셈블리

마. 중국

중국은 2000년부터 초·중·고에 정보기술 교육을 의무화하며, 2001년 초등학교, 2003년 중학교, 2005년에는 고등학교까지 모든 학교에서 정보기술을 필수 과정으로 이수하도록 지정하고 있다.

초·중학교는 정보과학을 각각 68시간, 고등학교는 70~140시간 걸쳐 저학년은 응용 소프트웨어 활용부터 시작하여 고학년에서는 논리력 향상을 위한 프로그래밍 기술을 익히도록 교육 내용을 구성하고 있다.

〈표 Ⅰ-14〉 중국의 정보기술 교육과정

수준	목 표	시수
초등학교	㉠ 정보 및 응용 소프트웨어를 활용한다. ㉡ 학생들이 컴퓨터에 관심을 갖고 응용 프로그램을 이해한다. ㉢ 정보 기술을 사용하여 다른 사람과 협력한다. ㉣ 다른 사람과 협력하기 위해 통신기술을 사용한다. ㉤ 올바르게 책임 있게 정보시스템을 사용한다.	68
중학교	㉠ 정보기술의 변화가 사회에 미친 영향을 이해한다. ㉡ 실생활에 필요한 소프트웨어 사용방법을 익힌다. ㉢ 다른 사람과 협력하여 문제를 해결하고, 멀티미디어 자원 및 장비를 사용하여 다른 교과 학습을 지원한다. ㉣ 정보의 신뢰성과 정확성을 평가한다. ㉤ 지적 재산권에 대한 올바른 인식과, 정보기술 사용 시 준수해야하는 법적·윤리적 행동을 이해한다.	68
고등학교	㉠ 정보기술의 변화가 사회 복지에 미치는 영향을 이해한다. ㉡ 기본적인 네트워크 지식을 활용하여 정보를 수집, 전송, 처리한다. ㉢ 정보 기술을 활용하여 다른 교과를 학습한다. ㉣ 논리적 사고력 향상을 위해 프로그래밍 기술을 익힌다. ㉤ 다른 사람과 협력하여 창의적인 멀티미디어 산출물을 제작한다. ㉥ 정보의 신뢰성과 정확성을 평가한다. ㉦ 정보 기술 활동에 대한 법적·윤리적으로 책임질 수 있는 올바른 과학적 태도를 이해한다.	70-140

바. 분석 및 시사점

〈표 Ⅰ-15〉는 우리나라와 외국의 정보 교육과정을 정리한 것이다. 이를 살펴보면, 많은 나라들이 초등학교에서부터 정보 교육을 실시하고 있을 알 수 있다. 그 중에서도 알고리즘을 중심으로 한 소프트웨어 교육을 운영하고 있어 기존의 응용 소프트웨어 활용 중심에서 프로그램을 개발하는 교육으로 전환하고 있음을 알 수 있다. 특히, 알고리즘과 프로그래밍 교육을 통해 컴퓨터 기반의 문제해결역량을 신장시키기 위한 노력이 이루어지고 있다. 특히, 초등학교 저학년부터 알고리즘과 프로그래밍에 대한 인식을 가질 수 있도록 학습 내용을 구성하고 있어 소프트웨어 교육에 대한 조기 교육의 가능성을 시도하고 있음을 알 수 있다. 기존의 응용 소프트웨어 활용 교육의 범위를 확대하여 창의력, 문제해결력, 분석력 등 고등정신능력의 신장에 컴퓨터 과학의 원리를 적극 활용하려는 교육적 시도가 이루어지고 있다. 또한 프로그래밍을 위한 문제 해결보다는 실생활에서의 소프트웨어 활용의 가치를 이해하고 이를 이용하여 실생활에 필요한 소프트웨어를 직접 개발해 보는 학습 활동으로 교육 내용을 구성하고 있다.

따라서 우리나라에서도 이러한 흐름을 반영하여 소프트웨어 교육의 방향을 설정할 필요가 있으며, 이를 지원하기 위한 다양한 노력들이 이루어져야 한다. 예를 들면, 소프트웨어 교육에 학생들이 쉽고 재미있게 접근할 수 있도록 교육용 프로그래밍 도구의 개발과 관련 학습 자료의 개발 및 공유를 활성화해야 할 것이다. 이를 위해 현장 교사들을 중심으로 연구회 등의 모임을 적극 지원하고 필요한 학습 자료와 교수-학습 방법 등을 적극 개발하여 공유할 수 있는 기반을 마련해 주어야 한다.

또한 소프트웨어 교육이 현장에서 본래의 취지대로 이루어지기 위해 가장 중요한 요소는 교사들의 소프트웨어 교육 역량이다. 교사들이 전문성을 가지고 학생들의 고등 사고능력을 충분히 발휘할 수 있도록 교원 연수와 교사들의 자기 계발을 적극 지원하여야 한다.

〈표 Ⅰ-15〉 우리나라와 외국의 정보 교육과정 비교 1

구분	한국	미국	영국
1단계 초등 학교	• 놀이중심 활동 학습(컴퓨터 사고 이해) • SW Tool 활용 학습(문제해결 방법 익히기)	• SW 기초개념 이해 • SW 관심 유도 • 알고리즘의 간단한 이해 • 정보기술 사용 (모바일 기기, 웹 도구 등)	• 알고리즘의 이해, 알고리즘에서 오류 검출 • 컴퓨터 네트워크의 이해 • 설계-코딩-수정 • 논리적 추론 학습활동 (프로그램 동작 상)
2단계 중학교	• 문제해결 프로젝트 학습(프로그램 제작 기초)	• 알고리즘의 이해 및 실제적 응용 • 검색 및 정렬 알고리즘 만들기 • 문제해결책 구현 학습 (프로그래밍 언어 사용)	• 단순 논리의 이해 • 모듈 프로그램 설계·개발 • 2개 이상의 프로그래밍언어 활용 • 창의적 프로젝트의 실행 및 제작(복수 개의 SW 프로그

구분	한국	미국	영국
		표현물(비디오 등) 제작	램 활용)
3단계 고등 학교	• 창의적 아이디어 산출물 제작(프로그램 제작 심화) • 프로그래밍 언어 학습(심화문제해결 학습)	• 모바일 응용 프로그램 설계 개발(모바일 기기, 시뮬레이터 사용) • 디지털 결과물 제작(고등도구 사용) • SW 개발 절차 학습 및 실습 • 웹페이지 생성 및 조직(웹 프로그래밍 설계 도구 이용)	• 상급학교 및 전문경력연계 학습 (컴퓨터과학, 정보 기술 관련 학습) • 컴퓨터과학, 디지털 미디어, 정보기술에 대한 역량, 창의성 지식 개발 • 분석력, 문제해결력, 설계, CT 역량 개발 및 적용

〈표 Ⅰ-16〉 **우리나라와 외국의 정보 교육과정 비교 2**

구분	에스토니아	중국	인도
1단계 초등 학교	• 프로그래밍 언어 학습 • 프로그래밍을 위한 문법학습 • 구조적인 사고 이해	• 정보 및 응용 SW 활용 • SW 관심 유도 및 SW 이해 • 올바르고 책임 있는 정보시스템 사용법 학습	• 컴퓨터와 윈도우 구성요소 인식 • 기본적 애플리케이션 및 SW사용 • 스크래치 프로그램의 실행과 결과 해석
2단계 중학교	• LEGO 로봇을 활용한 프로그래밍 학습 • 웹사이트, 웹 애플리케이션, 웹 디자인 제작 학습 • 스크래치 도입	• 실생활에 필요한 SW 사용방법 학습 • 밀티미디어 자원 및 장비 사용(타 교과 학습 지원) • 정보의 신뢰성 및 정확성 평가	• 스크래치로 프로그램 작성(동작, 제어 등 관련 명령 사용) • 향상된 스크래치 프로그램 작성 • 간단한 프로그램 작성(프로그래밍 언어 사용)
3단계 고등 학교	• 웹사이트 제작, 웹 디자인, 웹 응용 프로그램 개발 • 상급학교 및 전문경력 연계학습	• 프로그래밍 기술 학습 • 멀티미디어 산출물 제작 • 정보의 신뢰성 및 정확성 평가	• 고급 응용프로그램 특징 탐색 및 학습 • 고급 프로그램 작성(프로그래밍 언어 사용) • 데이터베이스 생성 및 문제해결 수행

4 SW 교육의 목표 및 내용 체계

가. 인재상과 교육 목표

1) 추구하는 인재상

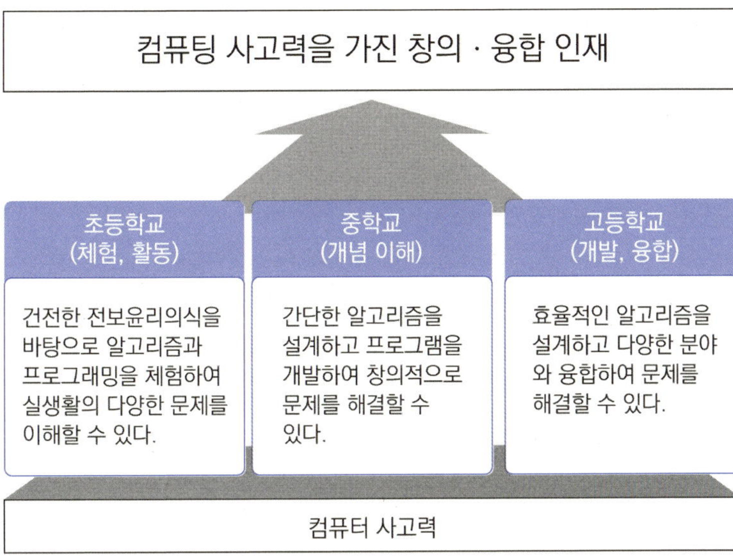

[그림 Ⅰ-2] **소프트웨어 교육에서 추구하는 인재상**

소프트웨어 교육을 통해 양성하고자 하는 인재는 건전한 정보 윤리 의식을 가지고 컴퓨팅 사고력을 기반으로 타 분야의 소프트웨어를 융합하여 창의적으로 문제를 해결하는 창의·융합 인재이다.

이를 위해 초등학교에서는 디지털 시민으로서 갖추어야 할 건전한 정보 윤리 의식과 태도를 갖고, 실생활의 다양한 문제를 해결하는 절차를 이해하여 컴퓨팅 사고에 대한 기초 역량을 기른다.

중학교에서는 컴퓨팅의 기본 개념과 원리를 이해하고, 컴퓨팅 사고력을 기반으로 주어진 문제를 해결하기 위한 간단한 알고리즘을 설계하고 프로그래밍하여 문제를 창의적으로 해결할 수 있는 능력을 기른다.

고등학교에서는 컴퓨팅 기술과 융합된 다양한 분야를 이해하고, 실생활의 복잡한 문제와 다른 학문 분야의 문제를 소프트웨어와 융합하여 해결할 수 있는 능력을 기른다.

- **컴퓨팅 사고력**

  컴퓨팅의 기본적인 개념과 원리를 기반으로 문제를 효율적으로 해결할 수 있는 사고 능력

- **컴퓨팅 사고력의 구성 요소 ***

  - 문제를 컴퓨터로 해결할 수 있는 형태로 구조화하기
  - 자료를 분석하고 논리적으로 조직하기
  - 모델링이나 시뮬레이션 등의 추상화를 통해 자료를 표현하기
  - 알고리즘적 사고를 통하여 해결방법을 자동화하기
  - 효율적인 해결방법을 수행하고 검증하기
  - 문제 해결 과정을 다른 문제에 적용하고 일반화하기

  * 출처: International Society Technology in Education & Computer Science Teachers Association, 2011

컴퓨팅 사고력은 실생활에서 발생하는 복잡한 문제를 효과적이고 효율적으로 해결하기 위해 컴퓨팅(컴퓨터 기술 자원을 개발, 사용하는 모든 활동)의 기본적인 개념과 원리를 활용하는 인간의 사고과정 또는 종합적인 능력이다.

컴퓨팅 사고력은 크게 추상화, 자동화 단계로 구성된다. 추상화는 실생활의 문제를 컴퓨터를 통해 해결 가능한 형태로 표현하기 위한 사고과정이다. 이를 위해 문제 해결에 필요한 자료를 수집 및 분석하고, 도표, 그래프 등을 활용하여 자료나 정보를 논리적으로 구조화하여 눈으로 보기 쉽게 나타낸다. 또한, 문제를 구성하고 있는 복잡한 요소를 작은 단위로 분해하고, 문제 해결에 필요한 핵심 요소를 추출하여 적절한 해결책을 설계하는 모델링 과정을 거친다. 그리고 문제해결과정을 알고리즘으로 표현한다.

자동화 단계에서는 추상화 단계에서 만들어진 알고리즘을 컴퓨터가 이해할 수 있도록 프로그래밍언어로 구현하고, 이를 실행함으로써 문제해결과정을 자동화한다. 그리고 이와 같은 문제해결 과정은 다른 문제에도 적용할 수 있도록 일반화한다.

〈표 Ⅰ-17〉은 CSTA[1]에서 제시한 문제 해결을 위한 컴퓨팅 사고 단계이다.

〈표 Ⅰ-17〉 문제해결을 위한 컴퓨팅 사고 단계

구성 요소		정 의
자료 수집		문제해결에 필요한 자료를 모으기
자료 분석		자료의 이해, 패턴 찾기, 결론을 도출하기
구조화		문제를 그래프, 차트, 그림 등으로 시각화하기
추상화	분해	문제를 관리 가능한 수준이 작은 문제로 나누기
	모델링	문제 해결을 위한 핵심요소를 추출하고, 모델 만들기
	알고리즘	문제를 해결하기 위한 일련의 단계를 알고리즘으로 표현하기(절차적 표현)
자동화	코딩	프로그래밍 언어를 이용해 문제해결과정을 자동화하기
	시뮬레이션	프로그램(소프트웨어)을 실행하기
일반화		문제해결과정을 다른 문제에 적용하기

2) 학교급별 교육 목표

〈표 Ⅰ-18〉 학교급별 교육 목표

영역 \ 학교급	초등학교	중학교	고등학교
생활과 소프트웨어	소프트웨어가 가져온 생활의 변화를 알고, 정보사회에 필요한 건전한 의식과 태도를 가진다.	소프트웨어 활용의 중요성을 알고, 정보 윤리의 개념을 이해하여 올바른 정보 생활을 실천하고, 정보를 교류할 수 있다.	컴퓨팅 기술과 융합된 다양한 분야를 이해하고, 정보윤리를 실천하며, 정보기기를 올바르게 조작할 수 있다.

1) CSTA(Computer Science Teachers Association, 컴퓨터과학교사협회)

학교급 영역	초등학교	중학교	고등학교
알고리즘과 프로그래밍	알고리즘과 프로그래밍을 체험하여 실생활과 다양한 문제를 컴퓨팅 사고로 이해할 수 있다.	간단한 알고리즘을 설계하고 프로그램을 개발하여 문제를 해결할 수 있다.	알고리즘을 효율적으로 설계하고, 프로그램을 개발하여 창의적으로 문제를 해결할 수 있다.
컴퓨팅과 문제해결		컴퓨팅 사고력에 기반하여 실생활 문제를 해결할 수 있다.	컴퓨팅 사고를 기반으로 다양한 분야와 융합하여 문제를 해결할 수 있다.

○ 생활과 소프트웨어 영역: 이 영역에서는 소프트웨어가 일상생활에서 주는 변화와 중요성, 가치 등을 이해하고 관련된 직업 세계를 탐구한다. 또한 소프트웨어를 활용할 때 알아야 하는 사이버 공간에서의 예절, 지적 재산권, 개인정보 보호 등 정보윤리에 대해 다룬다. 그리고 소프트웨어를 다루는 정보기기의 기본적인 구성 요소에 대하여 학습한다.

－〈초등학교〉 소프트웨어가 가져온 생활의 변화를 알고, 지식정보사회에 필요한 건전한 윤리의식과 태도를 가질 수 있도록 한다.

－〈중학교〉 소프트웨어 활용의 중요성을 알고, 올바른 정보생활을 실천하며, 소프트웨어와 관련된 진로와 직업을 학습하여 미래 사회를 대비할 수 있도록 한다.

－〈고등학교〉 컴퓨팅 기술과 융합된 다양한 분야를 깊이 있게 이해하고, 정보윤리 생활을 실천하며, 정보기기와 정보처리 과정을 알고 조작할 수 있는 능력을 기른다.

○ 알고리즘과 프로그래밍 영역 : 주어진 문제를 이해하고, 문제를 컴퓨터가 해결할 수 있는 형태로 추상화, 자동화, 일반화하는 단계를 반복하는 활동을 통해 문제해결에 필요한 컴퓨팅 사고력을 체계적으로 학습하는 영역이다.

－〈초등학교〉 제시된 문제를 단순화하고 문제를 해결하는 절차를 그림이나 기호로 표현하여 알고리즘을 체험하고, 주어진 프로그램의 코드를 따라하거나

혹은 간단하게 수정하는 활동 등을 통해 프로그래밍을 체험한다.

–〈중학교〉 문제를 이해하고 분석하여 정보를 구조화하는 방법을 알고, 간단한 알고리즘 설계와 프로그래밍을 해 봄으로써 문제를 해결할 수 있도록 한다.

–〈고등학교〉 컴퓨팅 사고력을 기반으로 복합한 문제의 해결을 위해 다양한 알고리즘을 설계하여 그 효율성을 평가하고, 이를 프로그램으로 개발하여 문제를 해결할 수 있도록 한다.

나. 내용 체계

1) 학교급별 내용 요소

〈표 Ⅰ-19〉 **학교급별 내용 요소**

영역	초등학교	중학교	고등학교
생활과 소프트웨어	나와 소프트웨어 • 소프트웨어와 생활 변화	소프트웨어의 활용과 중요성 • 소프트웨어의 종류와 특징 • 소프트웨어의 활용과 중요성	컴퓨팅과 정보 생활 • 컴퓨팅 기술과 융합 • 소프트웨어의 미래
	정보 윤리 • 사이버공간에서의 예절 • 인터넷 중독과 예방 • 개인정보 보호 • 저작권 보호	정보 윤리 • 개인정보 보호와 정보 보안 • 지적 재산의 보호와 정보 공유	정보 윤리 • 정보 윤리와 지적 재산 • 정보 보안과 대응 기술
		정보기기의 구성과 정보 교류 • 컴퓨터의 구성 • 네트워크의 정보 교육*	정보기기의 동작과 정보 처리 • 정보기기의 동작 원리 • 정보처리의 과정
알고리즘과 프로그래밍	문제 해결 과정의 체험 • 문제의 이해와 구조화 • 문제 해결 방법 탐색	정보의 유형과 구조화 • 정보의 유형 • 정보의 구조화*	정보의 표현과 관리 • 정보의 표현 • 정보의 관리
		컴퓨팅 사고의 이해 • 문제 해결 절차의 이해	컴퓨팅 사고의 실제 • 문제 구조화

영역	초등학교	중학교	고등학교
		• 문제 분석과 구조화 • 문제 해결 전략의 탐색	• 문제 추상화 • 모델링과 시뮬레이션
	알고리즘의 체험 • 알고리즘의 개념 • 알고리즘의 체험	알고리즘의 이해 • 알고리즘의 이해 • 알고리즘의 설계	알고리즘의 실제 • 복합적인 구조의 알고리즘 설계 • 알고리즘의 분석과 평가
	프로그래밍 체험 • 프로그래밍의 이해 • 프로그래밍의 체험	프로그래밍의 이해 • 프로그래밍의 언어의 이해 • 프로그래밍의 기초	프로그래밍 이해 • 프로그래밍 언어의 분류 • 문제해결과 프로그래밍 • 프로그래밍의 실제
컴퓨팅과 문제해결		컴퓨팅 사고 기반의 문제해결 • 실생활의 문제 해결 • 다양한 영역의 문제 해결	컴퓨팅 사고 기반의 융합 활동 • 프로그래밍과 융합 • 팀 프로젝트의 제작과 평가

※ 중학교의 '*' 표는 〈심화과정〉의 내용 요소임

가) 생활과 소프트웨어

「생활과 소프트웨어」 영역은 일상생활에서 다루어지는 소프트웨어 개념과 중요성, 정보 윤리, 정보기기의 구성과 동작원리 등을 학습하는 내용으로 구성한다.

○ 소프트웨어의 개념과 중요성

- 〈초등학교〉 '나의 소프트웨어'에서는 소프트웨어로 변화되는 일상생활의 모습을 다양한 측면에서 생각해 보고 탐색한다.
- 〈중학교〉 '소프트웨어의 활용과 중요성'에서는 다양한 소프트웨어의 종류와 특징을 알고, 가치 및 중요성, 소프트웨어와 관련된 진로와 직업 등에 대해 학습한다.
- 〈고등학교〉 '컴퓨팅과 정보 생활'에서는 컴퓨팅 기술과 융합된 다양한 분야를 이해하고, 미래의 소프트웨어 발전 방향에 대하여 학습한다.

○ 정보 윤리

- 〈초등학교〉 기본적인 정보윤리 소양을 갖추기 위해 사이버 공간에서의 예절, 인터넷 중독과 예방, 개인정보 보호, 저작권 보호 등과 관련된 개념 등을 학습한다.
- 〈중학교〉 초등학교에서 배운 내용을 토대로 개인정보 보호와 정보보안, 지적재산권에 대한 다양한 사례를 알아보고, 타인의 지적 재산권을 침해하지 않고 정보를 공유하는 올바른 방법을 학습한다.
- 〈고등학교〉 정보윤리와 지적재산의 보호, 정보 보안 기술을 이해하고, 해킹과 악성 프로그램으로부터 정보를 능동적으로 보호할 수 있는 방법을 학습한다.

○ 정보기기와 정보 교류

- 〈중학교〉 '정보기기의 구성과 정보 교류'에서는 소프트웨어 운영에 필요한 컴퓨터의 구성 요소에 대해 학습하고, 네트워크 역할을 이해하여 올바르게 정보를 교류할 수 있는 방법을 학습한다.
- 〈고등학교〉 '정보기기의 동작과 정보처리'에서는 운영체제와 네트워크 등 정보기기의 동작 원리를 이해하고 이를 올바르게 조작하는 방법을 학습한다. 또한, 컴퓨터에서 정보를 처리하는 과정을 알고, 활용하는 방법을 학습한다.

나) 알고리즘과 프로그래밍

「알고리즘과 프로그래밍」 영역은 세상을 디지털 관점에서 이해하고, 알고리즘과 프로그래밍을 통해 문제를 해결하는 과정을 익혀 컴퓨팅 사고력을 기를 수 있는 내용으로 구성한다. 이 영역은 학교급별로 학습 경험의 수준을 달리하여 체험, 이해, 실제의 단계로 체계화되어 있다.

○ 정보의 표현과 관리

- 〈중학교〉 '정보 유형과 구조화'에서는 정보의 디지털 표현 방법(이진표현 등), 다양한 정보 유형(수치, 문자, 소리, 그림 동영상 등), 정보 구조화 방법(선형, 테이블형, 그래프형 등)을 이해하고, 이를 직접 수행하는 학습 경험을 제공한다.

- 〈고등학교〉 '정보의 표현과 관리'에서는 정보의 표현 원리를 이해하여 다양한 유형으로 정보를 표현하고 구조화할 수 있으며, 정보를 효율적으로 관리할 수 있는 방법을 학습한다.

○ 문제 해결 과정의 체험과 컴퓨팅 사고의 이해

- 〈초등학교〉 간단한 문제를 이해하고 구조화하는 방법을 통해 알고리즘을 체험하고, 주어진 프로그램 코드를 따라하거나 간단하게 수정해 보는 활동을 통해 프로그래밍을 체험한다.
- 〈중학교〉 '컴퓨팅 사고의 이해'에서는 컴퓨팅 사고를 기반으로 한 문제해결 절차에 대해 학습하고, 학습한 내용에 따라 문제 해결 방법을 찾는 활동으로 이루어진다.
- 〈고등학교〉 '컴퓨팅 사고의 실제'에서는 실생활의 복잡한 문제나 다른 학문 영역의 문제를 구조화, 추상화하는 과정을 거쳐 문제해결 모델을 설계하고 이를 시뮬레이션 하는 과정을 학습한다.

○ 알고리즘의 체험, 이해, 실제

- 〈초등학교〉 '알고리즘의 체험'에서는 알고리즘의 개념을 이해하고, 언플러그드 활동을 통해 간단한 알고리즘을 체험한다.
- 〈중학교〉 '알고리즘의 이해'에서는 알고리즘의 조건을 이해하고 주어진 문제를 해결하기 위해 알고리즘을 설계하는 학습 활동을 수행한다.
- 〈고등학교〉 '알고리즘의 실제'에서는 순차, 선택, 반복 구조가 복합적으로 제시되는 알고리즘을 설계하고, 설계된 알고리즘의 효율성을 평가한다.

○ 프로그래밍의 체험, 이해, 실제

- 〈초등학교〉 '프로그래밍 체험'에서는 프로그래밍의 기본 개념을 이해하고, 기존 프로그램코드를 따라하거나 수정해 보는 활동 등을 통해 프로그래밍을 체험한다.
- 〈중학교〉 '프로그래밍 이해'에서는 프로그래밍 언어의 개념과 개발환경을 이해하여 간단한 프로그램을 개발하고, 오류를 수정하는 활동을 수행한다.

- 〈고등학교〉 '프로그래밍 이해, 문제해결과 프로그래밍'에서는 프로그래밍 언어의 특징과 실행 절차를 학습하고, 복잡한 실생활의 문제를 해결하기 위해 제어구조, 배열, 함수 등을 이용하여 프로그래밍 활동을 수행한다.

다) 컴퓨팅과 문제해결

「컴퓨팅과 문제해결」 영역은 「알고리즘과 프로그래밍」 영역을 통해 학습한 컴퓨팅 사고력을 실생활의 문제해결에 종합적으로 적용해 보는 학습활동 영역이다.

○ 컴퓨팅 사고 기반의 문제 해결과 융합 활동

- 〈중학교〉 '컴퓨팅 사고 기반의 문제 해결'에서는 실생활의 문제 해결을 위해 컴퓨팅 사고력을 기반으로 문제를 이해하고 알고리즘을 설계하여 프로그래밍하는 일련의 활동을 수행한다.
- 〈고등학교〉 '컴퓨팅 사고 기반의 융합 활동'에서는 인문, 사회, 과학 등과 같은 다양한 학문 분야에서 컴퓨팅 사고를 융합하여 문제를 해결하는 활동과 팀 프로젝트를 통해 협력하여 문제를 해결하는 활동을 수행한다.

5 SW 교육 학교급별 성취 기준

가. 초등학교

1) 생활과 소프트웨어

〈표 Ⅰ-20〉 생활과 소프트웨어 성취 기준

영역	중영역	내용 요소	성취 기준
생활과 소프트웨어	나와 소프트웨어	소프트 웨어와 생활변화	소프트웨어가 가져온 생활 모습의 변화를 설명할 수 있다.
	정보윤리	사이버 공간에서의 예절	사이버 공간에서 지켜야 하는 예절을 알고 실천할 수 있다.
		인터넷 중독과 예방	게임과 인터넷 중독의 문제점을 알고 예방 방법을 설명할 수 있다.
		개인 정보보호	개인 정보가 중요한 이유와 지킬 수 있는 방법을 찾아 발표할 수 있다.
		저작권 보호	생활 속에서 저작권의 보호를 받는 것은 어떤 것인지 찾아보고, 보호하기 위한 방법을 설명할 수 있다.

가) 생활과 소프트웨어

〈소프트웨어와 생활 변화〉

- 소프트웨어가 가져온 생활 모습의 변화를 설명할 수 있다.

-(해설) 소프트웨어가 발달하면서 변화한 나의 생활 모습을 과거와 비교하여 설명할 수 있다.

-(지도방법) 컴퓨터, 과학, 기술, 특히 소프트웨어의 발달이 일상생활에 미치는 영향과 과거의 모습과 비교하여 변화하는 생활 모습에 관해 논의해 보도

록 한다. 예를 들면, 소프트웨어를 사용함으로써 우리가 사는 환경이 변화하는 모습을 과거와 현재를 비교하여 토의하도록 한다.

나) 정보 윤리

〈사이버 공간에서의 예절〉

- 사이버 공간에서 지켜야 하는 예절을 알고 실천할 수 있다.

〈인터넷 중독과 예절〉

- 게임과 인터넷 중독의 문제점을 알고 예방 방법을 설명할 수 있다.

〈개인 정보 보호〉

- 개인 정보가 중요한 이유와 지킬 수 있는 방법을 찾아 발표할 수 있다.

〈저작권 보호〉

- 생활 속에서 저작권의 보호를 받는 것은 어떤 것인지 찾아보고, 보호하기 위한 방법을 설명할 수 있다.

－(해설)

◦ 〈사이버 공간에서의 예절〉에서는 사이버 공간에서 지켜야 하는 예절을 알고, 사이버 공간에서도 남에게 피해를 주지 않는 올바른 통신 언어를 사용할 수 있다.

◦ 〈인터넷 중독과 예방〉에서는 인터넷 중독의 개념과 원인, 유형과 중요성에 대해 알고, 이를 예방하고 치료하는 방법을 설명할 수 있다.

◦ 〈개인 정보 보호〉에서는 개인 정보 보호의 개념을 알고, 중요성과 보호하는 방법에 대해 토론할 수 있다.

◦ 〈저작권 보호〉에서는 저작권의 개념과 저작권으로 보호해야 하는 정보를 알고, 보호하는 방법을 설명할 수 있다.

－(지도방법) 현실 세계뿐만 아니라 가상공간에서도 지켜야 하는 예절의 필요성에 대하여 폭넓은 토의와 다양한 사례 발표를 통해 스스로 인식할 수 있는 학습 경험을 제공한다. 또한, 일상생활에서 정보의 제공 또는 역 수단으로

많이 활용하고 있는 인터넷의 유용성뿐만 아니라 게임과 인터넷 중독 등의 폐해에 대해서 토론하고, 스스로 예방할 수 있는 방법을 찾아보도록 지도한다. 그리고 게임과 인터넷 중독에 대해 스스로 진단할 수 있는 자가 진단표를 이용하여 자신의 중독 여부를 진단해 보는 기회를 제공한다.

개인 정보의 중요성과 이를 보호하지 않을 경우 발생하는 문제에 대하여 다양한 사례를 통해 인식하고, 개인 정보 관리의 필요성을 숙지하도록 한다. 디지털 매체로 창작된 저작물의 경우 수정이나 공유가 쉽지만 타인의 창작물을 무단으로 수정하거나, 도용하는 것은 범죄 행위임을 알고 이를 보호하는 방법에 대해 토론해 보도록 한다.

2) 알고리즘과 프로그래밍

〈표 Ⅰ-21〉 알고리즘과 프로그래밍 성취 기준

영역	중영역	내용 요소	성취 기준
알고리즘과 프로그래밍	문제해결 과정의 체험	문제의 이해와 구조화	제시된 문제를 이해할 수 있다.
			제시된 문제를 단순화할 수 있다.
	알고리즘의 체험	문제 해결 방법 탐색	문제를 해결하기 위한 방법을 순서에 따라 설명할 수 있다.
			제안된 문제 해결 방법의 문제점과 개선 방법에 대해 설명할 수 있다.
	프로그래밍의 체험	알고리즘의 개념	알고리즘의 개념을 이해할 수 있다.
		알고리즘의 체험	순차, 선택, 반복구조를 이용하여 문제해결 절차를 그림이나 기호를 이용하여 표현할 수 있다.
			간단한 알고리즘(정렬, 탐색)을 체험활동을 통하여 이해할 수 있다.
프로그래밍의 체험	프로그래밍의 체험	프로그래밍의 이해	프로그래밍 언어의 기본요소를 알 수 있다.
		프로그래밍의 체험	주어진 프로그램을 동일하게 만들 수 있다.
			주어진 프로그램을 수정하여 자신만의 프로그램을 만들 수 있다.
			내가 생각한 간단한 프로그램을 만들 수 있다.

가) 문제해결과정의 체험

〈문제의 이해와 구조화〉

- 제시된 문제를 이해할 수 있다.
- 제시된 문제를 단순화할 수 있다.

〈문제해결 방법 탐색〉

- 문제를 해결하기 위한 방법을 순서에 따라 설명할 수 있다.
- 제안된 문제 해결 방법의 문제점과 개선 방법에 대해 설명할 수 있다.

－(해설)

◦ 〈문제의 이해와 구조화〉에서는 제시된 문제를 이해하고 문제 해결에 중요한 요소를 추출하여 문제를 단순화할 수 있다.

◦ 〈문제 해결 방법 탐색〉에서는 제시된 문제를 해결하기 위해 필요한 요소들을 추출하고 이를 순서도나 그래프 등으로 표현하여 해결 방법을 순서에 따라 설명할 수 있다. 제시된 문제 해결 방법의 문제점을 알고 개선할 수 있다.

－(지도방법) 컴퓨팅 사고력을 기반으로 실생활에서 발생하는 문제를 이해하고 단순화하는 과정을 체험해 볼 수 있도록 한다. 이를 위해 실생활의 간단한 문제를 사례로 하여 문제를 분석하고 흐름도, 그래프 등으로 구조화하여 표현해 보도록 지도한다. 그리고 자신이 제시한 문제해결 방법과 개선점에 대하여 상호 토론하고 수정해 보는 기회를 제공한다.

나) 알고리즘의 체험

〈알고리즘의 개념〉

- 알고리즘의 개념을 이해할 수 있다.

〈알고리즘의 체험〉

- 순차, 선택, 반복구조를 이용하여 문제해결 절차를 그림이나 기호를 이용하여 표현할 수 있다.
- 간단한 알고리즘(정렬, 탐색)을 체험활동을 통하여 이해할 수 있다.

－(해설)

◦〈알고리즘의 개념〉에서는 실생활에서 발생하는 다양한 문제를 컴퓨팅 사고로 해결하기 위한 과정이 알고리즘이라는 것을 이해할 수 있다.

◦〈알고리즘의 체험〉에서는 언플러그드 활동 등을 통해 제시된 문제를 간단한 구조의 알고리즘으로 표현할 수 있다.

－(지도방법) 언플러그드 활동, 다양한 교육용 프로그래밍 도구, 센서 보드 등을 통해 알고리즘의 개념을 이해하고, 순차-선택·반복 구조 등을 이용하여 문제 해결 절차를 그림이나 기호 등 다양한 방법으로 표현하도록 지도한다.

다) 프로그래밍의 체험

〈프로그래밍의 이해〉

- 프로그래밍의 언어의 기본요소를 알 수 있다.

〈프로그래밍의 체험〉

- 주어진 프로그램을 동일하게 만들 수 있다.
- 주어진 프로그램을 수정하여 자신만의 프로그램을 만들 수 있다.
- 내가 생각한 간단한 프로그램을 만들 수 있다.

-(해설)

◦ 〈프로그래밍의 이해〉에서는 프로그래밍 언어의 기본 요소를 이해할 수 있다.

◦ 〈프로그래밍의 체험〉에서는 교육용 프로그래밍 예시코드를 제시하면, 이를 따라하며 프로그래밍할 수 있다. 제시된 예시 코드를 수정 또는 조합하여 나만의 프로그램을 만들 수 있다.

-(지도방법) 다양한 교육용 프로그램 예제를 제시하여 이를 따라해 보고 수정해 보는 활동을 지도한다. 자신이 수정한 프로그램을 공유하고 기존의 프로그램과 무엇이 다른지 비교해 본다. 알고리즘을 프로그래밍으로 구현하는 활동을 통해 알고리즘과 프로그램의 관련성을 알 수 있도록 지도한다.

나. 중학교(기본/심화과정)

중학교의 소프트웨어 교육은 소프트웨어의 기본적인 역량을 학습할 수 있도록 구성된 기본 과정과 컴퓨팅 사고력 기반의 문제해결 역량을 확장하기 위한 학습 요소로 구성된 심화 과정으로 이루어져있다. 학교는 소프트웨어 교육에 배정된 시수와 학교의 여건에 따라 기본 과정만을 운영할 수도 있고, 기본 과정과 심화 과정을 모두 운영할 수도 있다. 그리고 학생들의 소프트웨어 역량 수준에 따라 기본 과정과 심화 과정으로 구분하여 수준별 교육을 실시할 수 있다.

1) 생활과 소프트웨어

〈표 Ⅰ-22〉 중학교 생활과 소프트웨어 성취 기준

영역	중영역	내용 요소	성취 기준	과정	
				기본	심화
생활과 소프트웨어	소프트웨어의 활용과 중요성	소프트웨어의 종류와 특징	다양한 분야에서 활용되는 소프트웨어의 종류와 특징을 설명할 수 있다.	○	
			소프트웨어 사용이 실생활을 어떻게 변화시켰는지 이해하고 소프트웨어의 중요성을 설명할 수 있다.		

영역	중영역	내용 요소	성취 기준	과정	
				기본	심화
			소프트웨어와 관련된 다양한 진로와 직업을 찾아보고 발표할 수 있다.		
	정보 윤리	개인정보 보호와 정보 보안	개인정보의 개념을 이해하고 유형을 설명할 수 있다.	○	○
			개인정보 침해에 대한 피해 사례를 조사하여 예방 방법을 사례별로 설명할 수 있다.	○	
			악성 프로그램의 의미를 알고 보안 소프트웨어를 설치하여 컴퓨터를 보호할 수 있다.		
		지적재산의 보호와 저보 공유	지적 재산의 개념을 이해하고 보호하는 방법을 설명할 수 있다.	○	
			지적 재산권을 침해하지 않고 올바른 방법으로 정보를 공유할 수 있다.		○
	정보기기의 구성과 정보 교류	컴퓨터의 구성	컴퓨터의 구성 요소와 기능을 이해하고 컴퓨터가 자료를 처리하는 과정을 설명할 수 있다.	○	○
			다양한 운영체제의 종류와 특징을 알 수 있다.		
		네트워크와 정보 교류	네트워크를 바탕으로 정보를 공유하고, 교류할 수 있는 다양한 서비스를 알 수 있다.		○

※ 기본과정: 중학교에서 소프트웨어의 기본적인 역량을 학습할 수 있는 학습 요소로 구성된 운영 과정

심화과정: 중학교 기본 과정을 바탕으로 컴퓨팅 사고력 기반의 문제해결력 역량을 확장하기 위한 학습 요소로 구성된 운영 과정

가) 소프트웨어 활용과 중요성

〈소프트웨어의 종류와 특징〉

- (기본) 다양한 분야에서 활용되는 소프트웨어의 종류와 특징을 설명할 수 있다.

〈소프트웨어의 활용과 중요성〉

- (기본) 소프트웨어 사용이 실생활을 어떻게 변화시키는지 이해하고 소프트웨어의 중요성을 설명할 수 있다.
- (기본) 소프트웨어와 관련된 다양한 진로와 직업을 찾아보고 발표할 수 있다.

−(해설)

◦ 〈소프트웨어의 종류와 특징〉에서는 다양한 분야에서 활용되는 소프트웨어의 종류와 역할을 이해할 수 있고, 각각의 특징을 설명할 수 있다.

◦ 〈소프트웨어의 활용과 중요성〉에서는 소프트웨어의 사용으로 일상생활이 어떻게 변화하고 있는지를 알고 소프트웨어의 가치와 중요성을 설명할 수 있다. 소프트웨어와 관련된 다양한 진로와 직업을 알고, 관련 직업에 필요한 역량을 설명할 수 있다.

−(지도방법) 소프트웨어가 우리 생활에 미치는 영향을 주변에서 찾고 흥미를 가질 수 있도록 지도한다. 또한, 소프트웨어와 관련된 진로와 직업에 대한 자료를 찾아 발표하고, 원하는 진로와 직업에 필요한 역량을 학생 스스로 인식할 수 있도록 지도한다.

나) 정보 윤리

〈개인정보 보호와 정보 보안〉

- (기본) 개인정보의 개념을 이해하고 유형을 설명할 수 있다.
- (심화) 개인정보 침해에 대한 피래 사례를 조사하여 예방 방법을 사례별로 설명할 수 있다.
- (기본) 악성 프로그램의 의미를 알고 보안 소프트웨어를 설치하여 컴퓨터를 보호할 수 있다.

〈지적 재산의 보호와 정보 공유〉

- (기본) 지적 재산의 개념을 이해하고 보호하는 방법을 설명할 수 있다.
- (심화) 지적 재산권을 침해하지 않고 올바른 방법으로 정보를 공유할 수 있다.

－(해설)

◦ 〈개인 정보 보호와 정보 보안〉에서는 개인정보 보호의 개념과 유형에 대하여 설명할 수 있다. 또한, 개인의 정보를 유출하여 악용하거나 컴퓨팅 기기를 훼손하는 악성 프로그램을 컴퓨터에 설치하여 정보들을 보호할 수 있다. 심화과정에서는 개인정보 침해의 실태와 사례에 대해 조사하고, 각 사례에서의 예방 방법을 설명할 수 있다.

◦ 〈지적 재산의 보호와 정보 공유〉에서는 정보의 중요성을 알고 본인이나 타인이 소유한 지적 재산을 보호하는 방법을 설명할 수 있다. 심화과정에서는 타인의 지적 재산권을 침해하지 않고 정보를 올바른 방법으로 공유하고 활용할 수 있다.

－(지도방법) 개인 정보의 유형을 찾아보고, 개인 정보의 잘못된 활용으로 피해를 본 사례와 문제점 등을 토론하는 기회를 제공한다. 그리고 악성 프로그램의 개념과 유형 및 증상, 예방 및 치료방법에 대해 설명하여 스스로 컴퓨터를 보호할 수 있도록 한다. 또한, 온라인 네트워크의 발달과 응용 소프트웨어의 사용 증가로 인해 다른 사람이 만든 소중한 자료나 정보를 함부로 사용하는 사례와 그 문제점을 서로 토론해 보고 발표해 보도록 지도한다.

다) 정보기기의 구성과 정보교류

〈컴퓨터의 구성〉

- (기본) 컴퓨터의 구성 요소와 기능을 이해하고 컴퓨터가 자료를 처리하는 과정을 설명할 수 있다.
- (심화) 다양한 운영체제의 종류와 특징을 알 수 있다.

〈네트워크와 정보 교류〉

- (심화) 네트워크를 바탕으로 정보를 공유하고, 교류할 수 있는 다양한 서비스를 알 수 있다.

－(해설)

◦〈컴퓨터의 구성〉에서는 소프트웨어가 운영되는 컴퓨터의 주요 구성 요소들을 이해하고, 각 구성 요소들에서 자료가 처리되는 과정을 알 수 있다. 심화과정에서는 개인용 컴퓨터, 모바일 기기 등에 많이 사용되는 운영체제의 종류와 특징을 이해하고, 설명할 수 있다.

◦〈네트워크와 정보 교류〉는 심화과정으로 네트워크를 활용하여 정보를 공유·교류하는 다양한 서비스와 특징을 알 수 있다.

－(지도방법) 컴퓨터의 구성요소들을 그림이나 실물로 직접 살펴보고 각 요소가 하는 역할을 컴퓨터의 자료 처리 과정과 연결시켜 학습한다. 컴퓨터(PC)뿐만 아니라 학생이 쉽게 접근할 수 있는 스마트 기기 등의 예를 들어 설명할 수 있다. 심화과정에서는 학생들이 사용하고 있는 정보기기의 운영체제와 특징에 대하여 학습한다. 동료들과 정보를 교육할 때 사용하는 서비스에 대해 서로 발표해 보고, 편리성이나 문제점 등에 대하여 토론해 보도록 지도한다.

2) 알고리즘과 프로그래밍

〈표 Ⅰ-23〉 중학교 알고리즘과 프로그래밍 성취 기준

영역	중영역	내용 요소	성취 기준	과정	
				기본	심화
알고리즘과 프로그래밍	정보의 유형과 구조화	정보의 유형	자료와 정보의 개념을 이해하고 정보의 디지털 표현 방법을 설명할 수 있다.	○	
			정보의 유형을 구분하고 활용할 수 있다.	○	
		정보의 구조화	선형 구조의 개념을 이해하고 설명할 수 있다.		○
			비선형 구조의 개념을 이해하고 설명할 수 있다.		○
			효율적으로 정보를 제공하고 처리하기 위해서 리스트, 계층, 테이블, 다이어그램 등과 같은 다양한 형식으로 정보를 구조화할 수 있다.		○
	컴퓨팅 사고의 이해	문제해결 절차의 이해	문제를 해결하는 절차를 설명할 수 있다.	○	
		문제 분석과 구조화	주어진 문제를 이해하고 분석할 수 있다.	○	
			실생활의 문제를 구조화하여 표현할 수 있다.	○	
			실생활의 문제를 추상화하여 표현할 수 있다.	○	
		문제해결 전략의 탐색	주어진 문제를 해결하기 위한 다양한 해결 방법을 찾을 수 있다.	○	
	알고리즘의 이해	알고리즘의 이해	실생활의 사례와 연계하여 알고리즘이 무엇인지 그 의미와 중요성을 알 수 있다.	○	
			알고리즘이 갖추어야 할 조건을 이해하고 다양한 알고리즘을 비교할 수 있다.		○
		알고리즘의 설계	여러 가지의 알고리즘 표현 방법을 이해하고 설명할 수 있다.		
			문제 해결 절차를 여러 가지 알고리즘 표현법(자연어, 의사코드, 순서도 등)으로 나타낼 수 있다.		
알고리즘과 프로그	프로그래밍의 이해	프로그래밍 언어의 이해	실생활에서 발생되는 여러 문제들을 순차, 선택, 반복 구조를 활용하여 알고리즘을 설계할 수 있다.	○	

영역	중영역	내용 요소	성취 기준	과정	
				기본	심화
			정렬과 탐색 등 다양한 알고리즘을 바탕으로 실생활의 여러 가지 문제를 해결할 수 있다.		○
			프로그래밍 언어의 개념과 종류를 설명할 수 있다.	○	
			프로그래밍 언어의 개발 환경을 이해할 수 있다.	○	
			자료의 입출력문을 작성할 수 있다.	○	
래밍			문제 해결에 필요한 순차, 선택, 반복 구조를 프로그래밍 할 수 있다.	○	
		프로그래밍의 기초	여러 가지 구조적 절차를 복합적으로 구현하여 문제 해결에 활용할 수 있다.	○	
			비교·논리 연산자와 선택, 반복 구조를 활용하여 프로그래밍할 수 있다.		○
			프로그램에서 오류를 확인하여 수정할 수 있다.	○	○

가) 정보의 유형과 구조화

〈정보의 유형〉

- (기본) 자료와 정보의 개념을 이해하고 정보의 디지컬 표현 방법을 설명할 수 있다.
- (기본) 정보의 유형을 구분하고 활용할 수 있다.

〈정보의 구조화〉

- (심화) 선형 구조의 개념을 이해하고 설명할 수 있다.
- (심화) 비선형 구조의 개념을 이해하고 설명할 수 있다.
- (심화) 효율적으로 정보를 제공하고 처리하기 위해서 리스트, 계층, 테이블 다이어그램 등과 같은 다양한 형식으로 정보를 구조화할 수 있다.

－(해설)

◦ 〈정보의 유형〉에서는 자료와 정보의 개념을 구분할 수 있고, 차이점과 중요성을 이해할 수 있다. 아날로그 정보가 디지털로 표현되어 컴퓨터와 같은 정보기기에 저장되어 사용됨을 설명할 수 있다.

◦ 〈정보의 구조화〉는 심화과정으로 다양한 속성과 특성을 가진 정보가 선형, 비선형(트리, 그래프) 등의 여러 형태로 구조화될 수 있음을 안다. 제시된 문제에 맞는 다양한 표현 형식(리스트, 계층, 테이블, 다이어그램 등)을 활용하여 정보를 구조화할 수 있다.

－(지도방법) 다양한 사례를 통해 자료와 정보의 차이점을 지도하고, 글자, 그림 등의 정보가 디지털로 표현되는 방법을 제시한다. 심화과정에서는 실생활의 문제를 제시하고 문제를 해결하는데 적합한 형식으로 정보를 구조화할 수 있도록 지도한다. 예를 들면 가나다순으로 정렬된 테이블 형식의 주소록, 계층형 구조로 표현된 조직도, 그래프 형식의 지하철 노선도 등과 같은 사례를 이용하여 설명하고, 유사한 사례를 제시하여 구조화해 보는 기회를 제공한다.

나) 컴퓨팅 사고의 이해

〈문제 해결 절차의 이해〉

- (기본) 문제를 해결하는 절차를 설명할 수 있다.

〈문제 분석과 구조화〉

- (기본) 주어진 문제를 이해하고 분석할 수 있다.
- (기본) 실생활의 문제를 구조화하여 표현할 수 있다.
- (기본) 실생활의 문제를 추상화하여 표현할 수 있다.

〈문제 해결 전략의 탐색〉

- (기본) 주어진 문제를 해결하기 위한 다양한 해결 방법을 찾을 수 있다.

–(해설)

◦ 〈문제해결 절차의 이해〉에서는 일상생활의 문제를 해결하는데 필요한 문제 이해 및 분석, 문제 해결 방법 찾기, 실행하기, 평가하기 등의 문제 해결 절차를 설명할 수 있다.

◦ 〈문제 분석과 구조화〉에서는 제시된 문제를 말, 글, 기호 등을 이용하여 구체적인 형태(트리, 그래프, 다이어그램 등)로 구조화할 수 있다. 또한 문제를 작은 단위로 분해하고, 문제 해결에 필요한 요소를 추출할 수 있다.

◦ 〈문제 해결 전략의 탐색〉에서는 동일한 문제를 다양한 문제 해결 전략(시행착오, 통찰, 거꾸로 풀기, 나누어 풀기)에 따라 해결방법을 찾을 수 있다.

–(지도방법) 실생활의 다양한 문제를 제시하고, 문제를 해결하기 위해서는 문제를 이해하고 분석하여 해결하는 방법을 찾아 알고리즘을 설계하는 일련의 과정이 서로 밀접하게 관련되어 있음을 지도한다. 또한 문제를 말, 글, 기호 등을 이용하여 트리, 그래프, 다이어그램 등으로 구조화한다. 다양한 활동을 통해 문제를 작은 단위로 분해하고, 문제해결에 필요한 요소를 추출하고 추상화하여 표현할 수 있도록 한다. 이때 제시되는 문제는 가능한 학생들이 흥미를 가질 수 있도록 학생들이 실제로 접해 본 상황이나 다른 교과 시간에 배우는 내용으로 선정한다.

다) 알고리즘의 이해

〈알고리즘의 이해〉

- (기본) 실생활의 사례와 연계하여 알고리즘이 무엇인지 그 의미와 중요성을 알 수 있다.
- (심화) 알고리즘이 갖추어야 할 조건을 이해하고 다양한 알고리즘을 비교할 수 있다.

〈알고리즘의 설계〉

- (기본) 여러 가지의 알고리즘 표현 방법을 이해하고 설명할 수 있다.
- (기본) 문제 해결 절차를 여러 가지 알고리즘 표현법(자연어, 의사코드, 순서도 등)으로 나타낼 수 있다.
- (기본) 실생활에서 발생되는 여러 문제들을 순차 선택, 반복 구조를 활용하여 알고리즘을 설계할 수 있다.
- (심화) 정렬과 탐색 등 다양한 알고리즘을 바탕으로 실생활의 여러 가지 문제를 해결할 수 있다.

－(해설)

◦ 〈알고리즘의 이해〉에서는 컴퓨터 과학의 개념이나 원리를 이용하여 논리적으로 문제를 해결하는 절차가 알고리즘임을 알고, 알고리즘의 의미와 중요성을 설명할 수 있다. 심화과정으로 알고리즘이 갖추어야 할 조건(입력, 출력, 명확성, 수행가능성, 유한성)을 이해하고, 다양한 알고리즘을 기준에 따라 비교할 수 있다.

◦ 〈알고리즘의 설계〉에서는 실생활에서의 문제에 대한 해결 절차를 여러 가지의 알고리즘 표현법으로 나타낼 수 있음을 알고, 의사코드나 순서도를 이용하여 알고리즘을 작성할 수 있다. 알고리즘을 작성할 때 문제에 맞게 순차, 선택, 반복 구조를 활용할 수 있다. 심화 과정에서는 실생활의 예를 통해 자료를 정렬·탐색하는 다양한 방법을 글과 그림을 통해 이해하고, 문제를 해결할 수 있다.

－(지도방법) 실생활의 문제를 해결하는데 알고리즘 개념을 알고, 알고리즘을 표현하는 방법에는 자연어, 의사코드, 순서도와 같은 다양한 방법이 있다는 것을 지도한다. 실생활의 사례를 순차, 선택, 반복 구조로 설계하는 활동을

통해 학생들이 알고리즘의 의미와 중요성을 알고, 문제해결과정을 표현할 수 있도록 지도한다.

심화과정에서는 알고리즘이 갖추어야 하는 입력, 출력, 명확성, 수행가능성, 유한성 등의 조건을 설명해주고, 동일한 문제에 대해 동료들이 만든 알고리즘을 서로 비교해 보고 각각의 차이점이 무엇인지 토론하는 기회를 준다.

라) 프로그래밍의 이해

〈프로그래밍 언어의 이해〉

- (기본) 프로그래밍 언어의 개념과 종류를 설명할 수 있다.
- (기본) 프로그래밍 언어의 개발 환경을 이해할 수 있다.

〈프로그래밍의 기초〉

- (기본) 자료의 입출력문을 작성할 수 있다.
- (기본) 문제 해결에 필요한 순차, 선택, 반복, 구조를 프로그래밍 할 수 있다.
- (기본) 여러 가지 구조적 절차를 복합적으로 구현하여 문제 해결에 활용할 수 있다.
- (심화) 비교·논리 연산자와 선택, 반복 구조를 활용하여 프로그래밍할 수 있다.
- (기본, 심화) 프로그램에서 오류를 확인하여 수정할 수 있다.

－(해설)

◦ 〈프로그래밍 언의 이해〉에서는 프로그래밍 언어의 개념과 종류(스크래치, 엔트리, C, Python, Java 등)를 알고, 사용하려는 프로그래밍 언어의 개발 환경을 이해할 수 있다.

◦ 〈프로그램밍 기초〉에서는 프로그래밍을 위한 자료 입출력의 종류와 방법을 이해하고, 변수와 상수를 활용한 입출력 프로그램을 작성할 수 있다. 또한, 조건문과 반복분을 이해하고, 일상생활의 문제를 해결하는데 순차, 선택, 반복 구조를 활용하여 프로그래밍할 수 있다. 프로그램이 오류를 확인하여 실행 중에 발생하는 오류를 수절할 수 있다. 심화과정에서는 비교·논리 연산자와 선택, 반복 구조를 복합적으로 활용하여 간단한 프로그램을 작성할 수 있다.

－(지도방법) 다양한 형태의 자료를 처리하기 위해 변수를 선언하고, 입출력문

과 순차, 선택, 반복 구조 등을 활용하여 프로그램을 작성하고, 코딩 중에 발생하는 오류를 직접 해결해 볼 수 있도록 지도한다. 심화과정에서는 비고·논리 연산자를 활용하여 복잡한 조건을 다루는 프로그램을 작성해 보도록 유도한다. 그리고 프로그래밍 과정에서 알고리즘이 올바르게 구현되었는지 확인하고, 동료들과 함께 프로그래밍 결과에 대해 토의할 수 있도록 지도한다.

3) 컴퓨팅 사고 기반의 문제해결

〈표 Ⅰ-24〉 컴퓨팅과 문제해결 성취기준

영역	중영역	내용 요소	성취 기준	과정	
				기본	심화
컴퓨팅과 문제 해결	컴퓨팅 사고 기반의 문제 해결	실생활 문제 해결	실생활 문제를 알고리즘 설계와 프로그래밍으로 해결할 수 있다.	○	○
		다양한 영역의 문제 해결	다양한 영역의 문제를 알고리즘 설계와 프로그래밍으로 해결할 수 있다.	○	○

가) 프로그래밍의 이해

〈실생활 문제 해결〉

- (기본, 심화) 실생활 문제를 알고리즘 설계와 프로그래밍으로 해결할 수 있다.

〈다양한 영역의 문제 해결〉

- (기본, 심화) 다양한 영역의 문제를 알고리즘 설계와 프로그래밍으로 해결할 수 있다.

-(해설)

◦ 〈실생활 문제 해결〉에서는 다양한 실생활 문제를 해결하기 위해 알고리즘을 설계하고, 프로그래밍을 통해 해결할 수 있다.

◦ 〈다양한 영역의 문제 해결〉에서는 다른 교과나 타 학문 분야의 문제를 해결하는데 알고리즘을 설계하고, 프로그래밍을 ㅌ오해 해결할 수 있다.

-(지도방법)

◦ 동기유발을 위해 학습자가 흥미 있고 의미 있는 문제를 선정할 수 있도록 지도한다. 실생활의 문제나 다른 교과와 관련된 문제를 선정하여 해결함으로써 소프트웨어가 왜 필요한지 스스로 인식할 수 있도록 지도한다.

학생이 선정한 문제에 대해 동료 간에 협력하여 문제를 이해, 분석하고 알고리즘을 설계하여 프로그램을 작성하도록 지도한다. 특히, 소프트웨어 교육은 해당 교과에서만 수행하는 활동이 아니라 다른 교과나 다른 영역에서도 융합하여 활용하는 것이 중요하므로 타 교과 교사와 팀티칭으로 수업하는 방법도 고려해 볼 수 있다.

다. 고등학교

〈표 Ⅰ-25〉 고등학교 생활과 소프트웨어 성취기준

영역	중영역	내용 요소	성취 기준
생활과 소프트웨어	컴퓨팅과 정보생활	컴퓨팅 기술과 융합	컴퓨터 기술을 이해하고 다양한 컴퓨터 기술 분야를 찾을 수 있다.
			컴퓨터 기술을 다른 학문과 융합한 예를 설명할 수 있다.
	컴퓨팅과 정보생활	소프트웨어의 미래	과거와 현재의 여러 분야에서 소프트웨어가 사용됨으로써 변화된 생활의 모습을 설명할 수 있다.
			다양한 분야에서 소프트웨어가 사용되는 미래 발전 방향을 예측할 수 있다.
	정보 윤리	정보윤리와 지적재산 보호	정보윤리와 관련된 법과 제도를 살펴보고 정보 윤리 의식을 가질 수 있다.
			지적 재산권을 침해하지 않고 저작물을 올바르게 이용할 수 있다.
		정보보안과 대응 기술	정보보안에 대한 개념을 이해하고 대응 방법을 설명할 수 있다.
			정보보안 기술을 활용하여 정보를 보호할 수 있다.
	정보기기의 동작과	정보기기의 동작 원리	컴퓨터의 구성 요소와 동작 원리를 설명할 수 있다.

영역	중영역	내용 요소	성취 기준
	정보처리		운영체제의 관리 기법을 이해하고 설명할 수 있다.
			네트워크의 전송원리를 이해하고 상황에 맞게 활용할 수 있다.
알고리즘과 프로그래밍	정보의 표현과 관리	정보의 표현	정보의 디지털 표현 원리를 설명할 수 있다.
			다양한 유형의 정보를 디지털로 표현할 수 있다.
		정보의 관리	정보관리의 개념을 알고 설명할 수 있다.
			정보를 효율적으로 관리할 수 있다.
	컴퓨팅 사고의 실제	문제의 구조화	문제 구조화의 개념과 방법을 설명할 수 있다.
			주어진 문제를 해결하기 위해 구조화할 수 있다.
		문제의 추상화	문제 추상화의 개념과 방법을 설명할 수 있다.
			주어진 문제를 추상화하여 표현할 수 있다.
알고리즘과 프로그래밍		모델링과 시뮬레이션	모델링과 시뮬레이션의 개념을 설명할 수 있다.
			실생활의 문제를 모델링할 수 있다.
			실생활의 문제를 시뮬레이션할 수 있다.
	알고리즘의 실제	복잡한 구조의 알고리즘 설계	선형구조, 비선형구조의 개념을 이해하고 알고리즘을 설계할 수 있다.
			자료를 정렬하는 다양한 방법들을 알고 알고리즘을 설계할 수 있다.
			자료를 탐색하는 다양한 방법들을 알고 알고리즘을 설계할 수 있다.
			자료를 압축하는 다양한 방법들을 알고 알고리즘을 설계할 수 있다.
		알고리즘의 분석과 평가	같은 문제를 해결하는 데 사용되는 여러 알고리즘을 비교·평가할 수 있다.
	프로그래밍의 이해	프로그래밍 언어의 분류	절차적 언어와 객체 지향적 언어의 특징을 설명할 수 있다.
			프로그래밍 언어의 실행 절차를 설명할 수 있다.
	문제 해결과 프로그래밍	프로그래밍의 실제	변수와 상수를 이해하고, 이를 이용하여 자료의 입출력 프로그램을 작성할 수 있다.
			조건문과 반복문을 이용하여 프로그램을 작성할 수 있다.

영역	중영역	내용 요소	성취 기준
			다중 선택 구조를 이해하고 프로그램을 작성할 수 있다.
			다중 반복 구조를 이해하고 프로그램을 작성할 수 있다.
			복잡한 제어 구조를 이용하여 프로그램을 작성할 수 있다.
			배열의 개념과 필요성을 설명할 수 있다.
			배열을 이용하여 프로그램을 작성할 수 있다.
			함수의 개념과 필요성을 설명할 수 있다.
			함수와 변수의 참조 범위에 대해 설명할 수 있다.
			함수를 활용하여 프로그램을 작성할 수 있다.
컴퓨팅과 문제해결	컴퓨팅 사고 기반의 융합 활동	프로그래밍과 융합	인문, 사회, 과학 분야에서 프로그래밍이 사용되는 사례를 찾아볼 수 있다.
			다양한 분야에서 문제해결과정을 찾아 이를 논리적으로 설계하고, 프로그램으로 작성할 수 있다.
		팀 프로젝트 제작과 평가	팀을 이루어 하나의 프로젝트를 설계하고 제작할 수 있다.
			팀에서 작성한 프로그램을 발표하고 평가할 수 있다.

6 SW 교육 교수 · 학습방법

가. 교수 · 학습 계획 및 지도

1) 계획

- 컴퓨팅 사고력을 기반으로 문제 해결 과정을 설계하고 이를 프로그래밍을 통해 실현할 수 있도록 이수 기간 및 시간을 편성한다.
- 학생의 소프트웨어 학습 경험 여부와 학습 능력을 고려하여 차별화된 계획을 수립하고 개인별 학습 능력에 맞는 내용을 제공한다.

컴퓨팅 사고력 기반의 문제해결 활동은 지식을 이해가 위한 시간보다는 실제 수행해보는 시간이 많이 소요된다. 또한, 학습자 자신이 사고한 결과가 프로그래밍 활동을 통해 제대로 구현되는지를 판단할 수 있는 학습 활동이 요구되므로 이를 위해 필요한 시간을 확보할 수 있는 방안을 강구한다.

교수 · 학습 계획을 수립하기 전에 학습자의 소프트웨어 관련 학습 경험 여부와 학습 수준을 조사하고 이에 맞는 지도계획을 수립한다.

- 학교급간 연계를 고려하여 융통성 있게 학습 경험을 조직하되, 중학교의 경우 고등학교의 소프트웨어 교육 목표와 연계되도록 구성한다.
- 영역 간 비중 및 수준은 학습자의 수준이나 흥미 정도에 따라 담당 교사가 조정하여 조직하되, 학교급별 교육목표가 달성되도록 구성한다.

각 학교급에서 성취해야 하는 교육 목표를 달성할 수 있도록 학습자의 수준에 맞게 학습 경험의 난이도를 조정하고, 중학교에서 달성한 성취기준이 고등학교 소프트웨어 교육의 기본 학습 요소가 될 수 있도록 학습 계획을 수립한다. 또한 초등학교「알고리즘과 프로그래밍」영역과 중학교「컴퓨팅과 문제해결」영역은 교사가 학습자들의 수준이나 관심을 보이는 정도에 따라 이수 시간을 적절하게 조정하여 구성한다.

- 문제해결 활동에 있어서 협력과 프로젝트 학습, 효과적인 의사소통을 포함한 학습 활동이 이루어지도록 설계한다.
- 동료 간 코칭이나 팀 티칭 등의 방법을 적극 활용하여 학습자간 개인차가 완화될 수 있도록 구성한다.

소프트웨어 교육은 단순한 프로그래밍 교육이 아니라 실생활에서 주어지는 복잡한 문제를 컴퓨팅 사고력을 기반으로 해결하는 것이 주된 활동이며, 학습자 개인의 능력보다는 협력하여 문제를 해결할 수 있는 역량이 중요하다. 따라서 팀을 이루어 수행하는 학습 활동에서는 학습 수준이 낮은 학습자들도 동료들과 함께 협동하여 문제를 해결할 수 있도록 유도한다. 교사들 역시 다른 교사들과 함께 팀으로 수업 계획을 작성하고 협력하여 소프트웨어 교육이 이루어질 수 있도록 계획한다.

2) 전략

- 응용 소프트웨어 사용법이나 프로그래밍 언어의 문법 학습을 최소화하고, 문제 해결에 필요한 프로그래밍을 통해 컴퓨팅 사고력을 신장하는 데 초점을 둔다.
- 실생활 속에서 일어나는 문제 상황을 중심으로 학생들이 쉽게 컴퓨팅 사고에 익숙할 수 있도록 지도한다.

소프트웨어 교육은 컴퓨팅 사고력을 가진 창의·융합 인재의 양성을 목표로 다음 때문에 프로그래밍 언어의 사용법과 같은 도구의 사용 방법을 교육하는 것이 아니라 사고력을 발현할 수 있는 학습 경험을 제공하는 것이 중요하다. 또한, 학습자에게 의미 있는 경험을 제공하고 동기를 유발하기 위해서는 학습자가 실생활에서 접하는 다양한 문제 상황을 제공할 수 있도록 노력한다.

- 컴퓨터를 활용한 활동 외에도 컴퓨터 없이 문제해결의 방법이나 절차를 쉽게 이해할 수 있는 다양한 방법(언플러그드* 활동 등)을 활용하여 지도한다.
  * 언플러그드 : 컴퓨터 없이 컴퓨터 과학의 원리와 개념을 학습 할 수 있는 활동(뉴질랜드 팀벨 교수 등이 제안한 학습 방법)
- 언플러그드 활동 시 놀이와 학습이 동시에 이루어질 수 있도록 시간과 비용을 적절하게 구성하여 지도한다.

소프트웨어 교육을 운영하는 학교의 정보 인프라 상황은 다양하기 때문에 컴퓨터를 활용한 실습만으로 학습 내용을 구성할 경우, 인프라 여건이 미흡한 경우에는 교육이 효율적으로 이루어지기 어렵다. 따라서 컴퓨터를 활용하지 않고도 컴퓨팅 사고력을 체험해 볼 수 있는 다양한 활동을 계획한다. '언플러그드 활동'은 컴퓨터 없이도 컴퓨터 과학의 원리와 개념을 학습할 수 있는 활동이다. 이런 활동을 하는 경우, 학습자들이 지나치게 놀이에 치중하여 학습 내용을 인식하지 못하는 경우가 있으므로 학습 목표를 충분히 인식할 수 있도록 이를 염두에 두고 사전에 학습 계획을 준비한다.

- 단원과 내용의 특성에 따라 놀이, 체험, 관찰, 발표, 토론 등 다양한 방법을 적용하여 지도한다.
- 학습 동기를 유발할 수 있는 다양한 매체와 학습 자료를 활용하여 학교급별 성취기준에 도달하도록 지도한다.

소프트웨어 교육은 지식 위주의 교육이 아니라 실습, 활동 위주의 교육을 주로 하기 때문에 학습 목표와 성취기준 등에 따라 다양한 활동이 이루어져야 한다. 예를 들면 언플러그드 활동과 같은 놀이 학습, 프로그래밍 실습을 해보는 체험 활동, 다양한 팀 활동에서 다른 팀이나 동료의 활동에 대한 관찰, 자신의 문제

해결 방법에 대한 발표나 정보 윤리에 대한 토론 등 다양한 활동이 이루어지도록 한다.

자료 수집이나 분석 활동에서는 인터넷을 탐색하거나 신문 기사, 도서, 사진 등 다양한 매체를 활용하여 자료를 수집하고, 응용소프트웨어를 활용하여 분석하는 등 다양한 접근으로 문제를 해결할 수 있는 방법을 탐색할 수 있도록 지도한다.

프로그래밍 교육을 하는 겨우, 초기에는 직접 프로그래밍을 하기 어려우므로 기존의 프로그램 코드를 따라해 보거나 부분적으로 수정해 보는 활동을 통해 학생 스스로 그 의미가 무엇인지 알 수 있도록 지도한다. 이와 함께 자신이 만든 프로그램을 다른 학생들과 공유하고 더 나은 프로그램으로 만들 수 있도록 유도한다.

- 컴퓨팅 사고는 정보 교육에 국한되는 것이 아니므로 다양한 교과, 특히 수학, 과학, 언어, 사회 교육 등에서도 반영하여 지도한다.

소프트웨어 교육을 하고 난 후에는 이를 확장하여 다른 교과 활동에서 문제를 해결하는데 컴퓨팅 사고를 활용 수 있도록 유도한다. 이 경우 모든 교과 영역에서 적용하기 보다는 효과적으로 소프트웨어를 통해 문제를 해결할 수 있는 영역을 탐색하고, 컴퓨팅 사고를 통해 문제 해결 방법을 찾을 수 있도록 한다. 즉, 소프트웨어 교육의 결과를 다른 교과에도 융합하여 활용해 보는 학습 경험을 제공한다.

나. 내용 영역별 지도 시 유의점

1) 「생활과 소프트웨어」 영역

- 초등학교에서는 소프트웨어가 우리 생활에 미치는 변화를 주변의 다양한 사례를 통해 알아보고, 이와 더불어 정보 사회에 필요한 건전한 의식과 태도를 가지도록 지도한다.

현대 사회는 소프트웨어 중심사회라고 할 만큼 소프트웨어가 주는 의미와 가치는 과거와 달리 매우 중요하다. 따라서 소프트웨어가 주는 다양한 생활의 변화를 인터넷이나 신문, 도서 등을 통해 찾아보고 동료들과 토론하거나 발표해 보도록 한다. 또한, 정보 윤리가 지켜지지 않을 경우 발생하는 문제에 대해 지식 위주의 교육보다는 토론, 발표 등의 활동을 통해 학습자 스스로 판단할 수 있도록 지도한다.

- 중학교 〈기본과정〉에서는 소프트웨어의 종류와 특징을 서로 조사해 보고, 토론 기회를 제공하여 스스로 소프트웨어의 중요성을 인식할 수 있도록 지도한다. 이와 함께 소프트웨어와 관련된 다양한 직업 세계를 알고, 자신의 진로를 생각해 볼 수 있는 시간을 가지도록 지도한다.
  또한, 개인정보와 지적 재산권의 개념을 동료들과 서로 설명할 수 있도록 지도한다. 소프트웨어를 운영하는 컴퓨터의 구성요소를 알고 자료를 처리하는 과정에 대하여 토론하도록 지도한다.

초등학교에서는 소프트웨어로 인해 자기 주변의 생활이 어떻게 변화되었는지를 다양한 시각에서 학습할 수 있도록 지도하고, 중학교에서는 소프트웨어의 필요성을 이해하고, 소프트웨어와 관련된 직업들에 대하여 찾아보고 발표하고 서로 정보를 공유할 수 있도록 지도한다. 그리고 개인정보를 보호하는 방법과 다른 사람의 지적 재산을 함부로 사용하지 않는 방법에 대하여 동료들과 토론하고 실천하는 방법을 지도한다. 그리고 컴퓨터의 기본 구성요서와 컴퓨터가 자료를 처리하는 방법을 통하여 컴퓨터 과학의 개념과 원리를 알 수 있도록 지도한다.

- 중학교 〈심화과정〉에서는 개인정보와 지적재산권에 대한 이해를 토대로 실제 피해사례를 찾아 발표해보고, 행동으로 실천할 수 있도록 지도한다. 또한, 컴퓨터의 운영체제와 네트워크의 각 역할을 이해고, 이를 통해 실제로 정보를 교류해 보는 활동을 수행하도록 지도한다.

중학교 「생활과 소프트웨어」 영역의 심화과정에서는 개인정보와 지적재산권의 실제 피해사례를 찾아 발표해 보도록 지도한다. 특히, 주변 친구나 가족이 겪은 관련 피해 사례를 조사해 봄으로써 나에게도 일어날 수 있는 문제라는 점을 인식할 수 있도록 한다.

또한, 운영체제와 네트워크를 활용하되, 필요한 정보를 공유할 수 있도록 지도한다.

2) 「알고리즘과 프로그래밍」 영역

- 초・중학교에서의 알고리즘과 프로그래밍은 나선형 교육과정으로 조직되어 있으므로 학교급별로 수준에 맞도록 단순한 요소에서 복잡한 요소로 확장되도록 구성하여 제시한다.

초・중학교의 「알고리즘과 프로그래밍」은 동일한 핵심개념을 가지고 있으나, 학교급에 따라 쉬운 문제 상황에서 어려운 문제 상황으로 난이도를 조정하여 학습할 수 있도록 구성되어 있다. 따라서 알고리즘을 설계하는 학습 활동은 학교급에 따라 단순한 구조를 가진 문제의 해결 절차부터 복잡한 구조를 가진 문제의 해결 절차로 단계적으로 구성하여 운영한다.

- '정보의 유형과 구조화'는 중학교 단계에서 다루며, 〈기본 과정〉에서는 정보의 다양한 유형을 실제 사례를 탐색해 알아보고, 이런 정보들이 디지털로 표현된 사례들을 찾아 토론하도록 지도한다. 〈심화 과정〉에서는 이를 토대로 다양한 방식으로 정보를 구조화하는 방법을 알고 실제 문제를 해결하는 데 적용할 수 있도록 지도한다.

다양한 형태의 정보(문자, 그림, 동영상 등)를 찾아보고, 디지털로 표현하는 방법을 사례를 통해 지도한다. 그리고 정보를 디지털로 표현하는 방법을 학습할 때 진수 변화에 치우치지 않도록 유의한다.

〈심화과정〉에서는 여러 가지 정보의 구조화 방법을 학습하고, 이를 확장하여 문제 해결에 적합한 정보의 구조를 선택하여 활용할 수 있도록 지도한다. 실생활에서 경험한 사례를 소재로 정보를 구조화하는 방법을 익힐 수 있도록 유도한다.

- 초・중학교에서의 「알고리즘과 프로그래밍」은 학습 동기를 유발할 수 있도록 학생들이 일상에서 경험할 수 있는 소재와 학교급에 맞는 적절한 수준의 문제 환경을 제시하고, 그 문제를 해결하는 과정에 초점을 두고 지도한다. 이를 위해 문제 해결 절차와 방법을 다양한 접근으로 시도해 보고, 이를 알고리즘으로 설계하여 프로그래밍으로 구현해 보는 일련의 활동으로 계획하여 지도한다.
- 문제를 해결하는 과정에서는 학생들이 서료 협력하여 해결할 수 있도록 계획하고, 각자의 역할을 충실히 수행할 수 있도록 지도한다.
- 동료들이 만든 프로그램이나 문제해결 결과에 대해 함께 이야기해보고, 주어진 문제를 해결하는 효율적인 방법에 대해 토론할 수 있도록 지도한다.
- 문제를 해결하는 과정과 알고리즘의 설계, 그리고 프로그래밍의 단계가 서로 관련되어 있음을 알게 하고, 그러한 절차가 컴퓨팅 사고력을 신장하는 과정임을 스스로 인식할 할 수 있도록 지도한다.

학생들이 동기를 유발할 수 있는 의미 있는 문제를 제시하고, 문제를 이해, 분석하여 알고리즘을 설계하고 프로그래밍하는 과정까지 연결하여 지도함으로써 문제 해결 절차가 서로 밀접하게 연계되도록 지도한다. 또한, 컴퓨팅 사고력 신장을 위하여 지식 이해 교육보다는 토론, 발표, 탐색 등의 활동을 유도하고 학습자들이 자연스럽게 문제 해결에 소프트웨어 역량을 활용할 수 있도록 지도한다.

중학교 수준에서는 주어진 문제를 해결하는데 다양한 알고리즘이 있음을 알고 각 알고리즘이 가지는 장단점을 비교할 수 있도록 지도한다.

3)「컴퓨팅과 문제해결」 영역

- 「컴퓨팅과 문제해결」 영역은 「생활과 소프트웨어」와 「알고리즘과 프로그래밍」 영역에서 익힌 개념과 지식을 바탕으로 실생활에서 마주하게 되는 문제를 컴퓨팅 사고력으로 해결할 수 있는 능력을 키울 수 있도록 지도한다. 이를 위하여 실생활의 문제 상황을 제시하고 문제를 인식하고 분석하는 단계에서부터 문제해결 절차에 따라 알고리즘을 설계하고, 이를 프로그램으로 구현하는 일련의 종합 활동이 이루어지도록 한다.
- 특정한 프로그래밍 언어의 습득에 치중되지 않도록 하고 문제해결 절차에 초점을 두어야 하며, 주어진 문제를 해결하기 위하여 협력하여 프로그램을 개발할 수 있도록 지도한다.

「컴퓨팅과 문제해결」 영역에서는 「알고리즘과 프로그래밍」 영역에서 학습한 내용을 토대로 흥미 있는 문제를 선정하여 학생들이 주도적으로 문제를 이해・분석하고, 구조화하여 알고리즘으로 설계하고 프로그래밍해 보는 과정까지 하나의 활동으로 구성되도록 학습 경험을 조직한다. 이러한 활동 과정에서 학습자들은 서로 협력하여 문제를 해결하고, 문제점이나 해결 방안 등을 서로 토론하고 발표하도록 유도한다.

동일한 문제를 해결하기 위해 하나 이상의 프로그래밍 도구(언어)를 사용하고 비교해 볼 수 있다. 또한, 학습자 간 소프트웨어 역량의 차이를 고려하여 동료 간 코칭이 가능하도록 팀을 구성할 수 있다. 프로젝트 결과를 토대로 다른 유사한 사례의 적용 가능성을 확인해 보고 이에 대해 서로 토의해 보도록 지도한다.

7 SW 교육 교과별 활용 방안 예시

가. 문제 해결 과정

소프트웨어 교육은 컴퓨팅의 개념과 원리를 바탕으로 문제를 해결하려는 사고 능력 즉, 컴퓨팅 사고력을 갖춘 창의융합 인재를 양성하는 것이 목적이다. 따라서 다른 교과나 학문 분야에서 컴퓨팅 사고력을 활용하여 문제를 해결할 수 있는 역량을 기르는 것이 중요하다.

이 교과별 활용 방안 예시(안)은 3가지 단계를 설정하여 각 단계별로 사고해야 하는 주요한 요소들을 제시하였다. 각 예시는 학교에서 재구성하여 활용할 수 있으며, 3가지 단계 역시 필수적인 요소가 아니므로 필요에 따라 추가, 삭제, 보완하여 사용할 수 있다.

〈표 Ⅰ-26〉 문제 해결 과정

문제해결	설 명
문제 제시	• 해결해야 할 문제가 무엇인지를 구체적으로 기술한다. • 학생의 수준에 맞고, 의미 있는 문제를 제시한다. • 교과에서 컴퓨팅 사고력을 활용하기에 적합한 문제를 설정한다.
문제 이해 및 분석 (자료수집, 분석)	• 문제를 이해하는 단계이다. 문제를 구성하는 조건과 필요한 자료를 확인하고, 문제를 단순화, 구조화한다. • 문제의 의미와 요구사항을 파악하여 명료화한다. • 문제 해결에 필요한 조건과 조건에 필요한 자료나 정보를 수집하고 문제 해결에 맞게 분석한다.
알고리즘과 프로그래밍	• 문제 해결에 필요한 입·출력 내용, 구체적인 문제 해결 방법과 절차(처리), 프로그래밍의 단계로 세분화된다. • 문제 해결을 위해 처리 과정에서 필요한 자료를 도출한다.(입력) • 문제의 해결 방법을 찾기 위하여 다양한 방식으로 접근한다.(처리) －문제를 해결하는데 필요한 자료와 조건, 기준 등을 절차적으로 표현한다. －정확한 결과를 얻기 위해 고려할 사항을 충분히 분석하여 구체화한다. －문제 해결 절차를 글, 그림, 도형 순서도 등 다양한 형식으로 표현한다. －수립한 절차를 검토하며 보완한다. • 설계한 알고리즘을 프로그래밍 언어를 이용하여 자동화하도록 프로그램으로 개발한다.(프로그래밍)

나. 활용 예시

예시 1) 대류권에서 산의 높이에 따라 변하는 온도 알아보기

☐ 공동체 미술 이해를 위한 학습자료 선정과 구성

☐ 학교급/학년/교과: 초등학교 / 6학년 / 과학

☐ 활동 개요

높은 산에 오를수록 온도가 낮아지는 현상을 알고리즘으로 표현하고 프로그래밍 언어(도구)를 이용하여 개발한다.

☐ 활동 목표: 높이에 따라 온도가 변화하는 것을 알 수 있다.

☐ 활동 내용

대류권에서 온다가 변화하는 현상을 적용하여 특정 위치(높이)에서의 온도를 알 수 있는 프로그램을 작성한다.

☐ 교수학습 활동

〈표 Ⅰ-27〉 교수학습활동의 예 1

요소	정 의
문제 제시	• 대류권에서 산의 높이에 따라 온도가 변화하는 현상을 이해하고, 산의 특정 높이에서 변한 온도를 알아보자.
문제 이해 및 분석(자료 수집, 분석)	• 대류권에서의 온도의 변화량 • 산의 높이에 따른 온도 변화 계산식 • 현재 위치의 높이와 온도 • 산의 특정 높이에서의 변화한 온도
알고리즘과 프로그래밍	(입력) • 현재 위치의 높이와 온도 • 구하고자 하는 산의 위치(높이) (처리) • 산의 현재 위치와 특정 위치(높이)의 높이 차이 구하기 • 높이 1m당 온도차 구하기 • 산의 특정 위치(높이)의 온고 계산하기 (출력) • 산의 특정 위치(높이)와 온도(프로그래밍) • 프로그래밍 언어를 이용하여 구현

□ 순서도(예시)

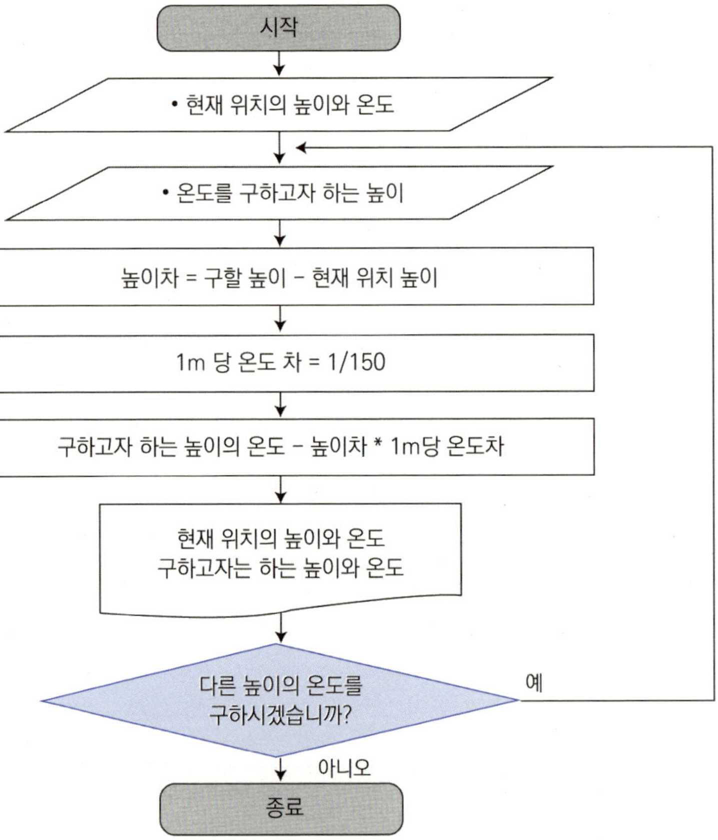

[그림 Ⅰ-3] 순서도 1

□ 지도상의 유의점

○ 고도에 따른 온도 변화에 대한 이해가 선행되어야 한다.

※ 대류권 외의 대기권에서는 온도 계산식이 다름에 유의한다.

○ 사전에 온도 계산식을 이해하는 교육이 이루어져야 한다.

○ 현재 온도를 기준으로 산의 위치에 대한 온도 변화를 지도한다.

○ 산의 위치에 따른 온도의 변화를 유추하여 정답을 서로 이야기해보고, 가장 최적의 해결 방법에 대해서 토론해 본다.

예시 2) 회장 선거를 위한 투표 결과 집계 프로그램 만들기

☐ 학교급/학년/교과: 중학교 / 창의적 체험활동

☐ 활동 개요

학생회장 투표 결과를 자동으로 집계하는 알고리즘을 설계하고, 프로그램 언어(도구)를 이용하여 개발한다.

☐ 학습 목표 : 투표 결과를 자동으로 집계하여 결과를 도출할 수 있다.

☐ 학습 내용

회장 후보자들에 대한 학생들의 기표 현황을 자동으로 집계하여 당선 결과를 도출하는 프로그램을 작성한다.

☐ 교수학습 활동

〈표 Ⅰ-28〉 교수학습활동의 예 2

요소	정 의
문제 제시	• 학생회장을 산출하기 위한 투표 현황을 자동으로 집계하고, 투표 결과를 도출해 보자.
문제 이해 및 분석 (자료수집, 분석)	• 회장 후보자 등록수(2명) • 투표 방법(1인 1 후보자 선택) • 학생들의 회장 후보자에 대한 기표 현황 • 회장 후보 선정 방법 • 결과 도출 방법
알고리즘과 프로그래밍	(입력) • 학생들의 회장 후보자에 대한 기표 번호 (처리) • 회장 후보자별 득표 누적 수 구하기 • 회장 후보자별 득표 누적수를 비교하기 • 득표 누적수를 기준으로 당선자 선정하기 (출력) • 회장 후보자 당선 기호 (프로그래밍) • 프로그래밍 언어를 이용하여 구현

□ 순서도(예시)

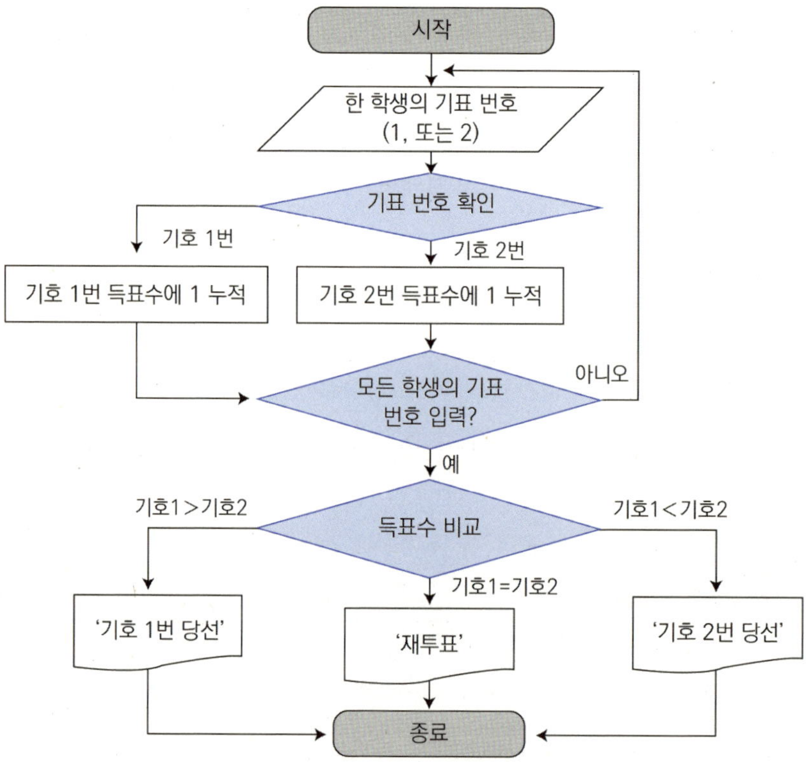

[그림 Ⅰ-4] 순서도 2

예시 3) 학급에서 숙제 미제출 학생 출력 프로그램 만들기

□ 학교급/학년/교과: 중학교 / 정보

□ 활동 개요

학생에서 숙제를 제출한 학생을 파악하고, 숙제를 제출하지 않은 학생을 출석번호 순으로 출력하는 과정을 알고리즘으로 표현하고 프로그래밍 언어(도구)를 이용하여 개발한다.

□ 학습 목표

학급에서 숙제를 제출하지 않은 학생을 출석번호 순으로 출력하는 프로그램을 작성할 수 있다.

□ 학습 내용

학급에서 숙제를 제출한 학생의 출석번호를 입력하고 숙제를 제출하지 않은 학생을 출석번호 순으로 출력한다.

□ 교수학습 활동

〈표 Ⅰ-29〉 교수학습활동의 예 3

요소	정 의
문제 제시	• 학급에서 숙제를 제출하지 않은 학생을 출석번호 순으로 출력해 보자.
문제 이해 및 분석(자료 수집, 분석)	• 학급에서 숙제를 제출한 학생의 번호가 일정한 순서 없이 입력 • 숙제를 제출하지 않은 학생을 출석번호 순으로 정렬하여 그 번호를 출력 • 모두 제출하였으면 모두 제출하였다는 메시지를 출력
알고리즘과 프로그래밍	(입력) • 학급의 학생 수 • 숙제를 제출한 학생 수와 출석번호(일정한 순서 없이 입력) (처리) • 학급 학생 수와 숙제를 제출한 학생 수를 비교하여 동일할 경우 모두 제출하였다는 메시지를 출력하고 같이 않을 경우아래의 내용을 처리
	(처리) • 숙제를 제출한 모든 학생의 출석번호(배열)에 체크(1을 표기) • 숙제 미제출 학생을 출석번호 순으로 도출 (출력) • 숙제를 제출하지 않은 학생을 출석번호순으로 출력 (프로그래밍) • 프로그램 언어(도구)를 용하여 구현

□ 순서도(예시)

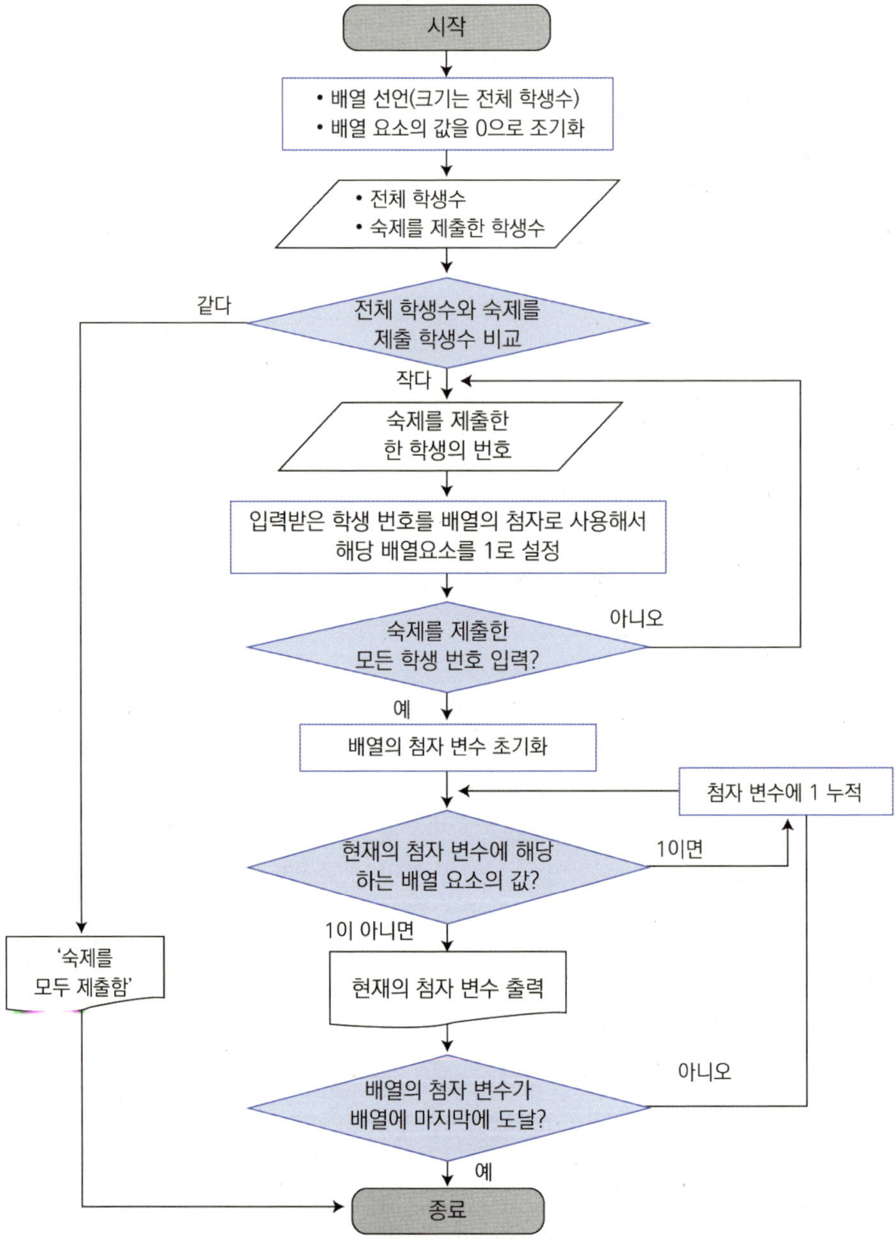

[그림 Ⅰ-5] 순서도 3

□ 지도상의 유의점

○ 학생의 숙제를 제출하지 않은 현황을 구하는 다양한 방법에 대해서 지도한다.

○ 학생의 숙제 제출 현황을 저장할 수 있는 데이터 구조에 대해 사전 학습을 진행한다.(배열 이용)

○ 숙제를 제출하지 않은 학생의 출석번호 순으로 출력하는 효율적인 알고리즘에 대해 논의하고 최적의 알고리즘을 선정하는 방법에 대해 지도한다.

○ 자신이 만든 알고리즘 유추 과정에 대해 다른 학생과 서로 이야기 해보고, 최적의 알고리즘 접근 방안에 대해서 토론해 보도록 한다.

8 교육용 프로그래밍 언어(EPL) 이해

가. 교육용 프로그래밍 언어

교육용 프로그래밍 언어, EPL은 Educational Programming Language의 약자로 교육을 목적으로 사용하는 프로그래밍 언어이다. 현재 40여종의 교육용 프로그래밍 언어가 사용되고 있고 우리나라에는 스크래치, 엔트리 등이 주로 사용되고 있다.

교육용 프로그래밍 언어의 정의와 개념에 대하여 학자들은 〈표 Ⅰ-30〉과 같이 제시하였다.

〈표 Ⅰ-30〉 교육용 프로그래밍 언어에 대한 개념

구분	개념
유승욱(2008)	• 교육과정의 교육내용을 프로그램으로 표현하는 과정에서 절차적 사고를 길러 문제 해결 능력을 갖추는데 도움이 되는 언어 • 범용언어보다 제한된 기능을 제공하지만 논리를 표현함에 부족함이 없는 언어
염용철(2008)	• 주로 학습도구(learning instrument) 목적으로 설계된 프로그래밍 언어
신수범 외(2013)	• 프로그래밍 과정을 통해서 자연스럽게 컴퓨터 시스템 자체를 이해하거나 알고리즘 문제를 해결 • 언어 구조가 비교적 간결하고 쉬운 언어이며 간단한 응용프로그램을 충분히 작성할 수 있는 능력을 갖춤. • 컴퓨터 알고리즘을 해결하면서 자연스럽게 일반적인 문제를 해결하는 전략도 향상될 수 있다.

초중등학생을 대상으로 하는 교육용 프로그래밍 언어는 컴퓨팅 사고력과 문제 해결력 등을 신장하는 것이 목적이기 때문에 특정한 요소를 드러낸다. 국내외 학자들이 주장하는 교육용 프로그래밍 언어의 요소는 〈표 Ⅰ-31〉과 같이 요약할 수 있다(김수환, 2011).

〈표 Ⅰ-31〉 교육용 프로그래밍 언어의 요소

구분	개념
Materson (1984)	• 배우기가 용이해야 하며 간단한 문제 해결 가능 • 복잡한 문제를 쉽고 간단히 해결 • 타 프로그래밍 언어 등의 다른 분야로 쉽게 전이 • 풍부한 상상력과 자유스러운 표현, 다양한 응용, 확장성 포함
조한혁 (1991)	• 친근감을 주는 대화용 언어 • 프로그래밍 작성이 용이한 언어 • 확장성이 있는 알고리즘 언어 • 호환성과 전이성이 있는 언어
유승욱 (2008)	• 컴퓨터의 동작 원리를 학습 • 범용언어로의 전이가 용이 • 최신 프로그래밍 기법을 경험 • 콘텐츠 지향 프로그래밍이 가능 • 학습자가 주도할 수 있는 환경
가네무네 (2003)	• 학생들이 이해하기 쉽고, 습득시간을 단축 • 학생들이 객체를 움직이면서 배움 • 일상적으로 사용하는 소프트웨어의 원리와 결부
신수범 (2013)	• 컴퓨터과학과의 연계성 • 명확하고 강력한 명령어 • 편리한 개발 환경

나. 교육용 프로그래밍 언어별 특징

국내 학교에서 주로 사용하고 있는 교육용 프로그래밍 언어는 〈표 Ⅰ-32〉와 같다.

〈표 Ⅰ-32〉 국내 SW교육용 교육용 프로그래밍

구분	특징			
	수준	명령어	사용 환경	개발국
Scratch Jr	유치원 이상	비주얼 블록	ios / android / 크롬북	국외
코두	초등학생 이상	비주얼 블록	윈도우	국외

구분	특징			
	수준	명령어	사용 환경	개발국
엔트리	초등학생 이상	비주얼 블록	웹기반 /윈도우, 맥	국내
Scratch	초등학생 이상	비주얼 블록	웹기반 /윈도우, 맥	국외
앱 인벤터2	중학생 이상	비주얼 블록	웹기반	국외
파이썬	고등학생 이상	텍스트	All	국외

다. 교육용 프로그래밍 언어 활용 교육의 목표

기존의 학교에서 교육용 프로그래밍 언어를 활용한 교육은 대부분 컴퓨터과학 영재수업이나 알고리즘과 프로그래밍 영역의 초보단계에서 이루어져왔다. 따라서 교육용 프로그래밍 언어를 활용한 교육의 목표는 'Computational Thinking (CT)' 향상이 아닌 프로그래머가 하는 작업 전단계를 이해하고 프로그래밍의 과정을 경험하는 정도의 목표를 가지고 있었다.

이러한 목표는 대부분 영재교육이나 정보올림피아드 희망자, 프로그래머를 꿈꾸는 학생을 대상으로 한 교육에서 교육용 프로그래밍 언어를 사용했기 때문에 나타는 현상이며, 이는 최근 SW교육에서 추가하는 목표와는 다르다.

최근 SW교육의 대상은 모든 학생을 대상으로 하고 있으며 학생들이 미래사회에 필요한 능력으로 'Computational Thinking(CT)'의 향상으로 목표를 정하고 있다.

특히, 현재 SW교육이 초중등교육에서 실시될 예정이므로, 일반적인 프로그래밍 능력이나 SW 개발 능력을 목표로 설정하는 것은 적절하지 않다. 초중등교육에서의 SW교육이나 교육용 프로그래밍 언어를 활용한 교육에서의 목표를 CT를 증진하는 것으로 한다.(김수환 · 채정병, 2014)

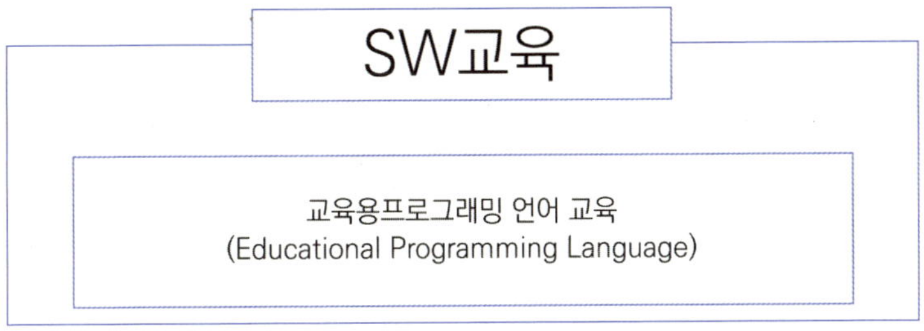

[그림 Ⅰ-6] SW교육 속 교육용프로그래밍 언어 교육

라. Computational Thinking

'Computational Thinking'은 국내에서 컴퓨팅적 사고력이란 뜻으로 사용하고 있으며 컴퓨터가 사고하는 방식으로 생각하는 것을 의미한다. 국내외에서 주로 사용하고 있는 컴퓨팅적 사고에 대한 정의는 〈표 Ⅰ-33〉과 같다.(안상진 · 서영민 · 이영준, 2012)

〈표 Ⅰ-33〉 'Computational Thinking'에 대한 정의

학 자	정 의
Moursund, D.	• Papert가 주장한 절차적 사고와 밀접하게 관련되어 있다.
Lee, P.	• 실제적인 적용을 위한 지능의 메커니즘에 대한 연구
Wulf, B.	• 절차에 초점을 맞추고, 절차적으로 해결하기 위해 현상을 추상화하는 것
Abramson, D.	• 컴퓨터적인 기호 시스템을 사용하여 지식을 명료화하고, 암묵적 지식을 구체화하고, 그러한 지식을 컴퓨터적인 형태로 구현하고, 그런 과정을 통해 발생한 결과물을 관리하는 것
Sussman, G.	• 어떠한 행동을 하는데 있어 정확한 방법들을 조직하는 방식
Fox, E.	• 인간이 세상과 만나고, 과정을 사고하고, 디지털 표현을 다루는 일들

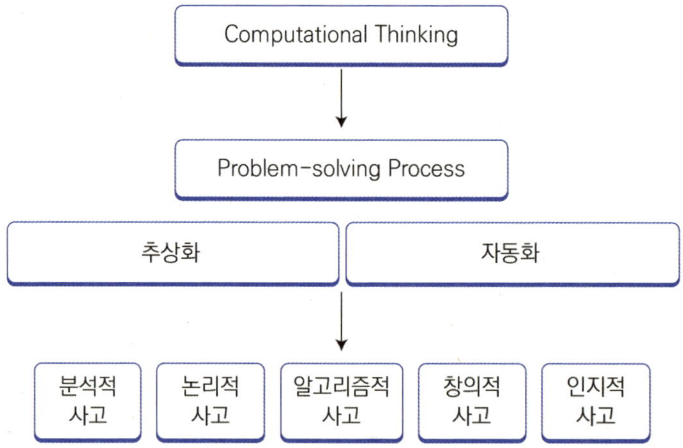

[그림 Ⅰ-7] Computational Thinking의 개념(최숙영, 2011)

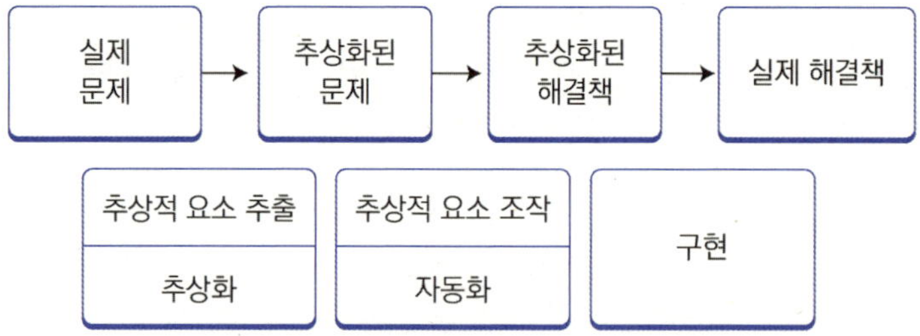

[그림 Ⅰ-8] CT를 활용한 문제해결과정(안상진 · 서영민 · 이영준, 2012)

마. 교육용 프로그래밍 언어 활용 교수-학습 전략

1) 직접 교수법

교육용 프로그래밍 언어를 활용한 교육에서는 언어에 대한 학습이 필요하다. 기본적으로 언어에 대한 문법 교육이라고 할 수 있는데, 초중등교육에서도 언어의 사용법에 대한 교육은 필수적으로 이루어진다. 따라서 언어를 처음 학습하는 경우에는 대부분 직접교수모형을 사용하여 언어사용법을 전달하게 된다.

같은 기능(메뉴의 설명)을 여러 번 반복해 줌으로서 기능과 지식을 형성하고 다른 분야에서도 같은 기능과 지식이 전이될 수 있다. 이러한 반복기능중심모형은 (설명-시범-질문-활동)-(설명-시범-질문-활동)-(설명-시범-질문-활동)을 순환하며 진행할 수 있다. 기능 실기의 능력을 효과적으로 전달하고 배우기 위하여 절차적인 부분을 나누어 학습하거나 전체를 학습한다(김영기 · 한선관 · 한희섭 · 김수환 · 전수진, 2007).

2) 프로젝트 학습법

일반적으로 프로젝트 학습법은 프로젝트를 수행하는 과정에서 학습자 중심의 활동을 통해 최종결과물을 만들어내게 하는 학습법이다. 학습자가 특정 문제를 해결하거나 주어진 주제 하에서 성취 목표를 달성하기 위해 프로젝트를 수행하는 과정에서 학습을 하게 되는 교수-학습모형이라고 정의하였다. 학습자들은 일반적으로 학습활동의 설계, 문제해결, 의사결정, 연구 활동에 적극적으로 참여하며, 상당한 기간 자율적으로 실제적인 결과물을 만들고 이에 대한 최종 프리젠테이션을 하는 것으로 마무리 짓게 된다.(임정훈 · 임병노 · 최성희 · 김세리, 2004)

3) 디자인기반 학습(Design Based Learning)

디자인기반 학습방법은 최근 미국 스탠포드 대학교에서 운영하는 D-school에서 사용하여 효과적인 학습법으로 대두되고 있다. D-school에서 개발된 교육 방법의 절차를 살펴보면 공감하기, 정의하기, 상상하기, 프로토타입, 테스트의 과정을 거친다. 각 단계별로 세부 활동이 나눠져 있는데, 예를 들면 공감하기에서는 관찰하고, 그 일에 직접 관여하고 마지막에는 경험해 보는 과정을 거친다. 실제 디자인 기반 학습이 드러나는 부분은 상상한 것을 프로토타입으로 만들어서 테스트하는 과정이다.(김수환 · 채정병, 2014)

4) 플립드 러닝(Flipped Learning)

플립드러닝은 기존 전통적 수업의 과정인 강의를 들은 뒤 토의나 활동을 하는 학습 방법을 '뒤집는(flipped)' 형태이며, 2007년 미국 콜로라도 주 한 시골 학교의 화학 교사인 Jonathan Bergmann에 의해 처음 그 용어와 학습방식이 사용된 후 최근 우리나라에서도 활발하게 연구되고 적용되어 각종 연구회를 통하여 효과성이 검증되고 있다.

일반적인 플립드 러닝 수업에서는 학생들이 주요 학습내용을 집에서 미리 동영상을 통해 학습해 오고 학교에서는 본인이 학습한 내용 및 수준을 바탕으로 개별화된 수업을 진행하는 형태로 이루어진다.

교육용 프로그래밍 언어를 활용한 SW교육에서도 학습자의 주도적인 역할부여와 학습시간의 극대화를 위해 플립드 러닝 방법을 적용할 수 있는데, 2014년에 미래부와 정보통신산업진흥원, 미래인재연구소에서 개발한 '주니어 온라인 SW 사이트'를 통해 무료로 학습이 가능하다.(김수환 · 채정병, 2014)

5) 융합적 교수-학습 전략(미래인재연구소, 2015)

- 학습소재 : 공 튀기기 게임
- 학습내용 : CT개념(시퀀스, 반복, 조건, 이벤트), CT실습(반복과 점진적인 작업, 테스팅 및 디버깅, 추상화와 모듈화)

가) 초등 저학년용 모델

〈표 Ⅰ-34〉 U-M-C 모델

Use	Modify	Create
Play or Use	수정 확장 보완	배운 것을 토대로 새로운 산출물

나) 초등 고학년용 모델

〈표 Ⅰ-35〉 D-D-C 모델

Discovery	Design	Create
• 도전(챌린지) • 디버깅(주어진 문제의 문제점을 발견하고 수정하면서 기능, 원리, 개념을 익힘 • 컴퓨팅 활동	• CT디자인(문제분해-추상화-협력 팀워크-아이디어확정) • Design Thinking (강조-정의-창의설계-프로토타입-공유 평가)	• 배운 것을 토대로 새로운 산출물 생산 · 컴퓨팅과 융합

9 피지컬 컴퓨팅의 이해

최근 Maker 문화와 함께 사물 인터넷(Internet of Things), 3D 프린팅 기술에 대한 전 세계적 관심이 증가하면서 누구나 아이디어만 있으면 쉽게 자신의 프로젝트를 만들어 볼 수 있는 환경이 조성되고 있다. 이런 흐름 속에서 등장한 피지컬 컴퓨팅은 ICT를 활용하여 컴퓨터와 인간과의 상호작용하기 위한 분야로 시작되었다. 특히, 피지컬 컴퓨팅 분야는 비교적 저렴하면서 강력한 성능과 오픈소스 문화를 바탕으로 한 폭넓은 커뮤니티와 풍부한 레퍼런스를 무장으로 한 아두이노라는 오픈소스 하드웨어가 등장하면서 폭발적으로 성장하였다. 또한 피지컬 컴퓨팅은 다양한 입력 센서 및 출력 부품을 통해 흥미로운 작품을 만들 수 있어 일반인이나 학생들이 쉽게 배울 수 있는 장점이 있다. 이로 인해 미디어아트 분야에서는 피지컬 컴퓨팅을 활용한 교육을 활발히 진행하고 있으며, 컴퓨터 교육에서도 학생들의 흥미와 창의성을 위한 교육 주제로 선정하여 연구를 진행하고 있다.

최근에는 비개발자, 특히 어린 학습자를 위한 프로그래밍 언어인 교육용 프로그래밍 언어에서 피지컬 컴퓨팅을 활용할 수 있는 환경들이 개발되고 있다. 스크래치와 같은 교육용 프로그래밍 언어에 피지컬 컴퓨팅을 통한 프로그래밍 교육에 대한 연구가 이제 시작되는 단계에 있다.(장윤재, 이원규, 2014)

가. 피지컬 컴퓨팅이란?

피지컬 컴퓨팅(Physical Computing)이란 ICT를 활용하여 인간으로부터 물리적인 형태로 정보를 입력받아 처리한 결과를 물리적인 형태로 출력하여 인간 또는 환경과 상호작용하는 컴퓨팅이다.[2)]

2) Physical computing. 2016.3.30. 검색: https://en.wikipedia.org/wiki/Physical_computing

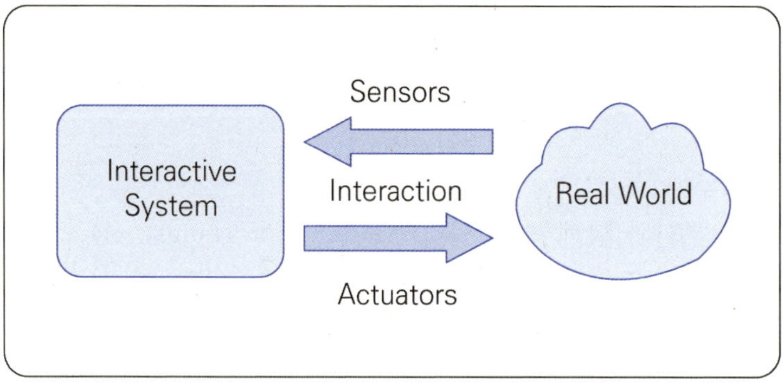

[그림 Ⅰ-9] 피지컬 컴퓨팅

출처 : https://en.wikipedia.org/wiki/Physical_computing

위 그림은 피지컬 컴퓨팅을 나타낸 그림이다. 피지컬 컴퓨팅은 인터랙티브 시스템(Interactive System)을 활용하여 액추에이터(Actuators)와 센서(Sensors)가 상호 작용하여 현실 세계(Real World)에 처리 결과를 출력한다.

나. 피지컬 컴퓨팅의 도구 현황

피지컬 컴퓨팅 도구는 형태에 따라 로봇형, 모듈형, 보드형으로 나누어볼 수 있다.

먼저 로봇형 피지컬 컴퓨팅 도구는 모터 등의 물리적 출력장치가 포함된 완성 형태의 도구를 말한다. 프로그래밍의 결과로 로봇을 움직이거나 소리 나게 할 수 있으며, 다양한 센서를 포함하고 있는 경우 이를 활용하여 로봇이 라인을 따라가게 하거나 장애물이 있으면 피하게 하는 등 현실세계와 상호작용하는 컴퓨팅을 할 수 있다. 로봇형 피지컬 컴퓨팅 중 블록형 교육용 프로그래밍 언어로 제어 가능한 도구의 예로는 햄스터로봇이 있다. 로봇형 도구는 완제품 형태이기 때문에 쉽게 사용할 수 있다는 장점이 있지만, 가격이 비싸고 활용에 한계가 있다는 단점이 있다.

모듈형 피지컬 컴퓨팅 도구는 다양한 입력 장치와 출력장치를 조립하여 마이크로 컨트롤러에 연결하고 교육용 프로그래밍 언어를 통해 제어할 수 있는 도구를 말한다. 레고 형태로 주어진 블록들만을 가지고 조립을 할 수도 있고 종이, 철사 등 다른 재료들을 통해 원하는 형태를 만들어낼 수도 있다. 그 예로는 비트브릭(BitBrick) 등이 있다. 원하는 대로 조립하고 때로는 다른 재료들을 함께 쓸 수 있기 때문에 활용 범위가 넓지만, 가격이 비싸고 제품간 호환이 어렵다는 단점이 있다.

마지막으로 보드형 피지컬 컴퓨팅 도구는 마이크로 컨트롤러를 포함한 전자 보드 형태의 기판을 말한다. 아두이노는 대표적인 오픈 하드웨어 보드이다. 다양한 형태 중 아두이노 UNO보드는, 마이크로 컨트롤러를 내장하고 6개의 아날로그 입력 핀과 13개의 디지털 입출력 핀을 제공하며 아두이노 프로그램 외에도 다양한 교육용 프로그래밍 언어로 각 핀들의 제어가 가능하다. 아두이노는 필요한 전자 소자나 확장 쉴드를 활용하여 상상하는 것을 제한 없이 자유롭게 만들어낼 수 있으나, 이를 위해서는 전기회로 및 전자지식이 필요하기 때문에 초등 교육현장에서 활동되기에는 어려운 점이 많다.

이에 피지컬 컴퓨팅의 초기 단계에서는 센서보드를 많이 활용한다. 센서보드란, 다양한 입력 장치와 출력장치를 집약된 보드형태로 만들고 마이크로컨트롤러를 통해 컴퓨터와 실시간으로 통신하며 회로의 구성없이 컴퓨팅을 할 수 있도록 만들어주는 도구이다. 블록형 교육용 프로그래밍 언어인 스크래치나 엔트리를 통해 제어할 수 있는 센서보드는 대표적으로 스크래치용 피코보드나 엔트리용 센서보드가 있다.

피지컬 컴퓨팅 도구는 앞에서 안내된 스크래치 프로그램이나 엔트리 프로그램을 공식 사이트에서 다운받아 프로그래밍 할 수 있다.(김재휘, 2016)

〈표 Ⅰ-36〉 **피지컬 컴퓨팅 도구**

<table>
<tr><th>구분</th><th>제품명</th><th>그림</th></tr>
<tr><td>로봇형</td><td>햄스터로봇</td><td></td></tr>
<tr><td>모듈형</td><td>비트브릭</td><td>
</td></tr>
<tr><td>보드형</td><td>아두이노
메이키메이키</td><td> </td></tr>
</table>

다. 센서보드를 활용한 피지컬 컴퓨팅 교육과정 개발

문제 중심으로 이루어질 수 있도록 센서와 관련된 실생활 문제로 피지컬 컴퓨팅 교육과정을 뽑아냈다. 1차시에서는 우리 주변에서 센서를 활용하는 예들을 통해 센서를 이해할 수 있도록 하고, 2~6차시에서는 센서보드의 각 센서들을 활용하여 다양한 예시작품을 만들어 봄으로써 센서의 활용 방법을 익힐 수 있도록 구성하였다. 센서보드에서 제공하고 있는 기능들은 크게 아날로그센서, 디지털입력, 출력으로 나누어 볼 수 있는데, 모든 기능을 다 다루되, 아날로그 센서에 더 초점을 두고, 프로그램이 현실세계와 어떻게 상호작용 할 수 있을지 아이디어를 낼 수 있는 방향으로 내용에 중점을 두었다. 7~8차시에서는 센서보드를 활용하여 자유로운 창작 활동을 하도록 함으로써 이전 차시들에서 냈던 아이디어들을 실제로 구현해 보고, 친구들과 공유하며 발전시켜나가도록 했다.(김재휘, 2016)

〈표 Ⅰ-37〉 센서보드를 활용한 피지컬 컴퓨팅 교육과정(8차시)

차시	영역	차시별 내용
1	센서의 이해	우리의 감각기관과 센서 • 우리의 감각기관을 대신하는 센서들에 대해 생각하기 • 우리 주변에서 쓰이는 센서들 찾아보기 • 센서보드의 부품들 알아보기
2	아날로그 센서 입력 활용 (소리센서)	소리센서로 풍선을 터뜨려요 • 소리센서의 사용법 알아보기 • 소리센서를 불어 풍선을 터뜨리는 프로그램 만들기 • 센서보드의 부품들 알아보기
3	아날로그 센서 입력 활용 (빛 감지 센서)	빛 감지 센서로 도난방지기를 만들어요 • 빛 감지 센서의 사용법 알아보기 • 빛 감지 센서를 사용하여 도난방지기 프로그램 만들기 • 빛 감지 센서를 활용할 수 있는 재미있는 아이디어 적기
4	아날로그 센서 입력 활용 (온도센서)	온도센서로 자동으로 온도를 조절해요 • 온도 센서의 사용법 알아보기 • 온도 센서를 사용하여 자동으로 히터나 에어컨을 켜는 프로그램 만들기 • 온도센서를 활용할 수 있는 재미있는 아이디어 적기
5	아날로그 센서 입력 활용 (슬라이더)	슬라이더로 날아라 독수리 게임을 완성해요 • 슬라이더 사용법 알아보기 • 슬라이더로 날아라 독수리 게임 만들기 • 슬라이더를 활용할 수 있는 재미있는 아이디어 적기
6	디지털 입출력 활용 (버튼, LED)	LED와 버튼으로 미로를 탈출해요 • LED와 버튼의 사용법 알아보기 • LED와 버튼으로 미로탈출 게임 만들기 • LED와 버튼을 활용할 수 있는 재미있는 아이디어 적기
7-8	자유 창작 활동	센서보드를 활용한 나만의 작품 만들기 • 미래의 스마트 하우스, 스마트 장난감 등 자유로운 주제로 센서보드를 활용한 작품 계획하기 • 센서보드를 활용한 작품 만들기 • 제대로 동작하지 않는 부분을 친구와 협력하여 해결하기 • 만든 작품 친구들과 공유하기

센서보드를 활용한 피지컬 컴퓨팅 수업 지도안의 예시는 〈표 Ⅰ-38〉과 같으며, 1차시와 7~8차시를 제외한 나머지 차시에 대한 수업의 흐름도 이와 유사하다.

〈표 Ⅰ-38〉 피지컬 컴퓨팅 수업 지도안 예시

단계	수업의 흐름	교수 · 학습 활동
도입	생활 속 문제 제시	• 소음측정기 문제 제시 -소음측정기 관찰하기 -소음측정기의 원리 생각해보기
전개	문제 해결 방법 탐색	• 소리센서의 사용법 알기 -오브젝트가 소리센서 값을 말하게 하기 -주변 소음에 따른 소리센서 값의 변화 살펴보기 -소리센서 값을 활용하여 풍선을 터뜨리는 아이디어 내기
	알고리즘 표현	• 소리센서로 풍선 터뜨리기 알고리즘 표현 -소리센서 값의 변화에 따라 풍선이 커지는 알고리즘을 일상 언어로 표현하기 -풍선의 크기에 따라 풍선이 터진 모양으로 바뀌는 알고리즘을 일상 언어로 표현하기
	프로그래밍의 체험	• 풍선 터뜨리기 프로그램 만들기 -소리센서 값과 반복, 선택의 개념을 활용하여 풍선 터뜨리기 프로그램 만들기
정리	공유 및 평가	• 프로그램 공유 및 평가 -만든 프로그램을 친구들과 공유하기 -친구들의 프로그램과 나의 프로그램의 다른 점을 찾거나, 친구의 프로그램에 의견 주기 -친구들의 의견을 반영하여 나의 프로그램을 발전시킬 수 있는 아이디어 찾기

10 SW교육 선도학교의 이해

SW선도학교 지원을 통하여 운영금을 받아 학교 SW교육을 운영할 수 있다. SW 선도학교 지원을 위한 계획서(예시)의 주요 내용을 보며 SW교육 운영지침에 맞춰 어떤 방법으로 운영되는지 알아본다.

가. 운영 주제

컴퓨팅 사고력을 가진 미래형 창의·융합인재 양성

나. 추진 배경 및 필요성

SW중심사회는 소프트웨어(SW)가 혁신과 성장, 가치창출의 중심이 되고 개인·기업·국가의 경쟁력을 좌우하는 사회이다.

미래 사회를 이끌어갈 SW인재 양성을 위해 우리 정부는 2014년 7월'SW중심사회 실현 전략보고회'를 개최하여 'SW중심사회'라는 새로운 아젠다를 설정하고 미래세대에 대한 SW교육 저변 확산의 기반을 마련했다.

어린 학생들의 SW에 대한 관심이 증가하고 대학 SW학과 인기가 상승하는 등 소프트웨어교육에 대한 관심이 그 어느 때보다 뜨겁다. 기존의 성과를 확대하고 SW중심사회로의 이행을 가속화하기 위해서는 SW교육에 대한 혁신이 필요하다.

SW교육의 핵심은 컴퓨팅 사고력이다. 즉 컴퓨터가 생각하는 방식으로 논리력, 알고리즘 등을 학습하여 창의적 문제 해결 능력을 키우는 것이다.

현재 시행되고 있는 연구학교와 선도학교의 초등학교 SW교육은 언플러그드(unplugged) 활동을 등한시하고 프로그래밍 언어(EPL)와 피지컬 컴퓨팅(PC)에 치중하는 것이 문제가 되고 있다. 초등학교 SW교육에서 실생활 문제를 체험, 활동을 기반으로 한 언플러그드 활동을 통하여 해결하는 것이 선행되고 난 후 프로그래밍 언어(EPL)를 실시하여야 학생들의 컴퓨팅 사고력을 배양할 수 있다.

SW가 중심인 사회, SW가 세상을 바꾸는 시대, 즉 SW중심사회로 한 단계 더 도약하기 위해서는 컴퓨팅 사고력을 가지고 세상을 이끄는 창의·융합인재 양성이 반드시 필요하다.

다. 추진 목표 및 계획

'컴퓨팅 사고력을 가진 미래형 창의·융합인재 양성'을 적용하여 얻고자 하는 목표는 2015 개정 교육과정의 초등학교 소프트웨어교육 필수화에 대비하여 초등학교 학생의 발단단계에 맞춘 체험과 활동 위주의 소프트웨어 교육과정 편성·운영 모델을 개발하고 정보윤리의식과 태도를 바탕으로 실생활의 문제를 컴퓨팅 사고로 해결할 수 있는 소프트웨어교육을 실시함으로써 학습자들이 미래 사회를 살아가는데 필요한 컴퓨팅 사고능력을 신장시켜 미래형 창의·융합인재를 양성하고자 한다.

라. 운영 방안

1) SW 교육 적용 인프라 구축

가) SW교육 적용 기반 구축

• SW교육 적용 가능한 SW무한상상실 구축 • 1, 2컴퓨터실 컴퓨터 업그레이드 실시 및 클라우드화 실시
• SW 무한상상실 구축 −체험과 활동 위주의 언플러그드 활동과 교구 관리를 위하여 세미나실을 이용하여 SW 무한상상실 구축 • 컴퓨터실 기자재 업그레이드 −SSD와 대형 모니터를 활용하여 컴퓨터실을 업그레이드하고 클라우드 컴퓨터실 현대화 신청

나) 언플러그드 활동 교구 구입

• 체험과 활동 위주의 언플러그드 활동 교구 구입 • 엔트리 및 스크래치 보드 게임 구입
• 언플러그드 활동 교구 구입 및 제작 －언플러그드 활동 교구와 교구 설명판을 구입하고 CS언플러그드 사이트 (http://csunplugged.org/)를 번역・제작 • 언플러그드 활동용 엔트리봇, 스크래치 보드 게임 구입 －엔트리봇 부품찾기 대작전, 엔트리봇 폭탄대소동

2) SW 교육과정 편성・운영 모델 개발

가) SW교육을 위한 시수 확보

• 2017. 2월 SW교육 적용을 위한 시수 확보 완료 • 교과 17h 및 전 학년 각 교과*와 창체를 활용하여 시수 확보
• 5,6학년 SW교육 17h 확보 －교과와 창의적 체험활동을 활용하여 최소 연간 17시간 이상을 확보하여 SW교육 실시 －'생활과 정보' 단원과 6학년의 '생활과 전기 전자' 단원을 재구성하여 SW교육

나) SW교육 성취기준

〈표 Ⅰ-39〉 SW교육 성취기준

영역	중영역	내용 요소	성취 기준
생활과 소프트웨어	나와 소프트웨어	소프트웨어와 생활 변화	소프트웨어가 가져온 생활 모습의 변화를 설명할 수 있다.
	정보 윤리	사이버 공간에서의 예절	사이버 공간에서 지켜야 하는 예절을 알고 실천할 수 있다.
		인터넷 중독과 예방	게임과 인터넷 중독의 문제점을 알고 예방 방법을 설명할 수 있다.
		개인 정보보호	개인 정보가 중요한 이유와 지킬 수 있는 방법을 찾아 발표할 수 있다.
		저작권 보호	생활 속에서 저작권의 보호를 받는 것은 어떤 것

영역	중영역	내용 요소	성취 기준
			인지 찾아보고, 보호하기 위한 방법을 설명할 수 있다.
알고리즘과 프로그래밍	문제 해결 과정의 체험	문제의 이해와 구조화	제시된 문제를 이해할 수 있다.
			제시된 문제를 단순화할 수 있다.
		문제 해결 방법 탐색	문제를 해결하기 위한 방법을 순서에 따라 설명할 수 있다.
			제안한 문제 해결 방법의 문제점과 개선 방법에 대해 설명할 수 있다.
	알고리즘의 체험	알고리즘의 개념	알고리즘의 개념을 이해할 수 있다.
		알고리즘의 체험	순차, 선택, 반복구조를 이용하여 문제해결 절차를 그림이나 기호를 이용하여 표현할 수 있다.
			간단한 알고리즘(정렬, 탐색)을 체험활동을 통하여 이해할 수 있다.
	프로그래밍의 체험	프로그래밍의 이해	프로그래밍 언어의 기본요소를 알 수 있다.
		프로그래밍의 체험	주어진 프로그램을 동일하게 만들 수 있다.
			주어진 프로그램을 수정하여 자신만의 프로그램을 만들 수 있다.
			내가 생각한 간단한 프로그램을 만들 수 있다.

다) SW교육 주별 학습 내용(예시)

〈표 Ⅰ-40〉 SW교육 주별 계획

구분	시수	학습목표	학습내용
1주차	1	• 소프트웨어가 적용된 사례를 찾아 설명할 수 있다.	• 생활에서 소프트웨어 적용 사례 찾기 • 소프트웨어 사례 발표하기
2주차	1	• 사이버 공간에서 지켜야 하는 예절을 알고 실천할 수 있다.	• 사이버공간 예절 알기 • 사이버공간 예절 실천록 쓰기
3주차	1	• 게임과 인터넷 중독의 문제점을 알고 예방 방법을 설명할 수 있다.	• 게임과 인터넷 중독의 문제점을 알기 • 해결방법 찾아 설명하기

구분	시수	학습목표	학습내용
4주차	2	• 컴퓨터의 언어로 쓰이는 이진수에 대해 알고 이진수를 사용하여 비밀번호 전송게임을 할 수 있다.	• 이진수 이해하기 • 비밀번호 전송 게임하기
5주차	1	• 제시된 문제를 이해할 수 있다.	• 알뜰 여행 계획 세우기
6주차	1	• 제시된 문제를 단순화할 수 있다.	• 복잡한 문제 상황을 그래프 색칠하기로 해결하기
7주차	1	• 문제를 해결하기 위한 방법을 순서에 따라 설명할 수 있다.	• 시간 내 일을 마치기 체험하기 • 문제 해결 과정 설명하기
8주차	1	• 알고리즘의 개념을 이해할 수 있다.	• 말로 행동 전달하기 활동하기 • 알고리즘에 대한 이야기 나누기
9주차	1	• 순차적으로 수행하는 과정을 표현할 수 있다.	• 엔트리봇 폭탄대소동 보드게임하기 • 게임에서 이기기 위한 방법 발표하기
10주차	1	• 주어진 조건에 따라 선택적으로 수행하는 과정을 표현할 수 있다.	• 기본카드(전진, 회전)만으로 엔트리봇 부품대작전 보드게임하기 • 게임에서 이기기 위한 방법 발표하기
11주차	1	• 특정 횟수만큼 반복하거나 주어진 조건이 만족할 때까지 반복하는 과정을 표현할 수 있다.	• 특수카드만(반복문)으로 엔트리봇 부품대작전 보드게임하기 • 게임에서 이기기 위한 방법 발표하기
12주차	1	• 간단한 알고리즘(정렬, 탐색)을 체험활동을 통하여 이해할 수 있다.	• 평형 저울을 사용하여 물체를 가벼운 것부터 무거운 것까지 정렬하기 • 정렬한 물체 중 문제 범위 내에 들어있는 물체 탐색하기
13주차	1	• 프로그래밍언어의 성격을 알 수 있다.	• 진군명령-프로그래밍 언어 놀이하기 • 문제 해결 방실 설명하기
14주차	1	• 기초적인 프로그래밍 과정을 체험할 수 있다.	• 소프트웨어 교육 주간 참여하기
15주차	2	• 주어진 프로그램을 동일하게 만들 수 있다.	• Hour of coding day 참여하기
		• 일상의 문제를 프로그램으로 해결할 수 있다.	• Hour of coding day 참여하기

라) 평가

• 교육 목표의 달성 여부를 정확하게 판단할 수 있는 체계적인 평가 계획을 수립하여 운영 • 타당한 평가 도구를 활용하여 소프트웨어 교육을 통한 컴퓨팅 사고력의 향상 정도를 지속적으로 측정 • 학습의 주요 목표는 컴퓨팅 사고력의 신장에 있으므로 학습 결과에 대한 평가와 더불어 학습 과정에 대한 평가 • 지식 위주의 평가를 지양하고, 수행 평가의 특징을 최대한 반영하여 평가할 수 있도록 필요한 평가 자료를 개발·활용 • 교육 목표와 학습 내용에 적합한 다양한 평가 방법을 사용하고 지식, 기능, 태도 등의 측면을 종합적으로 평가
• 생활과 소프트웨어 – 소프트웨어가 가져온 우리 생활의 변화 모습을 사례를 들어 설명하고, 사이버 공간에서의 예절을 실천할 수 있는지를 평가 • 알고리즘과 프로그래밍 – 체험 중심의 활동으로 문제해결과정과 알고리즘, 프로그래밍을 체험해 보고 컴퓨팅 사고를 이해하고 있는지를 평가

3) 교육공동체가 협력하는 SW교육

가) SW교육 교사 실천 역량 기르기

연수명	연수 내용	대상
소양 연수	SW교육 운영 지침 및 교육과정 재구성 방안	전교사
	언플러그드 활동 및 알고리즘의 이해	전교사
활용 연수	학년별 SW교육 모델 개발 연수	학년별
	SW교육 활용 연수	전교사
직무 연수	언플러그드와 피지컬 컴퓨팅으로 소프트웨어 교육 맛보기	희망교사
	유명강사와 함께하는 알고리즘 교육	희망교사
	소프트웨어 교육	희망교사

나) 교원 SW교육 연구회 활동

<table>
<tr><td>• 학년 초 SW교육 연구회 조직
• SW의 교육의 필요성과 SW교육의 실제에 대하여 학년별 연구</td></tr>
<tr><td>• SW교육 연구회 조직
• 월 1회 컨설팅 및 협의회 실시
- 협의 내용을 학년에 전달 연수 실시
• 연구회 주도 언플러그드 활동 연구 및 자료 제작
- 소프트웨어야 놀자, CS언플러그드 사이트 활용
• 학교홈페이지 SW교육선도학교 메뉴 활용
- 연구 및 협의 결과는 선도학교 메뉴에 탑재하여 공유</td></tr>
</table>

다) SW 학생 소양 교육 실시

<table>
<tr><td>• 아침 방송 시간과 중간놀이 시간을 활용하여 실시
• 지역 민간단체 및 교육 단체와 협력하여 교육 기부 활동 가능</td></tr>
<tr><td>• 아침 방송 시간 주1회 알고리즘 교육 실시
- 사이버학습 e-study 활용
• SW교육 교수용 콘텐츠 및 교재 활용
- 학생용 교재 제작 및 인쇄물 제작 가능
• 교육기부 활용
- 지역 대학 교육공학과의 교육기부 활용
- 전문 프로그래머 활용 진로 교육 실시</td></tr>
</table>

라) 학부모 역량 강화

<table>
<tr><td>• 3월초 학부모 총회를 이용하여 SW교육에 대한 연수 실시
• 학교 홈페이지 운영 및 SNS를 활용한 학부모 역량 강화
• 학부모 컴퓨터 교실을 이용하여 학생들이 배우는 SW교육 내용에 대한 연수</td></tr>
</table>

마. 선도학교 운영성과 공유 및 확산 방안

SW무한상상 축제로 교육공동체가 참여하고 공문 발송으로 학교 및 기관에 홍보하여 SW교육성과 공유의 장을 마련한다.

선도학교의 모든 산출물이 선도학급과 일반학급으로 공유될 수 있게 각급 학교 컨설팅 및 연수를 적극 지원한다.

학교 홈페이지와 SNS(밴드)를 활용하여 SW교육 메뉴를 신설하고 SW교육에 관한 모든 정보를 공개하여 교육공동체 및 일반 학교로 운영성과가 확산되도록 한다.

학교 행사(운동회, 학예회)시 언플러그드 미션 대회 및 SW교육 코딩 댄스 등 다양한 이벤트를 마련하여 교육공동체가 협력하여 함께 만들어 가는 선도학교가 된다.

학부모 공개수업과 총회를 통하여 SW교육의 필요성과 효과성을 홍보하고 연구회원과 운영참가자가 SW교육 수업을 공개함으로써 SW교육의 대중화를 마련한다.

2015 개정 교육과정의 초・중학교 SW교육 필수화에 대비하여 SW교육 활성화를 유도한다.

바. 기대 효과

본 선도학교 운영을 통해 아래와 같은 효과를 기대한다.

초등학교 학생의 발단단계에 맞춘 체험과 활동 위주의 소프트웨어 교육과정 편성・운영 모델을 개발하여 SW교육 필수하를 위한 기반이 마련될 것이다.

실생활의 문제를 컴퓨팅 사고로 해결할 수 있는 소프트웨어교육을 실시함으로써 학습자의 SW기초소양과 컴퓨팅 사고력 향상의 기회가 제공될 것이다.

SW교육 선도학교 운영을 통하여 SW교육 수업 방법 및 평가 방법이 개선될 것이다.

학습자들이 미래 사회를 살아가는데 필요한 컴퓨팅 사고능력을 신장시켜 미래형 창의・융합 인재를 양성할 수 있을 것이다.

사. 운영비 집행 계획

<table>
<tr><th colspan="2">구분</th><th rowspan="2">항목</th><th rowspan="2">금액
(천원)</th><th rowspan="2">비율
(%)</th><th rowspan="2">산출근거</th></tr>
<tr><th>비목</th><th>세목</th></tr>
<tr><td rowspan="2">교육운영비</td><td rowspan="2">교육 운영비</td><td>교구 및 재료 구입</td><td>2,507</td><td>25.07</td><td>50천원 x 50종 + 7천원= 2,507천원</td></tr>
<tr><td>교육활동비</td><td>600</td><td>6</td><td>150천원 x 4명 = 600천원</td></tr>
<tr><td rowspan="4">사업운영비</td><td rowspan="2">일반 수용비</td><td>선도학교 현수막</td><td>33</td><td>0.33</td><td>33천원 x 1개 = 33천원</td></tr>
<tr><td>인쇄물 제작비</td><td>710</td><td>7.1</td><td>710천원 x 1회 = 710천원</td></tr>
<tr><td>운영 수당</td><td>강사비</td><td>2,000</td><td>20</td><td>250천원 x 2회 + 30천원 x 50회 = 2,000천원</td></tr>
<tr><td>여비</td><td>교사 출장 여비</td><td>450</td><td>4.5</td><td>150천원 x 3회 = 450천원</td></tr>
<tr><td>업무 추진비</td><td>업무 추진비</td><td>회의비</td><td>500</td><td>5</td><td>250천원 x 2회 = 500천원</td></tr>
<tr><td rowspan="2">자산 취득비</td><td>비품 구입비</td><td>기자재 구입</td><td>3,000</td><td>30</td><td>500천원 x 6회 = 3,000천원</td></tr>
<tr><td>도서 구입비</td><td>도서 구입비</td><td>200</td><td>2</td><td>20천원 x 10권 = 200천원</td></tr>
<tr><td colspan="3">합 계</td><td>10,000</td><td>100</td><td></td></tr>
</table>

Ⅱ

놀이와 체험 위주의 언플러그드 SW교육

11 언플러그드 SW교육-컴퓨팅과학 개념[1)]

언플러그드(Unplugged) SW교육이란 플러그를 꽂지 않고, 컴퓨터 없이 SW교육을 실행하는 것을 의미한다. SW교육 운영지침을 보면 초등학교에서는 언플러그드 교육을 적극 시행하여 놀이와 체험위주의 SW교육이 될 수 있도록 구성하라고 되어있다. 언플러그드 교육을 충분히 하였을 때 제대로 된 컴퓨팅 사고력 향상을 위한 교육용프로그래밍, 피지컬 컴퓨팅 활동이 가능한 것이다. 다음 예제를 통하여 학교에서 실행가능한 언플러그드 교육을 알아본다.

가. 이진수 학습

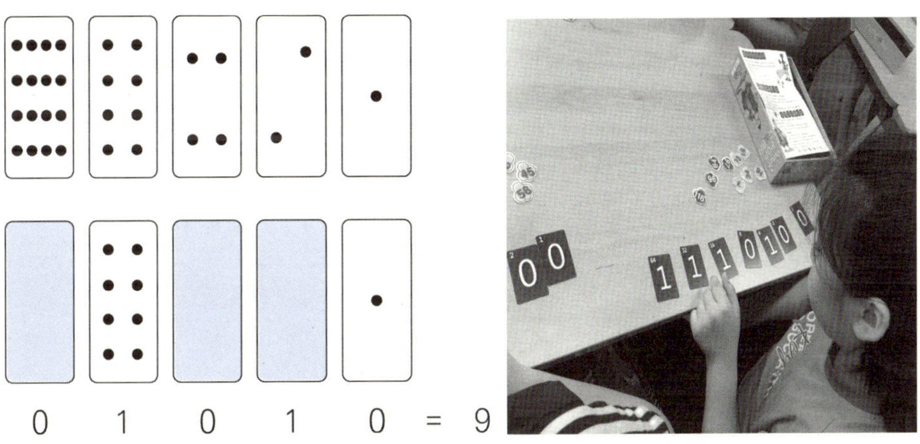

[그림 Ⅱ-1] 이진수 카드와 활동 예시

컴퓨터는 숫자를 이진수로 확인하고 전송한다. 단순하게 이진수의 개념을 가르쳐주고 학습하는 것이 아니라 위의 보기와 같은 카드를 5장 만들고 다양한 숫자를 만들어 보는 퀴즈 게임 형식의 학습이 필요하다.

1) 11강~20강의 언플러그드 SW교육 내용과 교육용프로그래밍언어(EPL) SW교육은 엔트리 교육연구소의 자료를 토대로 작성되었습니다.

위 그림과 같이 점이 새겨진 카드를 출력하여 학생들에게 나눠준 다음 제시된 점 카드만으로 다양한 숫자를 만들어 보는 것인데, 이때 보이지 않는 카드는 0 보이는 카드는 1로 나타낸다. 제시된 숫자처럼 01001의 경우 두 번째 카드와 다섯 번째 카드만 뒤집으면 8과 1이 나오므로 합하면 9가 되는 것이다. 학생들은 이러한 과정을 반복하며 이진수의 개념을 익히게 된다.

이진수 카드를 활용하여 이진수의 개념에 대하여 학습하고 서로 문제를 내어 맞춰보거나 함께 문제를 해결하는 과정에서 협력적 문제해결력도 향상될 것이다.

나. 이미지 표현법

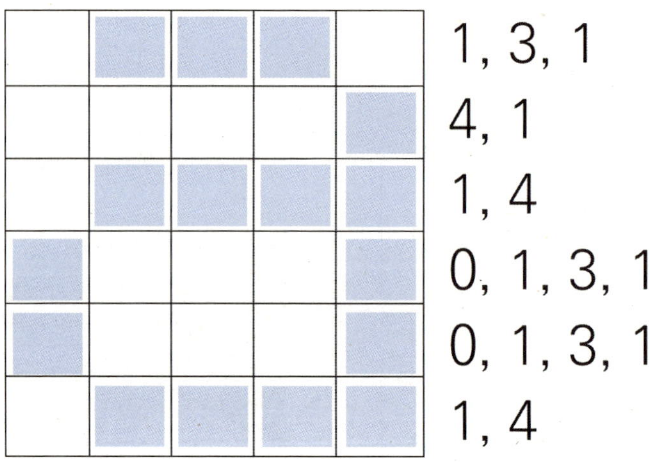

[그림 Ⅱ-2] 이미지 표현법

모눈종이 위에 있는 그림을 숫자로 변경 시키는 규칙을 찾고 직접 이미지를 숫자로 표현하거나 숫자를 이미지로 만들어 보는 활동이다.

처음 제시되는 수만큼 빈칸, 두 번째 제시되는 수만큼 색칠, 세 번째 제시되는 수만큼 빈칸, 네 번째 제시되는 수만큼 색칠을 반복하는 방법이다. 만약 처음부터 색칠을 하고 싶다면 처음 제시되는 빈칸의 수를 0으로 지정해주면 두 번째 나오는 숫자만큼 색칠하고 시작하게 되는 것이다.

이를 통하여 학생들의 픽셀의 개념과 컴퓨터가 이미지를 표현하는 방식, 사진

데이터의 크기가 어떻게 결정되는지 생각해볼 수 있다.

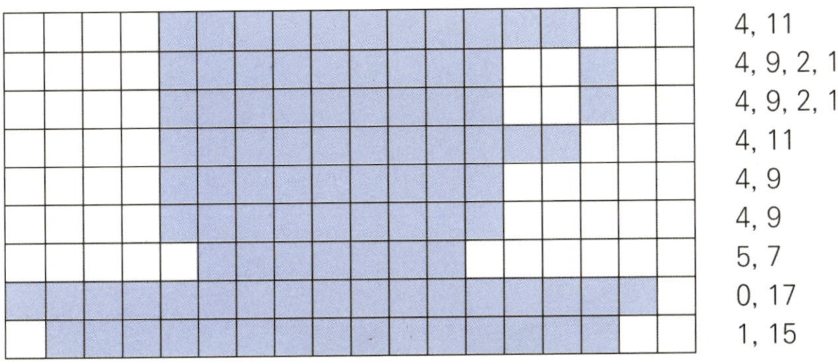

[그림 Ⅱ-3] 이미지 표현법 예시

다. 텍스트 압축

컴퓨터는 많은양의 자료를 압축을 통하여 줄일 수 있다. 많은양의 종이컵을 정리하여 박스에 넣을 때 종이컵을 한 줄로 쌓아 박스에 넣으면 부피가 줄어든다. 컴퓨터도 이 같은 원리로 압축을 실행하게 된다. 텍스트 압축을 하는 방법은 다음과 같다. 글을 읽고 2번 이상 반복되는 문장을 찾는다. 반복되지 않는 문장을 찾고 반복되는 문장을 찾는다. 반복되는 단어 사이의 거리를 세어 숫자로 쓴다.

〈표 Ⅱ-1〉 텍스트 압축 및 해제하기

반복되는 표현	사랑해 너를 사랑해
압축 과정	사랑해 너를 사랑해(5,3)
숫자로 압축하기	사랑해 너를(5,3)
압축 해제 과정	사랑해 너를 앞 3글자 반복
원래 표현	사랑해 너를 사랑해

라. 컴퓨터 오류탐지 및 수정 기능

컴퓨터는 모든 수와 글자를 0과 1로 나타낸다. 어떤 파일을 전송하고자 할 때 전송하는 파일에 오류가 있는지 없는지 알아보는 방법으로 패리티 비트가 있다. 패리티 비트란 컴퓨터에서 전송 중에 각각의 이진 데이터 열에 추가한 비트이다. 오류가 생겼는지 조사하기 위해 추가된 비트를 더하여 1으 개수의 변화를 감지하는 것이다.

[그림 Ⅱ-4] 이미지 표현

하얀색 빈칸은 이진수 0, 검은색 색칠된 부분은 이진수 1이고 오류 검사를 위하여 가로세로에 패리티 비트를 추가한다. 각줄의 검은색 비트가 홀수이면 검은색 패리티 비트, 짝수이면 흰색의 패리티 비트를 추가한다.

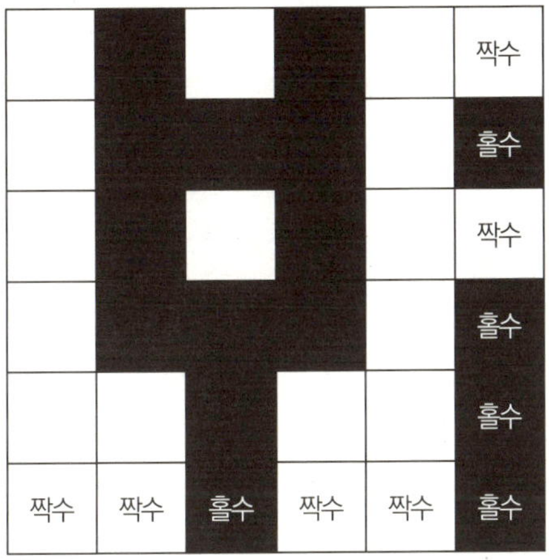

[그림 Ⅱ-5] 패리티 비트 추가

패리티 비트를 추가한 다음 학생들이 하나의 카드만 바꿔보게 하고 선생님은 바뀐 카드를 맞춰본다. 가로 세로의 추가된 카드 색깔을 보고 바뀐 카드의 위치를 파악할 수 있는데 컴퓨터도 이 원리로 패리티 비트를 통하여 원 자료와 전송된 자료와의 차이를 알게 되는 것이다. 압축해제를 하거나 CD를 구울 때 최종자료를 검토 하는 것도 이와 같은 원리로 검토하게 된다.

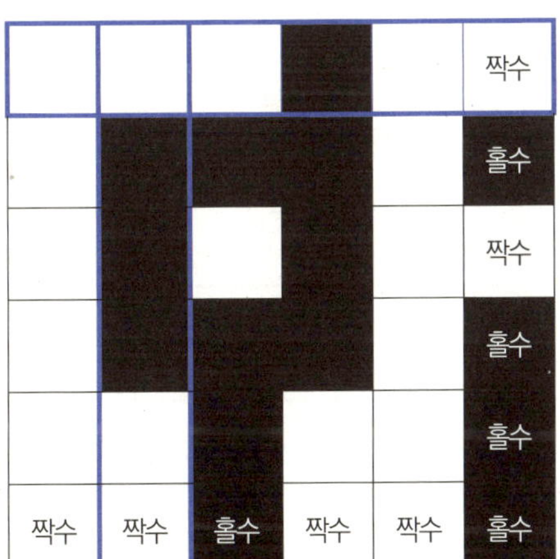

[그림 Ⅱ-6] 바뀐 자료

가로 줄과 세로줄의 흰색 패리티 비트는 짝수를 의미하는데 홀수 이므로 겹치는 부분의 색이 원자료의 생과 다른 것임을 파악하고 마법처럼 학생이 바꾼 부분을 찾을 수 있는 것이다.

인터넷 뱅킹이나 인터넷 통신 중 오류로 인하여 재산상의 손해가 발생할 수 있으므로 보안성이 높거나 소중한 자료일수록 2중 3중의 패리티 비트를 활용하여 오류를 검출하여야 한다.

마. 정보 이론

컴퓨터는 모든 정보를 0과 1로 표현할 수 있다. 0과 1로 나타나 있는 정보량을 비트라고 한다. 1bit는 0과 1을 표현하는 이진수의 1자리를 의미한다. 11가지의 차례대로 놓인 카드가 있을 때 학생이 하나의 카드를 선택하고 발표한다. 다른 학생들이 찾아갈 때 절반씩 나누어 찾아보는 방법을 사용할 수 있다.

1	11	31
55	67	74
75	80	87
90	96	

[그림 Ⅱ-7] 11가지의 카드

학생이 96이란 숫자를 선택하였을 때 나머지 학생들은 가운데 숫자인 74를 찾을 것이고 74는 96보다 작으므로 더 큰 방향의 가운데인 87을 확인할 것이고 87도 96 보다 작으므로 큰 방향으로 숫자를 찾으면 96을 4번 이하의 횟수로 찾을 수 있게 되는 것이다.

74〈96, 87〈96, 90〈96, 96=96 과 같이 같은 방법을 적용하면 어떤 숫자를 고르더라도 5번 이하의 방법으로 찾을 수 있게 된다. 이때 사용한 비교한 개수를 정보량이라고 하고 1번 비교한 것이 1bit이다. 위 경우처럼 4번의 비교는 4bit로 표시할 수 있다. 이것이 시스템의 처리 과정이므로 컴퓨터의 정보량을 계산하는 것은 컴퓨팅사고력에서 아주 중요한 것이다.

바. 검색 방법

스마트폰이나 컴퓨터로 빠르고 효율적으로 검색을 할 수 있다. 컴퓨터는 하나씩 검색하는 선형 검색, 데이터를 두 부분으로 나누어서 찾아가는 이진 검색, 계산법을 이용한 인덱스를 활용하여 빠르게 검색하는 해싱이라는 3종류의 검색방법을 사용한다.

1부터 100까지의 숫자가 있고 100이라는 숫자를 찾는다면 선형검색은 1부터 차례대로 100번의 정보량을 이용하여 숫자를 찾으므로 비효율적인 방법이 된다.

'마. 정보이론'에서 나온 방법처럼 나눠서 계산하면 7번 이하의 방법으로 1부터 100사이의 숫자를 찾을 수 있다. 이를 이진 검색이라고 한다. 선형검색을 아무리 빨리한다고 해도 이진 검색보다 빠를 수 없다.

해싱검색은 특정한 계산법을 만들어 찾아가는 방법이다.

이처럼 컴퓨터는 정보 검색 방법을 활용하여 필요한 정보를 빠르게 찾을 수 있도록 도와준다.

사. 정렬 방법

데이터는 무작위로 정렬되어 있을 때 보다 순서대로 정렬되어 있을 때 더 빠르게 검색하고 사용할 수 있다. 15부터 27까지의 숫자가 있을 때 가장 큰 숫자와 작은 숫자를 고르라고 하면 약간의 시간이 필요하다.

20	21	16
25	15	24
26	19	17
18	22	23

[그림 Ⅱ-8] 정렬되지 않은 카드

하지만 정렬된 카드의 경우 빠르게 15와 27을 찾을 수 있다.

15	16	17
18	19	20
21	22	23
24	25	26

[그림 Ⅱ-9] 정렬된 카드

학생들에게 정렬을 학습하기 위해 접시저울을 이용할 수 있다. 무게 저울을 준비하고 물건 10가지를 준비한다. 무게를 비교하며 가벼운 것부터 무거운 것까지 모두 비교하여 정렬 한다 이와 같은 방법을 선택정렬이라고 한다.

[그림 Ⅱ-10] 접시저울

이번에는 하나의 물건을 기준으로 하여 접시저울 한 접시에 올려놓고 무게를 비교하여 가벼운 쪽과 무거운 쪽을 나누고 가벼운 쪽끼리 무게를 비교하고 무거운 쪽끼리 무게를 비교하면 선택정렬보다 빠르게 정렬을 할 수 있다. 이를 퀵 정렬이라고 한다.

아. 병렬 처리

종이비행기를 1000개 접는다고 할 때 1개를 접는데 걸리는 시간이 1분이다. 한 사람이 100개를 접는다고 하면 1000분의 시간이 걸릴 것이고 컴퓨터가 처리한다고 해도 기다리는 사람은 답답함을 느낄 것이다. 하지만 1000명의 사람이 도와준다면 1분 동안 1000개의 종이비행기를 접을 수 있을 것이다.

정렬에서 접시저울 한 개를 사용하여 물건 10가지의 무게를 측정하였다. 이번에는 5명이서 5개의 저울을 이용하여 물건의 무게를 비교하면 훨씬 빠른 시간에 무게를 비교할 수 있다. 이처럼 병렬 처리란 여러 개의 처리장치를 동시에 사용하여 일을 처리하는 것이다.

12 언플러그드 SW교육-알고리즘

알고리즘이란 문제를 해결하기 위한 방법과 절차를 의미한다. 미역국을 끓이려면 먼저 미역을 물에 불리고 소고기를 참기름에 볶은 다음 미역을 넣고 물을 넣어 끓이면 완성되는데 이 요리에서의 레시피 순서가 알고리즘이다. 만약 절차를 지키지 않고 요리를 하게 되면 맛있는 음식을 만들 수 없고 절차를 잘 지키면 맛있는 음식을 만들 수 있는 것처럼 알고리즘을 잘 지키면 문제를 해결하는데 도움이 된다.

가. 순차구조 알고리즘

순차구조 알고리즘이란 한 방향으로 쭉 순서대로 차례대로 실행되는 알고리즘을 뜻한다. 1, 2, 3이란 문제가 있을 때 순서대로 1을 처리하고 2, 3을 처리하는 구조를 뜻하는데 순서를 지키지 않을 경우에 컴퓨터는 정해진 문제를 해결하지 못하고 버그가 발생하게 된다. 학생들의 덧셈, 뺄셈, 곱셈, 나눗셈 등을 할 때 세로셈을 쓰고 같은 자릿수 끼리 더하고 자릿수에 맞춰 올려주고 적은결과에서 같은 자리수를 더하는 계산하는 방법도 일종의 순차구조 알고리즘이다.

〈표 Ⅱ-2〉 순차구조 알고리즘

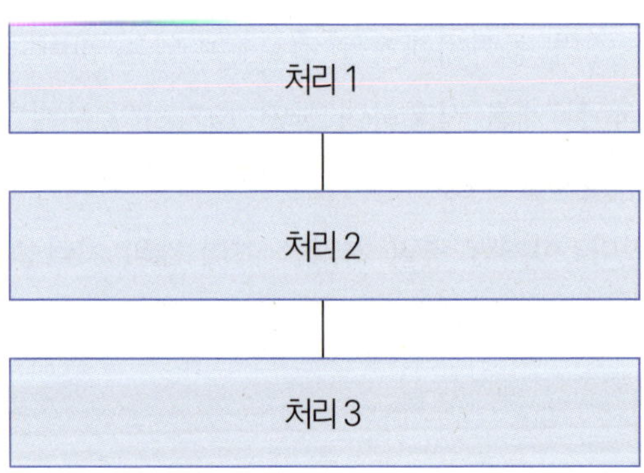

1) 알고리즘 표현하기

학생들은 일상생활과 연관 지어 생각할 수 있게 지도하여야 한다. 양치질 하는 과정을 생각해봤을 때 칫솔과 치약을 가지고 화장실에 가서 칫솔에 치약을 바르고 입에 넣어 위아래로 옆으로 닦고 입을 물로 10번 헹구고 칫솔도 깨끗하게 씻어서 나온다는 과정을 짧은 문장으로 정리하고 필요 없는 표현을 제거한 후 번호를 붙여서 쓰면 알고리즘이 완성된다. 이 알고리즘에 기호를 사용하여 표현하면 순서도가 되는 것이다. 나의 알고리즘을 이야기하고 친구와 협력하여 수정·보충하는 과정에서 컴퓨팅 사고력이 향상된다.

〈표 Ⅱ-3〉 **순차구조 알고리즘 순서도**

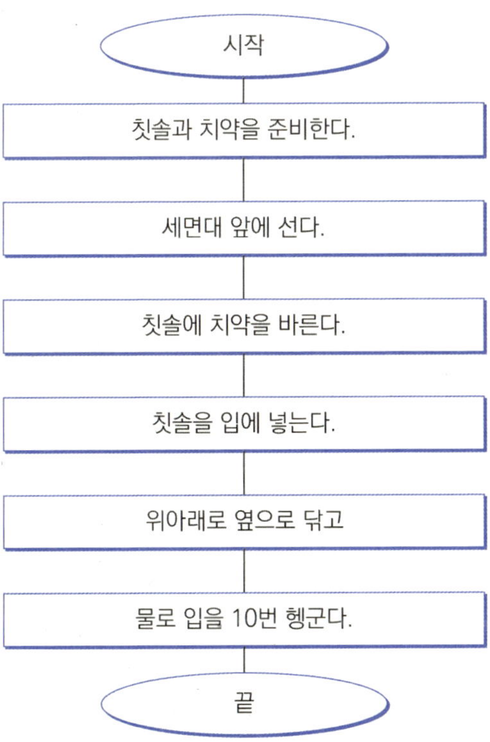

2) 모눈종이 그림 그리기

모눈종이 그림 그리기는 친구의 명령어에 따라 모눈종이에 색칠을 하고 명령어를 잘 전달하였는지 확인하는 활동이다. 다음과 같이 명령어 카드를 준비하거나 카드가 없다면 명령어 내용을 전달한다.

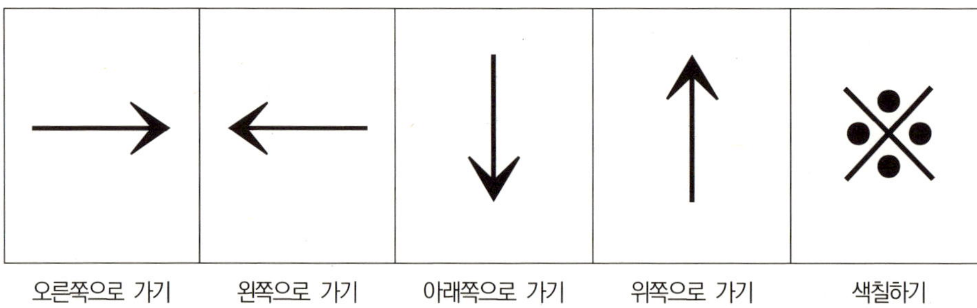

[그림 Ⅱ-11] 명령어 카드

제시한 명령어를 색칠할 활동지는 다음과 같고 → ※↓↓※ 명령어를 사용하면 오른쪽 그림처럼 색칠이 된다.

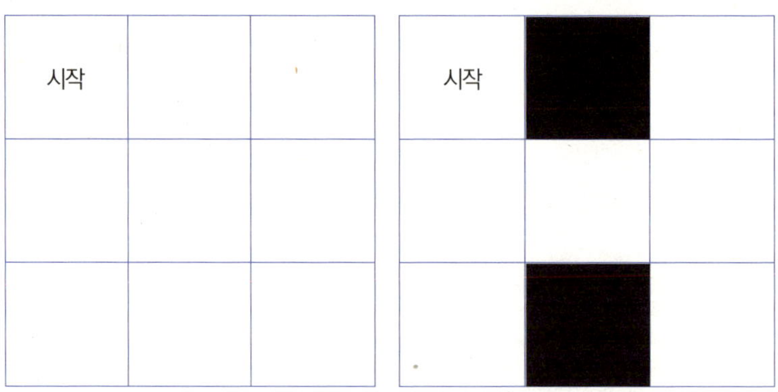

[그림 Ⅱ-12] 모눈종이 활동지와 예시

나. 반복구조 알고리즘

알고리즘을 만들 때 반복되는 명령이 있으면 그것을 계속 나열하지 않고 반복으로 묶어서 표현하면 보다 쉽게 알고리즘을 표현할 수 있다.

이를 반복이라 한다. 반복을 학습하기 위해서는 가장 먼저 반복 되는 부분을 찾는 연습을 해야 한다.

노래 가사나 이야기에서 반복되는 부분 찾아서 묶어보기, 율동에서 반복되는 부분 찾아서 묶어보기 등을 통해 반복 개념을 학습할 수 있다.

응가 응가 응가 응가
응가 응가 응가 응가
배가아파요 배가아파요

뿌웅뿌웅 뿡뿡뿡
뿌웅뿌웅 뿡뿡뿡
배가아파요 배가아파요

↓

응가 X 4
응가 X 4
배가아파요 X 2

뿌웅뿌웅 뿡뿡뿡 X 2
배가아파요 X 2

[그림 Ⅱ-13] '응가송' 반복 구조 찾기

다. 선택

알고리즘을 만들 때 상황에 따라 다른 일을 하기 위해서 '선택'을 사용한다. '선택'은 보통 '만약~라면', '만약~라면, 아니면'으로 표현할 수 있고, 선택이 참/거짓일 경우 어떤 행동을 할지 표현한다.

자신이 평소에 하는 간단한 놀이나 게임을 선택으로 나타내보거나, 여러 가지 도형(직사각형, 정사각형, 마름모, 평행사변형)을 특정 선택으로 나누어보기, 재활용품을 특정 선택으로 나누어보는 활동들을 예로 들 수 있다.

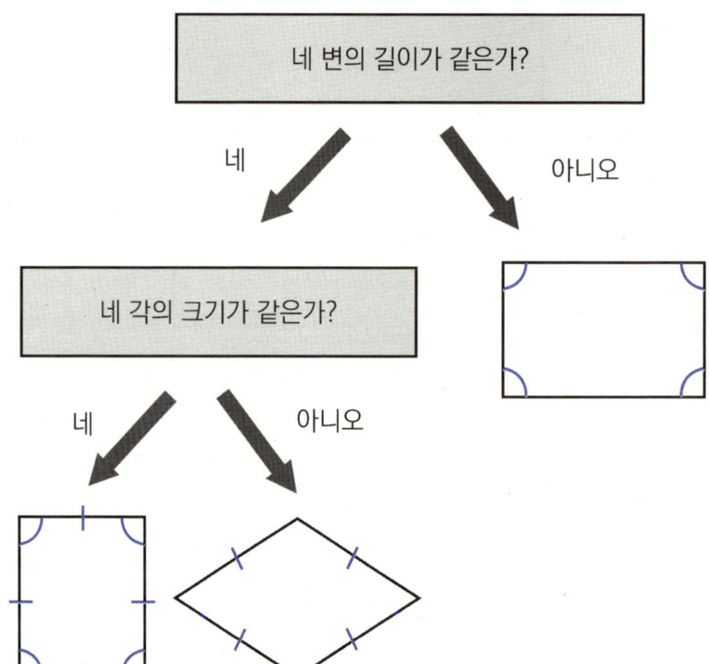

[그림 Ⅱ-14] 선택

라. 언플러그드 활동의 장점

이런 언플러그드 활동의 장점은 '흥미, 이해, 저비용' 으로 설명할 수 있다.

흥미는 학생들이 놀이학습으로 컴퓨터과학의 개념을 재미있게 학습 가능한 점과 학생들이 수업에 높은 몰입과 관심을 보이며 참여한다는 점, 선생님들이 어려운 내용을 쉬운 활동으로 흥미롭게 전달 가능하다는 점이 장점이다.

이해는 직접 체험하는 놀이학습으로 학생들이 더욱 쉽게 이해한다는 점과 특별한 프로그래밍 언어에 종속되지 않는다는 점, 초등학교 저학년부터 수업이 가능하다는 점이 장점이다.

저비용의 관점에서는 컴퓨팅 기기 없이 수업이 진행되므로 저비용으로 학습할 수 있다는 점, 간단한 도구만으로 수업을 진행하므로 비용이 적게 든다는 점 및 기기 불평등 현상을 해결 할 수 있다는 점이 장점이다.

흥미	• 놀이학습으로 컴퓨터과학의 개념을 재미있게 학습 가능. • 어려운 내용을 쉬운 활동으로 흥미롭게 전달 가능. • 학생들이 수업에 높은 몰입과 관심을 보이며 참여함.
이해	• 직접 체험하는 놀이학습으로 학생들이 더욱 쉽게 이해함. • 특별한 프로그래밍 언어에 종속되지 않음. • 초등학교 저학년부터 수업이 가능함.
저비용	• 컴퓨터 기기 없이 수업이 진행되므로 저비용으로 학습할 수 있음. • 간단한 도구만으로 수업을 진행하므로 비용이 적게 듦. • 기기 불평등 현상을 해결할 수 있음.

[그림 Ⅱ-15] 언플러그드 활동의 장점

마. 언플러그드 활동의 주의해야 할 점

언플러그드 활동을 할 때 주의해야 할 점들이 있다.

첫째는 놀이로만 끝나지 않게 해야 한다는 점이다. 언플러그드 활동으로 수업을 진행하면 학생들은 재미있어하며 수업에 적극적으로 참여하게 된다.

하지만 교사가 활동의 의미를 활동 전후에 정리하지 않으면 수업이 자칫 놀이로만 끝나버리고, 컴퓨터과학 개념 습득이나 알고리즘적 사고 향상이라는 수업목

표에서 멀어질 수 있다는 것을 주의해야 한다.

[그림 Ⅱ-16] 언플러그드 활동 모습

둘째는 언플러그드 활동이 그 활동 안에서 끝나지 않고 컴퓨터로 연결시켜야 한다.

순차, 반복, 선택을 언플러그드 활동으로 배웠으면 컴퓨터를 가지고 실제 컴퓨터상에서 그것들이 어떻게 표현되고 동작되는지 경험할 수 있게 수업을 구성하는 것이 좋다.

[그림 Ⅱ-17] 교육용 프로그래밍 언어(EPL) 활동 연계

바. 언플러그드 활동 예시

1) 반복 : 양치질 반복 찾기, 내 친구는 아바타 놀이

2) 선택 : 분리수거 놀이하기, 만약에 놀이하기, 분리수거 하기, 범인추리 게임, 선택 게임

13 소프트웨어교육 보드게임

가. 엔트리봇 부품찾기 대작전 보드 게임

엔트리 보드게임은 '재미있는 보드게임을 통해서 프로그래밍의 개념 중 '순차, 반복, 함수'를 학습할 수 있는 교구'이다.

최소 2명, 최대 4명의 인원으로 진행할 수 있으며, 초등학교 3-4학년부터 적용이 가능하다.

- ✔ 재미있는 보드게임을 통해서 프로그래밍의 개념 중 '순차, 반복, 함수'를 확습할 수 있는 교구
- ✔ 최소 2명, 최대 4명의 인원으로 진행할 수 있음
- ✔ 초등학교 3~4학년부터 적용 가능

[그림 Ⅱ-18] **엔트리 보드 게임**

엔트리 보드게임 구성품들을 모두 꺼낸 다음 카드를 종류별로 다 뜯어서 모은다.

엔드리보드게임은 각자의 엔브리봇이 잃어버린 부품을 최대한 빨리 획득하는 과정에서 순차, 반복, 선택 등을 배울 수 있는 SW교육용 언플러그드 보드 게임이다.

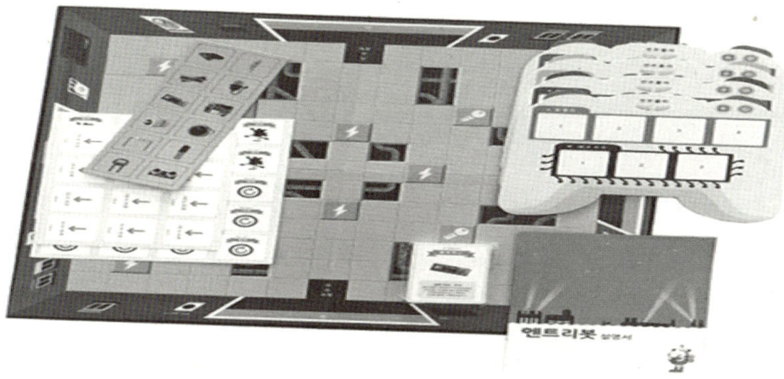

[그림 Ⅱ-19] 엔트리 보드 구성품

하늘색 작은 부품카드를 맵 위에 자유롭게 배치한다. 작은 부품카드는 맵에서 아무런 표시가 없는 곳에만 올려놓을 수 있다.

엔트리 보드게임은 각자의 엔트리봇이 잃어버린 부품을 최대한 빨리 획득해야 이기는 게임이기 때문에 각자 부품을 찾으러 가야 하는 과정에서 어떤 부품을 고를지 모르기 때문에 최대한 공평하게 놓아야 한다.

배관처럼 생긴 것은 장애물이므로 돌아가거나 뛰어넘어서 가야 한다.

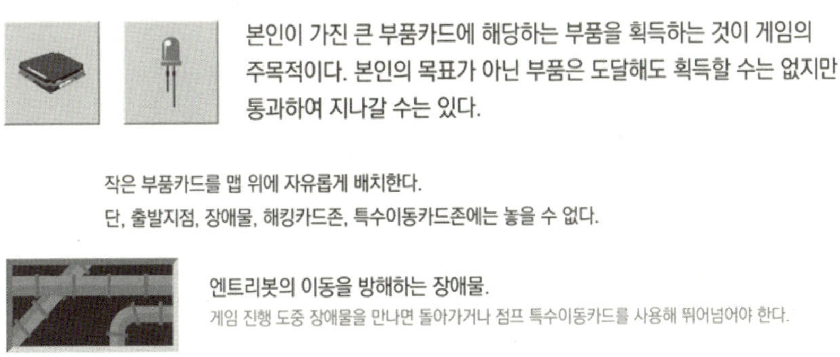

[그림 Ⅱ-20] 엔트리 보드 카드

엔트리봇과 홀더를 연결한 원하는 캐릭터를 하나씩 가져간다.

순서를 정하고 4개의 시작점 중에 원하는 시작점을 선택하여 엔트리봇이 '시작

화살표' 방향을 보도록 놓는다.

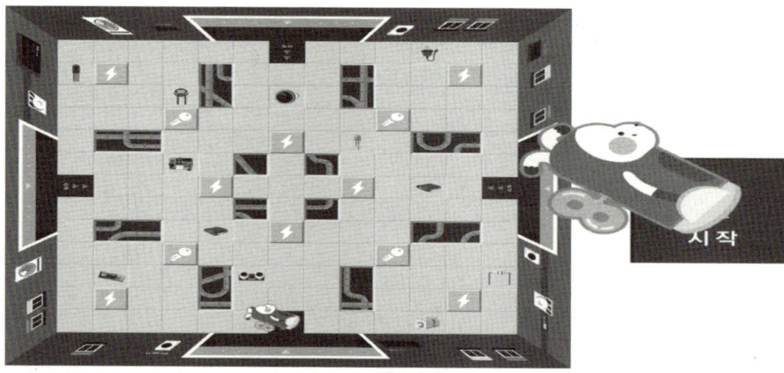

[그림 Ⅱ-21] 엔트리 보드 시작

캐릭터가 준비됐으면 큰 부품카드를 한 장씩 뽑는다. 뽑은 부품카드는 각자가 처음으로 획득해야 하는 부품이 된다. 이제 엔트리봇을 작은 부품까지 이동시켜서 최대한 빨리 획득을 해야 한다.

부품을 하나 획득 했다면 새로 큰 부품카드를 뽑는다. 2인 : 5장, 3인 : 4장, 4인 : 3장씩 정해진 수만큼 부품을 먼저 획득하면 이기게 된다.

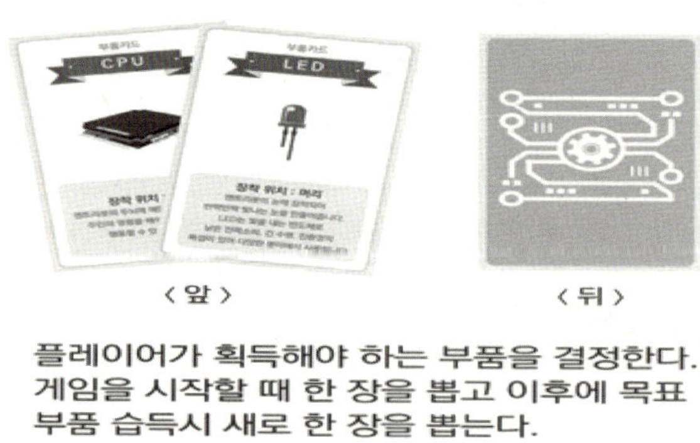

[그림 Ⅱ-22] 부품 카드

그 다음 엔트리봇의 색깔과 동일한 색의 컨트롤러를 하나씩 받는다. 이 컨트롤러는 엔트리봇에 명령을 내리는 공간이다.

여기에 여러 가지 카드로 명령을 내려서 자신의 턴에 엔트리봇을 움직일 수 있다.

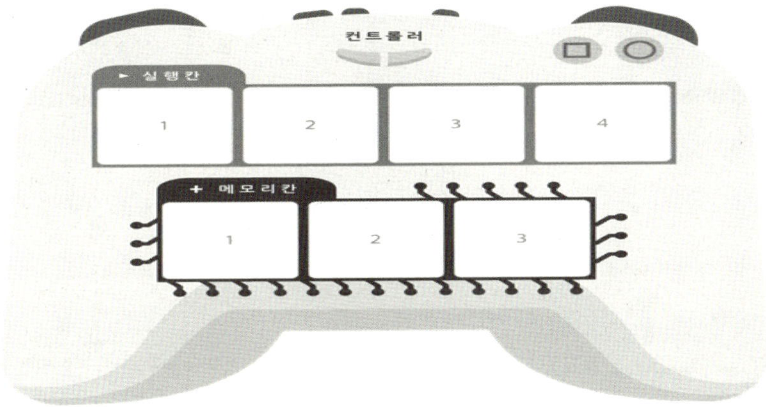

[그림 Ⅱ-23] 컨트롤러

컨트롤러에 사용할 수 있는 카드는 기본이동카드와 특수이동카드가 있다. 기본이동카드는 6장씩 가져간다. 이 카드는 앞면에는 '앞으로 1칸 전진'이 있고, 뒷면에는 '회전'이 있고 게임이 진행되는 동안 계속해서 사용할 수 있다.

[그림 Ⅱ-24] 기본 카드

'시작'지점에서 '부품'지점까지 이동을 하려면 '앞으로 한 칸', '앞으로 한 칸', '왼쪽으로 90도 회전', '앞으로 한 칸'을 가면 되고 아래 그림처럼 명령어를 사용한다.

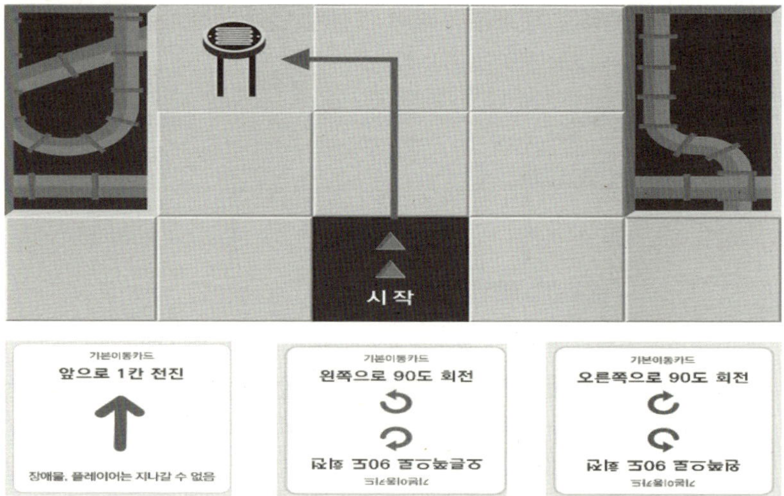

[그림 Ⅱ-25] 기본 카드 사용법

원하는 명령어는 컨트롤러에 다음과 같이 올려놓는다.

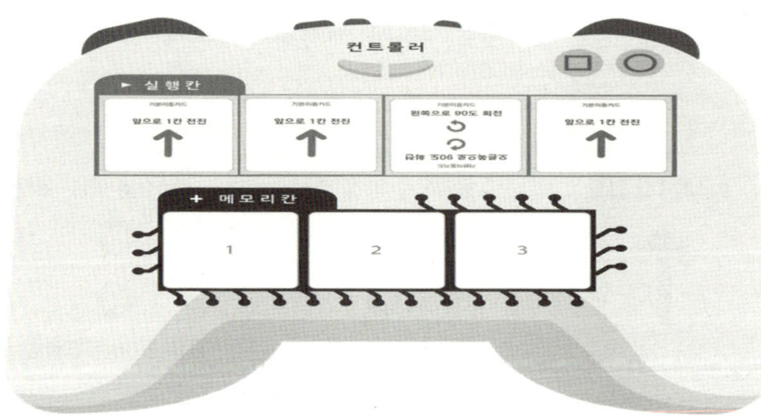

[그림 Ⅱ-26] 컨트롤러 사용

그리고 자신의 턴에 하나씩 차근차근 실행하며 엔트리봇을 옮긴다. 이 때 '특수이동카드'를 사용하면 더 다양한 전략을 만들 수 있다. 특수이동 카드는 점프, 메모리, 반복 종류별로 1장씩 가져간다.

'점프' 카드는 장애물을 뛰어넘거나, 상대방의 말을 뛰어넘거나, 앞으로 2칸을

갈 수 있는 카드이다. '반복'카드는 이전까지의 과정을 한 번 더 실행하는 카드이다. 아래 그림처럼 카드를 놓으면 (앞으로, 점프, 앞으로 , 앞으로, 점프, 앞으로) 명령을 실행할 수 있다.

[그림 Ⅱ-27] 특수 카드 순서

메모리 카드는 메모리 칸에 있는 명령을 실행시켜준다.

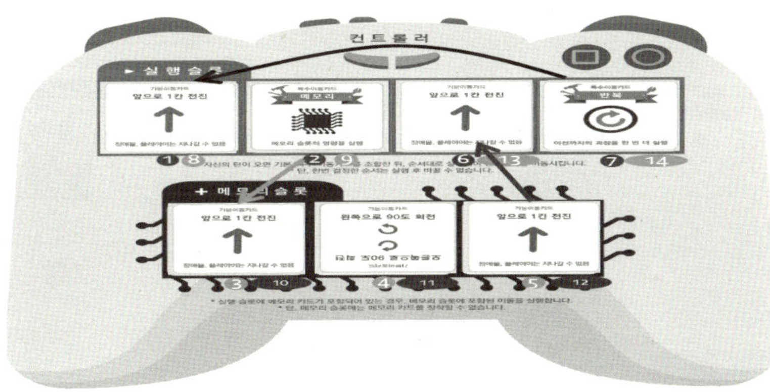

[그림 Ⅱ-28] 특수 카드

위 그림처럼 카드를 사용하면 (앞으로, 〈앞으로, 왼쪽으로 회전, 앞으로〉, 앞으로, 왼쪽으로 회전) 명령을 실행할 수 있다.

이런 특수이동 카드는 한 번 쓰면 '반납'을 해야 한다. 특수 이동카드존에 도착하게 되면 특수이동 카드를 하나 획득할 수 있다.

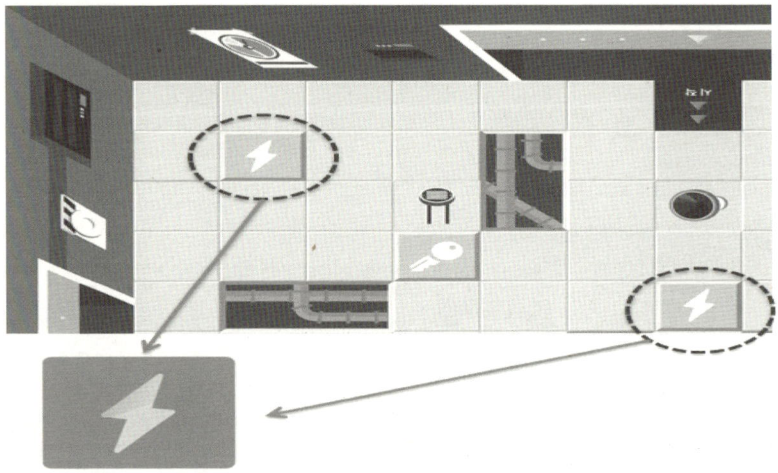

[그림 Ⅱ-29] 이동카드존

해킹카드존에 도착하면 다양한 해킹카드를 뽑을 수 있다. 해킹카드에는 한 턴 쉬기, 시작위치로 가기 등과 같은 안 좋은 능력과 한 번 더하기, 원하는 위치로 가기 등과 같은 좋은 능력이 골고루 섞여있다.

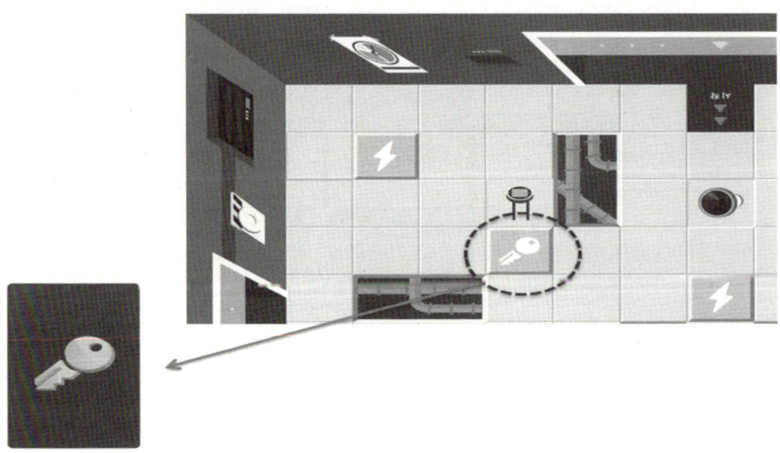

[그림 Ⅱ-30] 해킹카드존

엔트리봇 보드게임의 활동은 엔트리봇이 필요한 부품까지 가는 것이 '문제'가 되며, 학생들은 주어진 문제를 해결하기 위한 다양한 전략을 짜게 된다.

학생들은 필요한 부품까지 한 번에 가기 어려운 경우가 많아서 여러 번에 걸쳐서 목적지 까지 어떻게 갈 것인가를 고민하게 된다. 즉, 문제를 잘게 나누며 전략을 짜는 활동을 하는 것이다.

또 각자의 턴에 순서대로 명령을 내려서 강아지를 움직이며(순차), 반복되는 행동을 반복카드로 명령하며(반복) 순차와 반복 개념을 학습할 수 있다.

학습자의 수준에 따라 다른 룰을 적용할 수 있다. 초등 저학년(1-2)일 경우 게임의 룰을 조금씩 변경하여(메모리 카드와 반복 카드를 빼고 진행) 학습자의 수준에 맞게 게임을 진행할 수 있다. 학습자들이 초등 고학년 (5-6) 또는 중학생 일 경우 반복과, 메모리를 무제한으로 사용할 수 있도록 룰을 변경하면 복잡한 전략을 짜도록 유도할 수 있다.

나. 엔트리봇 폭탄대소동 카드 게임

엔트리 카드게임은 재미있는 카드게임을 통해서 프로그래밍의 개념 중 '순차, 반복, 선택' 을 학습할 수 있는 교구이다. 엔트리와 같은 블록형 언어에 대한 이해도도 높일 수 있으며, 최소 2명, 최대 4명의 인원으로 진행 할 수 있다.

엔트리봇 카드 게임은 성공카드 칸에 자신의 카드가 가장 많이 들어간 사람이 이기는 게임이다. 자신의 턴에 카드를 하나씩 내려 놓아야 하며, 내려놓은 카드의 능력에 따라 카드를 재배치한다. 성공카드와 실패카드 사이에 5장의 카드가 놓여지면 첫 번째와 두 번째 카드는 성공카드 칸으로 이동하고 맨 뒤의 카드는 실패카드 칸으로 이동한다. 남은 카드는 앞으로 당겨지고 12장의 카드를 다 내려놓으면 게임이 끝이 난다.

게임 준비

1. 플레이어는 각자 카드의 색을 정하고 1부터 12까지의 숫자가 적힌 폭탄 카드를 갖습니다.
각 폭탄카드에는 고유의 능력이 있습니다.

2. 플레이어는 폭탄 카드를 잘 섞은 뒤 4장만 손에 들고 나머지 폭탄 카드는 앞이 보이지 않게 플레이어 앞에 뒤집어 놓습니다.

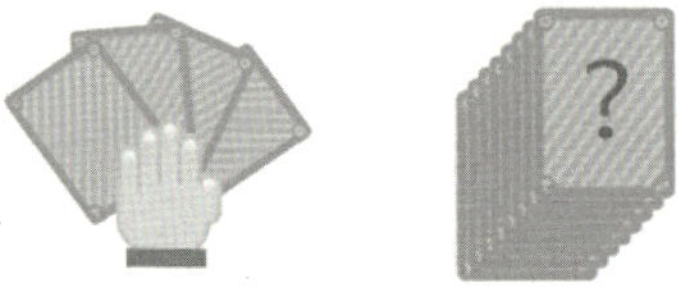

3. 성공카드와 실패카드는 테이블 위의 가운데 놓습니다.

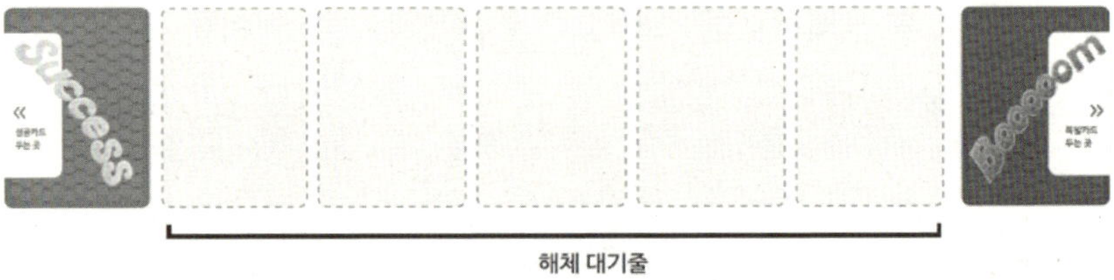

4. 처음으로 카드를 내려 놓을 사람을 정합니다.

[그림 Ⅱ-31] 엔트리 카드 게임 준비

게임 방법

1. 자기 차례가 되면 카드를 한 장씩 순서대로 내려놓습니다. 성공카드 옆에서부터 차례대로 오른쪽으로 놓습니다.

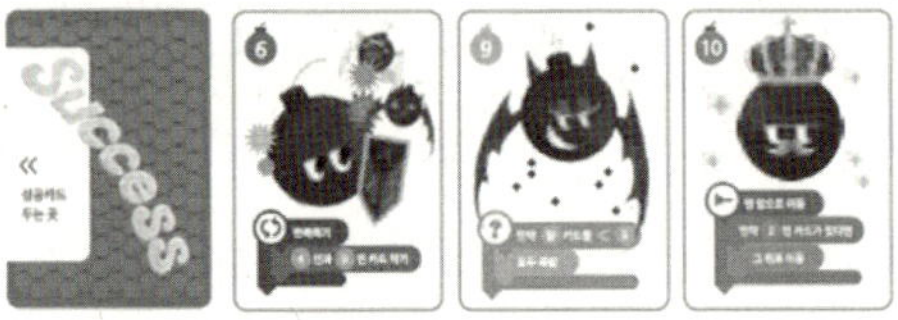

2. 반드시 폭탄 카드는 해체 대기 줄 옆으로 내려놓습니다.
3. 폭탄 카드의 능력에 따라 해체 대기 줄을 재배치합니다.

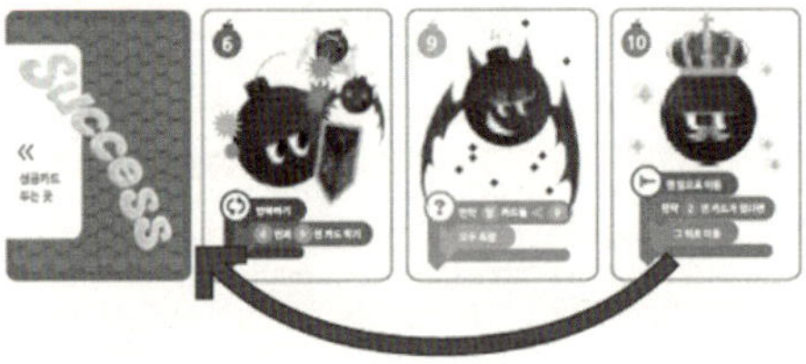

4. 폭탄 카드 한 장을 내려놓은 후에는 뒤집어 놓은 카드 한 장을 가지고 옵니다.

[그림 Ⅱ-32] 엔트리 카드 게임 방법1

5. 플레이어의 손에는 항상 4장의 카드를 가지고 있어야 합니다.
6. 순서대로 내려놓는 도중 폭탄이 5개가 모이면 해체 과정이 시작됩니다.

7. 왼쪽부터 2번째 카드까지의 폭탄은 해체가 되고 가장 끝에 있는 5번째 폭탄은 폭발합니다.
8. 해체에 성공한 폭탄 카드는 "성공 카드"에 쌓이고 폭발한 폭탄 카드는 "폭발 카드"에 쌓입니다.

[그림 Ⅱ-33] 엔트리 카드 게임 방법2

9. 12장의 카드를 모두 다 사용하면 게임이 종료되고 "성공카드"에 가장 많이 쌓인 카드 색깔의 플레이어가 승리합니다.

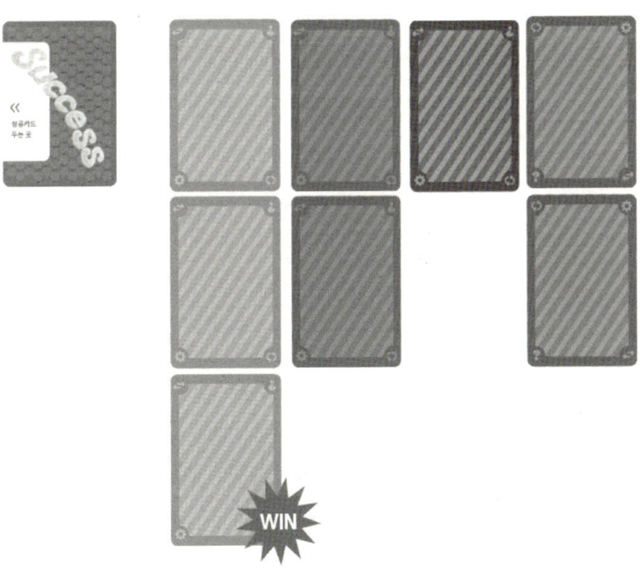

[그림 Ⅱ-34] 엔트리 카드 게임 승리 조건

엔트리봇 카드게임을 통해 학생들은 블록형 언어 프로그래밍을 체험 할 수 있다. 각 카드에 쓰인 명령어들은 블록형 프로그래밍 언어와 비슷한 형태로 이루어져 있다. 각 카드에는 블록형 언어로 명령어들이 제시되어 있고, 학생들은 최선의 전략을 찾아 카드를 내려놓아야 한다. 순서대로 실행하는 카드, 반복해서 실행되는 카드, 특정 조건에서 실행되는 카드로 '순차, 반복, 선택'의 개념을 가르칠 수 있다.

Ⅲ

교육용프로그래밍언어 (EPL) SW교육

14 교육용 프로그래밍 언어(EPL) 소개

가. 교육용 프로그래밍 언어의 종류

국내 학교에서 주로 사용하고 있는 교육용 프로그래밍 언어는 엔트리, 스크래치, code.org, 앱 인벤터2 등이 있다. 각 교육용 프로그래밍 언어의 특징은 다음과 같다.

〈표 Ⅲ-1〉 국내 SW교육용 교육용 프로그래밍

구분	특징			
	수준	명령어	사용 환경	특징
엔트리	초등학생 이상	비주얼 블록	웹기반 /윈도우, 맥	국내에서 개발한 언어로 확장성과 호환성이 뛰어나다. code.org와 같은 튜토리얼형과 scratch 제작용 언어의 장점을 모두 가지고 있다. 유일하게 협업기능을 탑재하고 있다.
Scratch	초등학생 이상	비주얼 블록	웹기반 /윈도우, 맥	전 세계적으로 가장 널리 사용하는 언어이다. 다양한 피지컬 도구와 호환성이 높다.
code.org	유치원생 이상	튜토리얼형 비주얼 블록	웹기반 /윈도우, 맥	튜토리얼형 비주얼 블록으로 단계에 맞게 따라하며 미션을 수행한다.
앱 인벤터2	중학생 이상	비주얼 블록	웹기반	블록을 쌓으며 안드로이드 앱을 만들 수 있다.

나. 엔트리

블록 놀이하듯 블록을 하나씩 쌓아가며 상상했던 것들을 만드는 교육용 프로그래밍 언어이다. 게임, 애니메이션, 미디어아트와 같은 SW를 만들고 친구들과 공유할 수 있다.(http://www.play-entry.com/)

[그림 Ⅲ-1] **엔트리 초기 화면**

1) 학습하기 모드

'학습하기' 에서는 code.org과 같이 튜토리얼형으로 따라하며 미션을 해결한다. 컴퓨터를 활용해 논리적으로 문제를 해결할 수 있는 다양한 학습 콘텐츠가 준비되어 있고 게임을 하듯이 주어진 미션들을 컴퓨터 프로그래밍으로 해결해볼 수도 있고 동영상을 보고 소프트웨어의 원리를 배울 수 있다.

2) 만들기 모드

창작의 즐거움 '만들기' 는 미국 MIT에서 개발한 Scratch와 같은 비주얼 프로그래밍 언어를 사용하여 프로그래밍을 처음 접하는 사람들도 쉽게 SW를 만들 수 있다. 엔트리를 통해 만들 수 있는 SW의 결과물을 다양하다. 수학시간에 배운 도형의 원리를 SW로 제작할 수 도 있고 과학 시간에 배운 물리 법칙을 실험해 볼 수도 있으며 좋아하는 캐릭터로 애니메이션을 만들거나 직접 게임을 만들어 볼 수 있다.

3) 공유하기 모드

'공유하기'에서는 공유와 협업 기능을 활용할 수 있다. 엔트리를 통해 제작한 작품을 다른 사람들과 쉽게 공유하여 공유된 작품이 어떻게 구성되었는지 살펴볼 수 있다. 또한 엔트리에 접속한 유저는 다른 학습자의 결과물을 발전시켜 자신만의 SW를 만들 수 있다. 그리고 엔트리는 다른 교육용 프로그래밍 언어와의 차별성으로 협업 기능을 탑재하고 있다. 이를 통하여 학습자는 공동 창작이 가능하고 협업하여 짧은 시간에 더 정확하고 많은양의 코딩을 할 수 있다.

4) 엔트리 교구

- 엔트리봇 보드게임 : 엔트리봇이 부품을 찾아 탈출하면 컴퓨터 전문가처럼 문제를 바라 볼 수 있다.
- 엔트리봇 카드게임 : 엔트리도시에 나타난 폭탄들을 순차, 반복, 선택을 통해 하나씩 해체며 컴퓨팅 사고력을 키운다.

다. Scratch

스크래치(https://scratch.mit.edu/)를 이용하면 인터렉티브한 이야기, 게임, 애니메이션을 직접 만들 수 있고, 그 작품을 온라인 커뮤니티에서 다른 사람들과 공유할 수 있다.

스크래치를 통해 학생들은 21세기에 필요한 창의적 사고, 체계적 추론, 협동 작업을 배우게 된다.

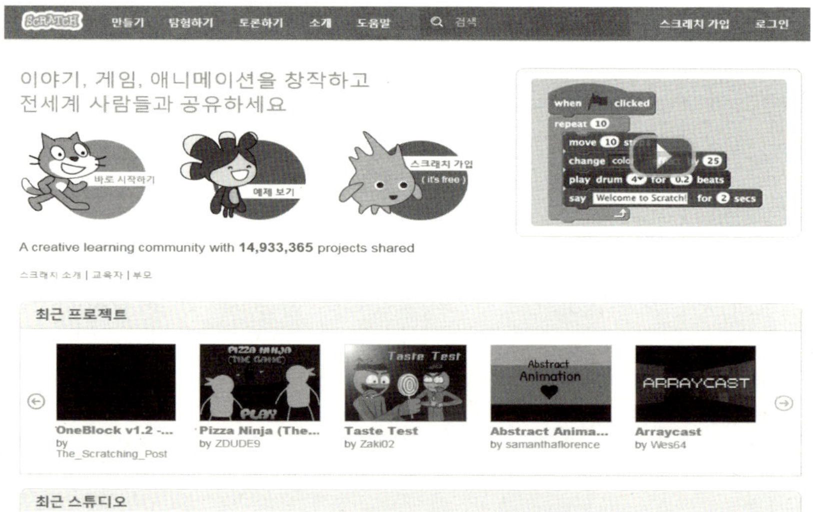

[그림 Ⅲ-2] 스크래치 초기 화면

1) 만들기 모드

'만들기' 원하는 스크립트를 활용하여 프로그램을 만들 수 있고 도움말 기능을 활용하여 튜토리얼 기능을 사용하면 10가지 프로젝트를 따라서 만들 수 있다. 도움말 기능에는 효과와 애니메이션, 게임 및 블록 설명을 알아 볼 수 있다.

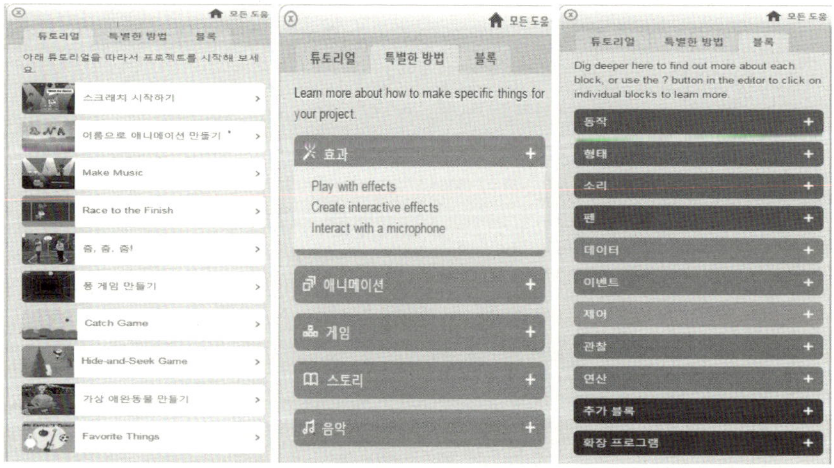

[그림 Ⅲ-3] 스크래치 도움말 기능

2) 탐험하기 모드

기존에 만들어진 SW를 탐색할 수 있고 공유된 프로젝트의 스크립트 보기 기능이 있어 다른 사람의 코딩 과정을 알아 볼 수 있다.

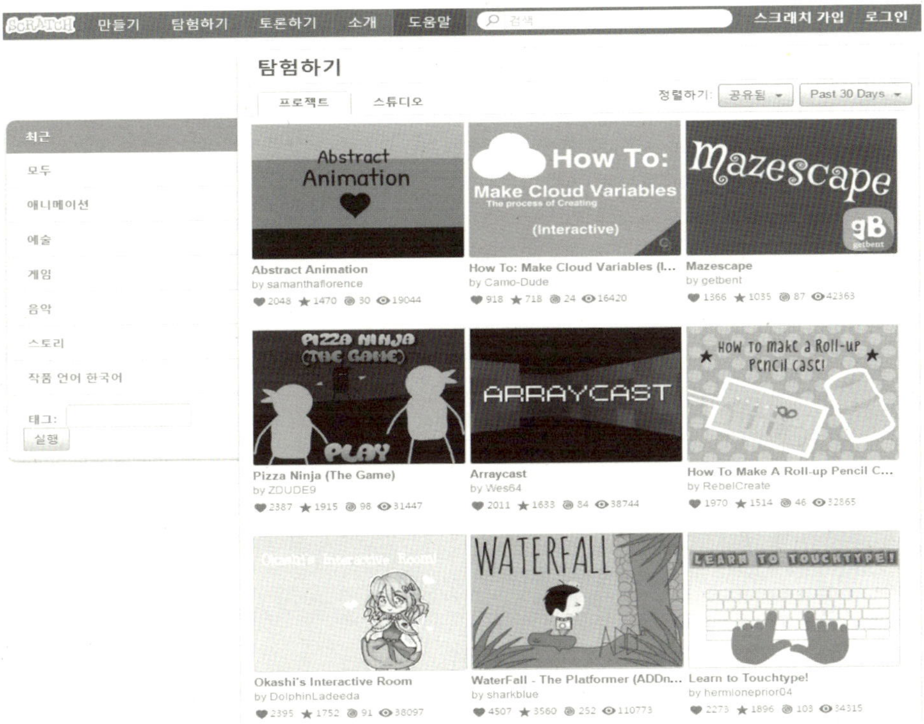

[그림 Ⅲ-4] 탐험하기 모드

3) 토론하기 모드

토론하기 메뉴에서는 토론 방을 열어 전 세계의 많은 개발자들과 토론을 나눌 수 있다.

토론 주제는 'Welcome to Scratch', 'Making Scratch Projects', 'About Scratch', 'About Scratch', 'Scratch in Other Languages' 로 나눠져 있으며 검색기능을 제공하고 있어 유용하게 활용된다.

[그림 Ⅲ-5] 토론하기 모드

4) 소개

스크래치에 대한 간단한 동영상 및 기존의 프로젝트와 프로그래밍을 통한 교육에서 배울 수 있는 전략들을 소개하고 있다.

5) 도움말

도움말에서는 단계별로 배우는 스크래치 시작하기, 초보자 프로젝터 탐험하기, 비디오를 통한 스크래치 배우기 등을 경험할 수 있고 다양한 가이드와 질문게시판을 통하여 도움을 제공하고 있다.

라. code.org

"모든 학교의 모든 학생은 컴퓨터과학(정보과학)을 배울 기회가 있어야 합니다."라는 문구로 시작하는 code.org(https://code.org/)는 연령별, 단계별로 완료해야 하는 과제가 주어지고, 각 과제들은 다시 각각의 개별 과제들로 나누어진다.

[그림 Ⅲ-6] code.org

'hour of code' 라는 문구처럼 한 시간 동안 해결할 수 있는 과제를 아이들에게 친숙한 앵그리버드, 겨울왕국, 마인크래프트, 스타워즈 등의 캐릭터를 좌측에 위치한 블록을 이용해서 이동시키거나, 지시하는 행동을 수행한다. 이 수행과정에 필요한 동영상과 설명서를 위치시키고 각 단계를 해결하면 단계 수행 인증서를 출력할 수 있다.

1) 학생들 모드

연령별 과정을 제시하여 만4세부터 만18세까지 온라인으로 프로그래밍 언어 학습을 할 수 있다.

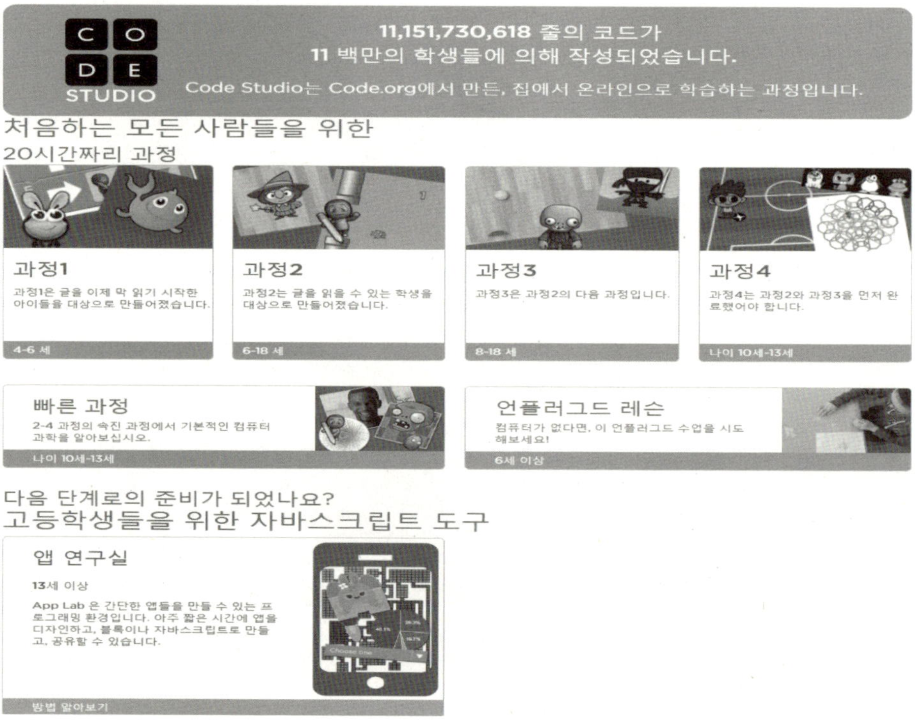

[그림 Ⅲ-7] 학생 모드

'과정1'은 컴퓨터 프로그래밍을 처음 이해하기 시작하는 사람들을 위한 과정으로, 다른 사람들과 협력하고, 문제 해결 능력을 계발하고 어려운 문제들에 도전할 수 있도록 하는 과정이다. 이 과정 통해 학생 스스로 자신만의 게임과 이야기들을 만들어 공유할 수 있다. 초등학교 1학년 학생들이 할 수 있는 과정이다.

'과정2'는 프로그래밍 경험이 전혀 없으면서 글을 읽을 수 있는 학생들을 내상으로 한다. 이 과정을 완료하면 문제를 해결할 수 있는 프로그램을 만들고, 인터랙티브 게임이나 이야기를 만들어 공유할 수 있다. 초등학교 2~5학년 학생들에게 적합하다.

'과정3'은 과정2를 완료한 학생들을 위해 설계되었다. 학생들은 이전 단계에서 배운 프로그래밍 기초 개념들을 보다 복잡한 문제들에 대해서 다양한 방법들로 사용하게 된다. 학생들이 이 코스를 완료하고 나면 인터랙티브 스토리와 게임을 만들고 공유할 수 있다. 초등학교 4-5학년 학생들에게 적합하다.

'과정4'는 과정2와 과정3을 모두 수행한 학생들을 위해 설계되었다. 학생들은 각각의 복잡한 퍼즐들을 해결하기 위해서 여러 가지 개념들을 결합시킴으로서, 더 복잡하게 설계되어있는 퍼즐들을 해결하는 방법을 배우게 된다. 이 과정을 마칠 때쯤이면, 학생들은 for 반복과 매개변수 함수를 포함한 여러 가지 스킬들을 활용한 프로그램들을 만들 수 있게 된다. 초4-중2 학년에 추천하는 과정이다.

'빠른 과정'은 20시간 과정으로 컴퓨터과학(정보과학)에서의 프로그래밍 기초 개념들을 소개한다. 유치원~중학교 2학년 학생들을 대상으로 설계되어 있다.

'언플러그드 레슨'은 컴퓨터 없이 SW교육을 실시하는 언플러그드활동으로 교실에서 사용할 수 있도록 모든 학습 자료들이 정리되어 있다. 교실과 학생들이 컴퓨터 없이도 SW교육을 실시할 수 있으므로 게임과 체험 위주의 SW교육을 실시할 초등학생들에게 적합하다.

'앱 연구소'는 간단한 앱을 만들 수 있는 프로그래밍 환경이다. 만든 앱을 공유하여 작동하도록 블록이나 자바 스크립트와 APP, 코드를 디자인할 수 있다. 이 과정에서 배운 개념은 모든 프로그래밍 언어의 기초가 된다. 프로그래밍 언어로 자바 스크립트를 사용하고 응용 프로그램을 구축할 수 있는 능력이 향상된다.

마. 앱인벤터2

앱인벤터2(http://ai2.appinventor.mit.edu/)는 스크래치와 마찬가지로 MIT에서 제공하는 어플리케이션 제작 사이트다. 실제로 자바를 이용하여 스마트폰 앱을 개발하려면 엄청난 지식과 코딩 능력이 필요한데 MIT에서 교육목적으로 학생들이 어플리케이션을 만들어 볼 수 있게 사이트를 구성하였다.

위에서 제시한 EPL 사이트들과 같이 블록형 프로그래밍을 통하여 스마트폰 어플리케이션 제작이 가능하고 자신의 스마트폰으로 확인이 가능하므로 학생들이 만든 어플리케이션을 적용하기 가장 좋은 EPL 사이트이다. 초등학교 고학년부터 성인까지 활용하기 적합하다.

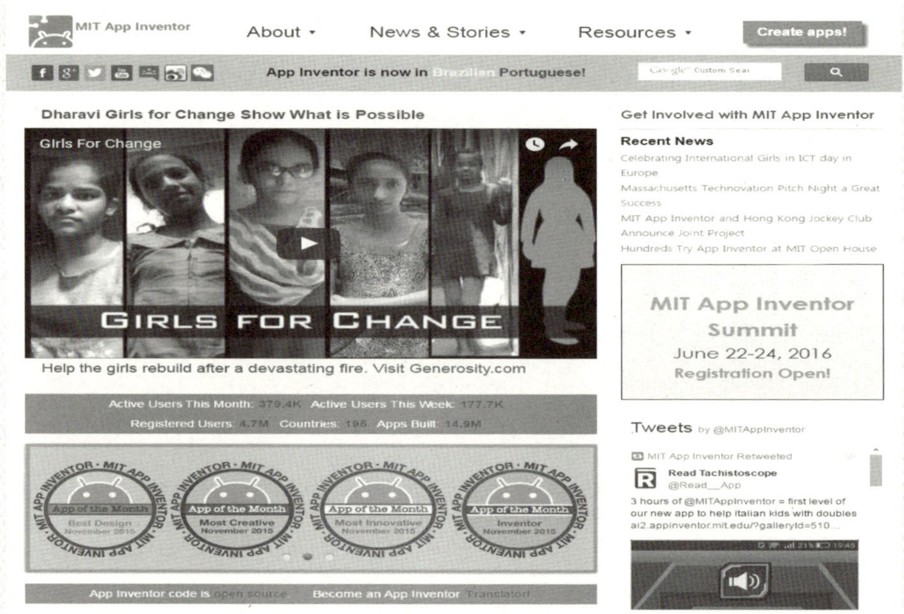

[그림 Ⅲ-8] 앱인벤터2

'Create apps' 버튼을 통하여 간단하게 어플리케이션을 제작할 수 있다. 디자인을 하는 화면과 블록을 만드는 화면이 제시되어 있다.

[그림 Ⅲ-9] 디자인모드와 블록 모드

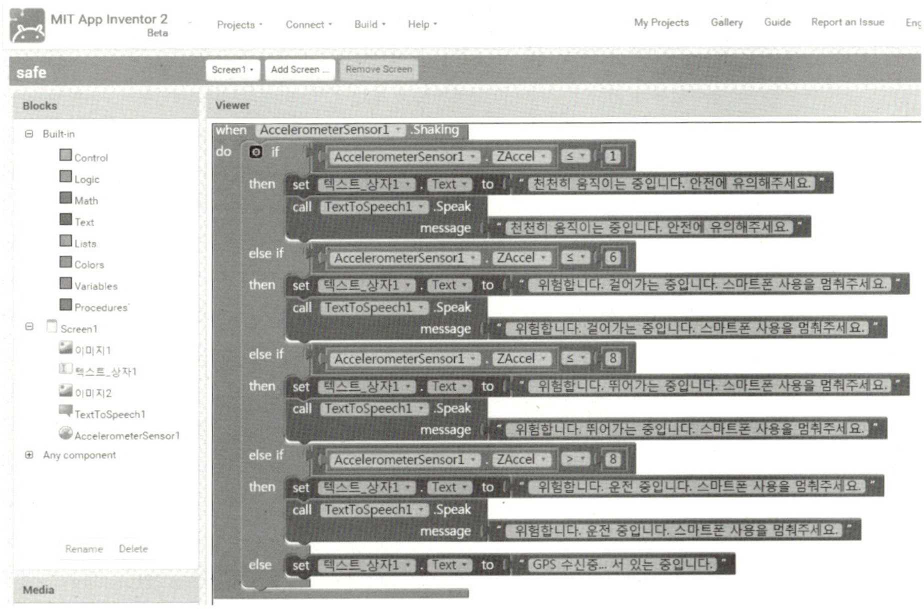

[그림 Ⅲ-10] 스마트폰 안전 사용 APP 예시

15 교육용 프로그래밍 언어 기초1

가. 엔트리 회원 되기

엔트리(https://playentry.org/)는 가입하지 않아도 누구나 무료로 이용할 수 있다. 하지만 엔트리에서 활동한 내용을 저장 및 공유하고 친구들의 작품에 댓글을 달거나 평가하기 위해서는 회원가입을 하여 자신의 포트폴리오를 작성하는 것이 좋다.

[그림 Ⅲ-11] 엔트리 초기 화면

나. 회원가입하기

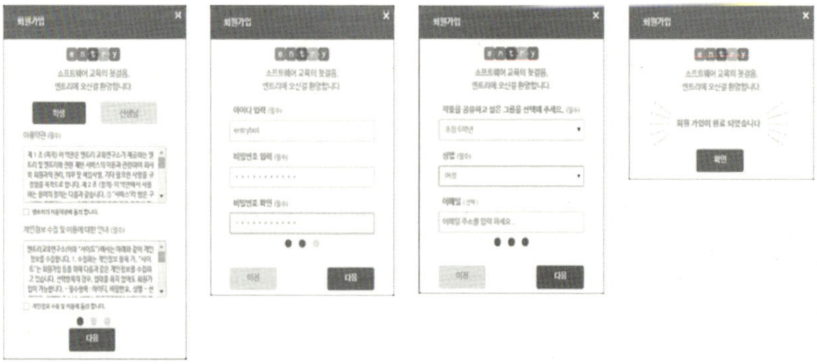

[그림 Ⅲ-12] 엔트리 가입 화면

만든 아이디와 비밀번호로 로그인을 하여 "만들기"에서 만든 작품을 저장해서 '구경하기'에도 업로드 할 수 있다.

"공유하기"에서 다른 사람들이 만든 다양한 엔트리 작품에 댓글을 달고 "커뮤니티"에서 다른 친구들과 다양한 의견을 주고받으며 자신의 코딩과정을 검증할 수 있다.

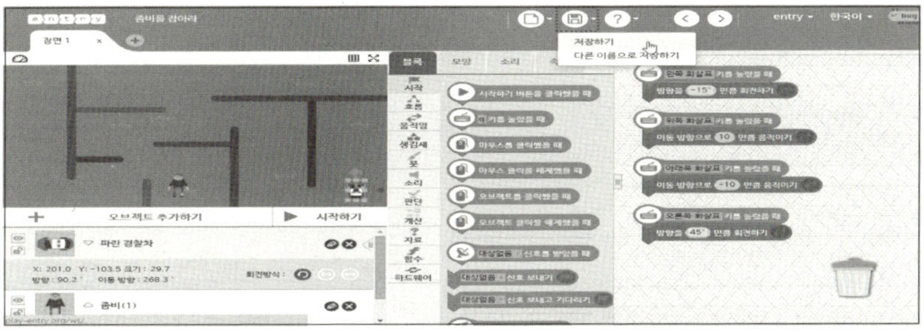

[그림 Ⅲ-13] 만들기 예제

[그림 Ⅲ-14] 공유하기 기능

[그림 Ⅲ-15] 커뮤니티 기능

다. 엔트리 인터페이스 살펴보기

1) 만들기

엔트리 메인 화면에서 "만들기"를 클릭하여 "작품 만들기"에 들어가면 새로운 프로그램을 만들 수 있다.

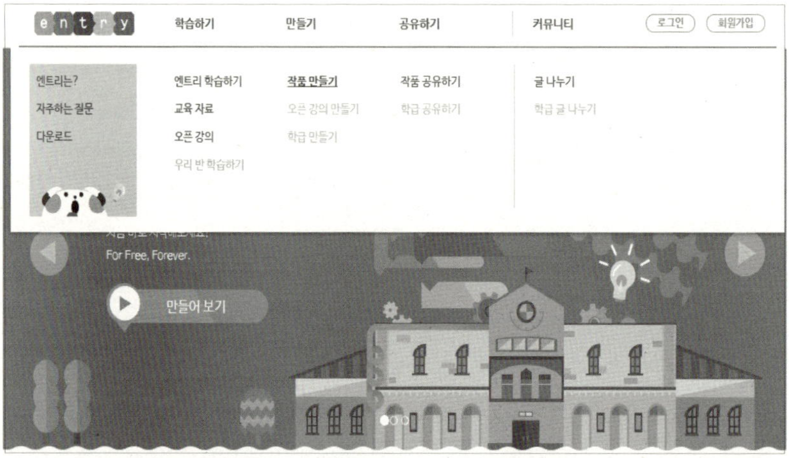

[그림 Ⅲ-16] 엔트리 새로 만들기

만들기 페이지는 아래와 같은 화면 구성으로 이루어져 있습니다.

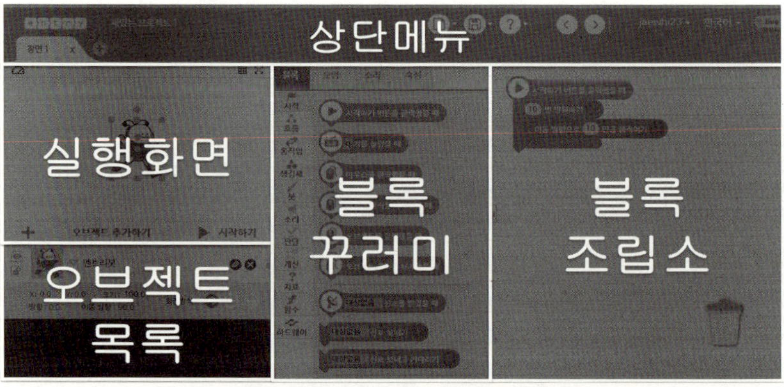

[그림 Ⅲ-17] 엔트리 화면 구성

2) 상단메뉴

 : 〈메인〉 엔트리 메인페이지로 이동한다.

 : 〈작품 이름〉작품의 이름. 클릭하여 다른 이름으로 변경할 수 있다.

 : 〈새로 만들기〉 작품을 새로 만들거나 저장한 작품을 불러온다.

 : 〈작품 저장〉 현재 작품을 저장하거나 다른 이름으로 저장한다.

 : 〈도움말〉 블록 설명을 보거나 하드웨어 연결 안내 파일을 받을 수 있다. '블록설명'을 선택하면 오브젝트 목록 창에 '블록도움말'이 나타나고 내가 선택하는 블록에 대한 설명을 볼 수 있다.

 : 〈이전 작업 & 다음 작업〉 작업을 바로 이전으로 되돌리거나, 바로 이후로 복구시킬 수 있다.

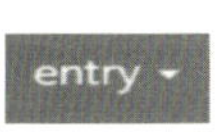 : 〈계정〉 로그인 한 경우에 자신의 아이디를 클릭하면 내가 만든 작품을 조회할 수 있다. 또 나의 정보를 수정하거나 로그아웃을 할 수 있다.

 : 〈언어〉 언어를 변경할 수 있습니다. 현재 사용가능한 언어는 한국어, 영어, 베트남어이다.

 : 〈버그 리포트〉 : 이용 시 발생하는 오류나 버그 신고 및 엔트리를 위해 좋은 제안을 할 때 클릭하여 사용한다.

3) 블록 꾸러미

블록, 모양, 소리, 속성의 네 가지 탭으로 이루어져 있다.

: 〈블록〉 오브젝트를 움직일 수 있는 다양한 명령어 블록들이 있는 곳입니다. 시작, 흐름, 움직임 등 11개 카테고리에 140여개의 블록들이 있습니다. 이 블록들을 블록 조립소로 끌어와 조립할 수 있다.

: 〈모양〉 오브젝트의 모양을 추가하거나 이름을 수정하고 복제하는 등의 작업을 할 수 있는 탭이다.

: 〈소리〉 오브젝트가 낼 소리를 관리하는 탭입니다. 새롭게 소리를 추가할 수도 있고, 이미 추가된 소리들을 재생버튼을 이용해서 바로 들어볼 수도 있다.

: 〈속성〉 코드에 관여하는 변수나 신호, 리스트, 함수 등을 추가 할 수 있는 탭입니다. 엔트리 중, 고급 과정에서 많이 다루게 될 탭이다.

4) 실행화면

[그림 Ⅲ-18] 엔트리 실행 화면

: 〈속도 조절〉 작품이 실행되는 속도를 조절할 수 있습니다. 다섯 단계로 조절 가능하며, 오른쪽으로 갈수록 빨라진다.

: 〈좌표계〉 실행화면 위에 좌표가 표시되도록 합니다. 좌표계를 띄움으로써 선택된 오브젝트의 위치를 보다 정확하게 알거나 이동시킬 수 있습니다. 실행화면은 아래와 같이 x축(가로축)방향으로 -240~240, y축(세로축) 방향으로 -135~135로 이루어져있다.

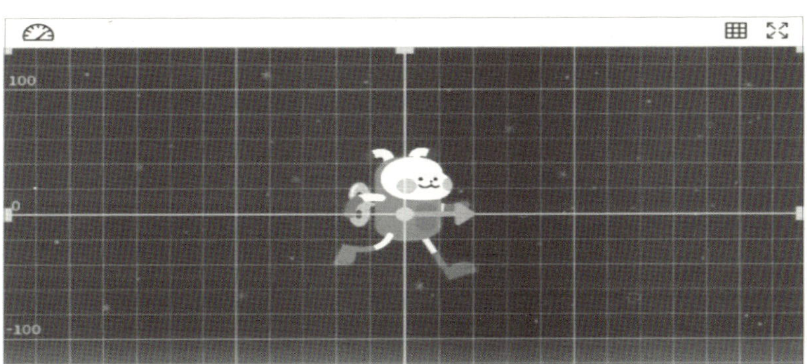

[그림 Ⅲ-19] 화면 좌표

 : 〈전체 화면〉 작품을 전체화면으로 크게 볼 수 있다.

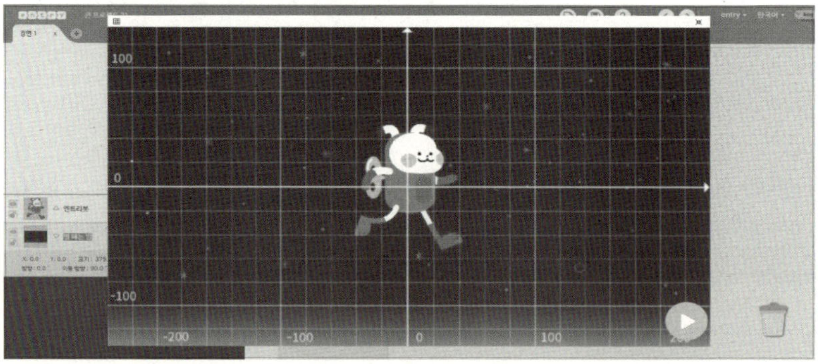

[그림 Ⅲ-20] 전체화면

: 〈오브젝트 추가하기〉 새로운 오브젝트를 추가할 수 있습니다. 오브젝트의 종류에는 캐릭터, 배경, 글상자가 있다.

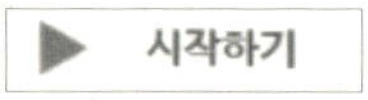

: 〈시작하기〉 블록 조립소에 조립한 명령에 따라 작품의 실행을 시작하거나 정지한다.

5) 오브젝트 목록

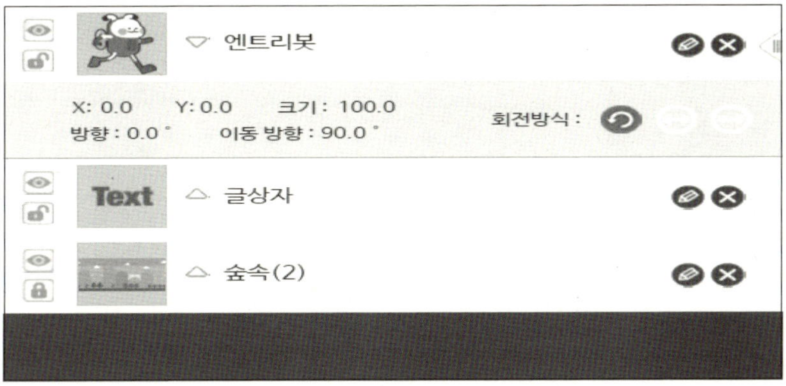

[그림 Ⅲ-21] 오브젝트 목록

 : 〈정보 수정〉 오브젝트의 이름, 오브젝트의 정보들을 직접 입력하여 수정할 수 있다.

 : 〈삭제〉 오브젝트를 삭제할 수 있다.

: 〈오브젝트 정보〉 오브젝트의 x, y좌표 값, 크기, 방향, 이동방향 및 회전방식 등 오브젝트와 관련된 정보들을 보여준다.

6) 블록 조립소

블록 꾸러미에서 블록을 끌어와 블록 조립소에서 조립할 수 있습니다. 이렇게 조립된 블록 묶음을 코드라고 한다.

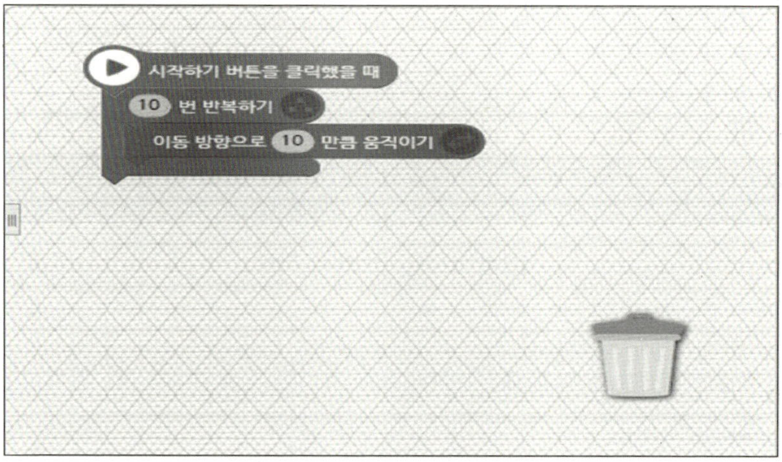

[그림 Ⅲ-22] 블록 조립소

 : 〈휴지통〉 필요 없는 코드를 삭제할 수 있는 창이다. 원하는 코드를 떼어서 휴지통으로 끌고 오면, 휴지통 뚜껑이 열리면서 코드가 삭제된다. 코드 위에 마우스 오른쪽 버튼을 클릭하여 삭제할 수도 있다.

라. 오브젝트 움직이기

1) 이동하기

〈흐름〉 카테고리에서 '계속 반복하기 블록을 가져와 조립한다. 어느 블록이 어느 카테고리에 있는지는 '블록의 색깔을 보면 쉽게 찾을 수 있다. '이동방향으로 10만큼 움직이기' 블록을 계속 반복하기 블록 안에 조립해준다. 〈시작하기〉를 눌러보면 엔트리봇이 오른쪽 화면 밖으로 사라지는 것을 볼 수 있다.

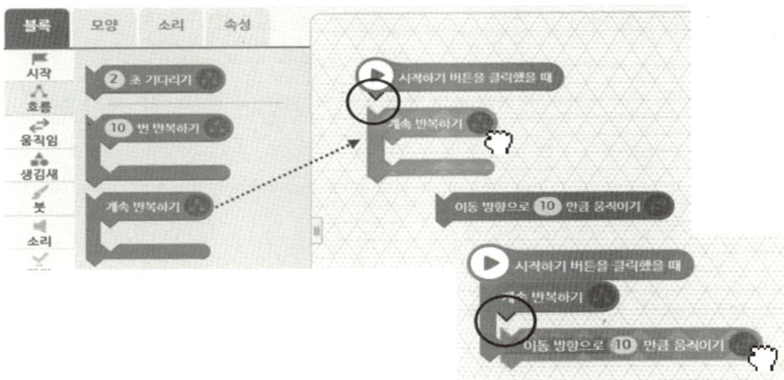

[그림 Ⅲ-23] 엔트리봇 움직이기

2) 화면 벗어나지 않기

엔트리봇이 화면 밖으로 나가지 않도록 '화면 끝에 닿으면 튕기기' 블록을 '계속 반복하기' 블록 안에 넣는다. 〈시작하기〉를 눌러보면 엔트리봇이 화면을 벗어나지 않고 계속 돌아다니는 것을 볼 수 있다. 엔트봇이 더 자유롭게 화면을 돌아다니도록 하기 위해서 방향점을 돌려 방향을 조금 기울이고, 크기조절점을 끌어 크기도 줄인다. '이동방향으로 10만큼 움직이기 안의 숫자를 바꾸면 엔트리봇의 속도도 조절할 수 있다.

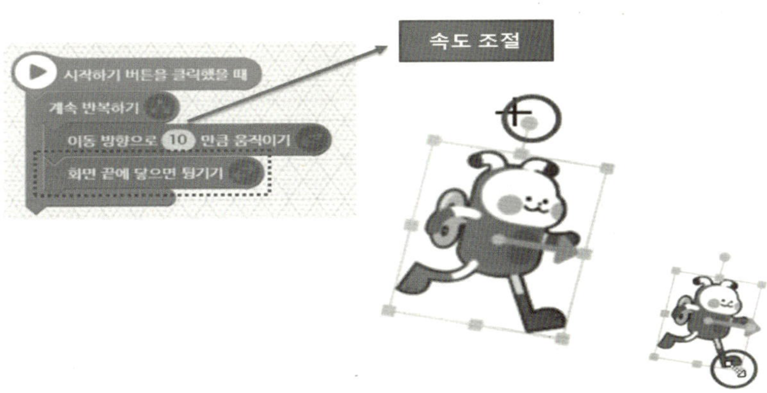

[그림 Ⅲ-24] 화면 벗어나지 않기

3) 오브젝트 추가하기

엔트리봇의 친구를 만들어보자. 〈오브젝트 추가하기〉를 눌러 원하는 친구 오브젝트를 하나 추가한다.

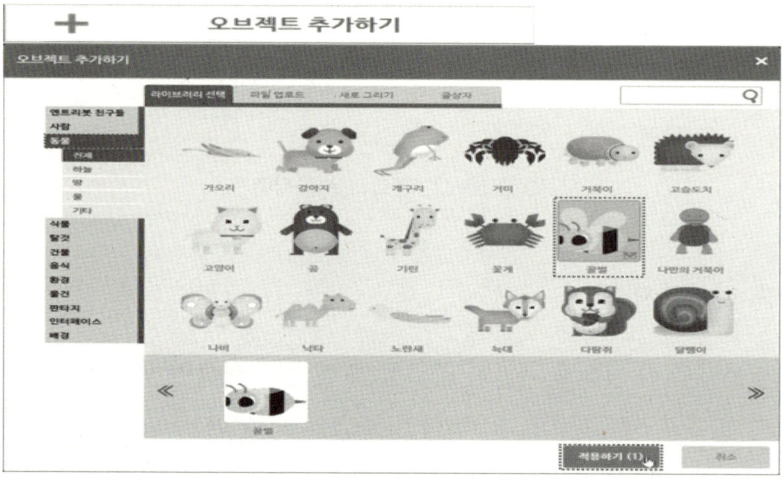

[그림 Ⅲ-25] 오브젝트 추가하기

4) 저장하기

상단메뉴에서 작품의 이름을 변경하고 저장 버튼을 눌러 저장한다. 자신의 아이디를 클릭하여 작품조회를 누르면 저장한 작품을 내 블로그에서 확인할 수 있다.

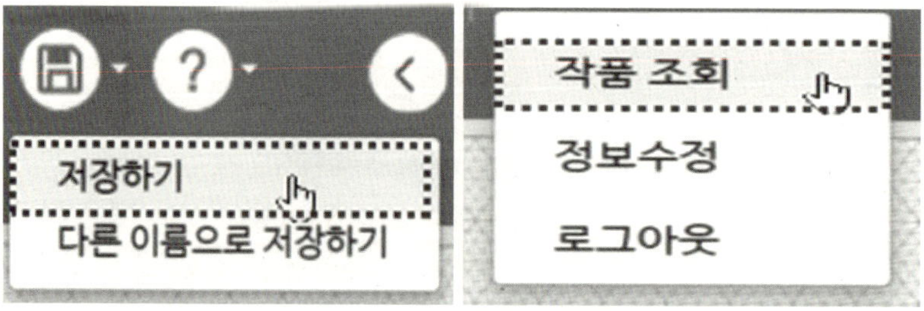

[그림 Ⅲ-26] 저장하고 조회하기

16 교육용 프로그래밍 언어 기초2

가. 엔트리 학습하기 모드

엔트리 학습하기 모드는 미션을 해결해 가면서 소프트웨어를 만드는 기본 원리를 배울 수 있는 게임이다. 학생들은 게임을 하면서 순차, 반복, 선택, 함수와 같은 개념을 학습할 수 있다.

[그림 Ⅲ-27] 엔트리 학습하기

학습하기는 크게 '미션을 확인하고 → 블록을 조립한 다음 → '시작하기'를 눌러서 미션해결'의 구조로 되어 있다. 학습하기에 들어가면 가장 먼저 위 그림과 같이 미션창이 등장한다. 미션 창에서는 이번 단계에서는 어떤 미션을 수행해야 하는지 알 수 있다. 〈학습하기〉를 누르면 학습이 시작진다. 〈미션해결하기〉 - 〈로봇 공장〉은 엔트리봇이 앞으로 3칸을 가면 미션이 해결된다.

엔트리봇을 이동시키기 위해서는 블록 꾸러미와 블록 조립소를 살펴보아야 한다. '블록 꾸러미'는 엔트리봇을 움직일 수 있는 명령어들이 있는 창이다. '블록 조립소'는 블록 꾸러미에서 명령을 가져와서 명령을 내리는 공간이다. 여기에 '사용블록/목표블록' 창이 있는데 사용블록은 현재 사용한 블록의 개수를, 목표블록은 미션 해결을 위해 필요한 블록의 개수를 보여준다.

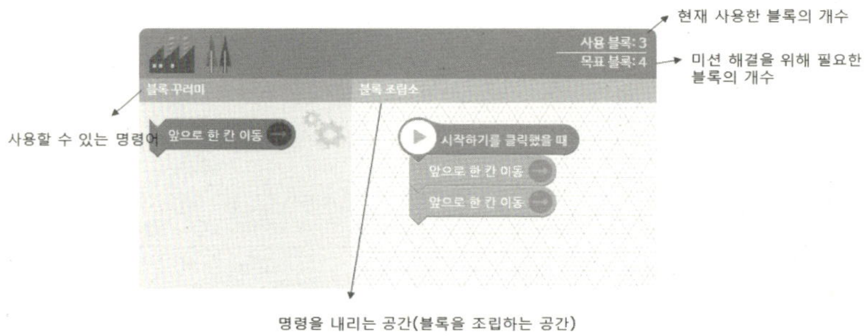

[그림 Ⅲ-28] 미션 화면

블록 조립소를 보면 현재 '시작하기를 클릭했을 때' 앞으로 한 칸 이동을 2번 실행하도록 블록이 조립되어 있다. 엔트리봇이 앞으로 3칸을 가게 해야 하려면 '블록 꾸러미'에서 '앞으로 한 칸 이동' 블록을 가지고와서 블록을 조립해 준다.

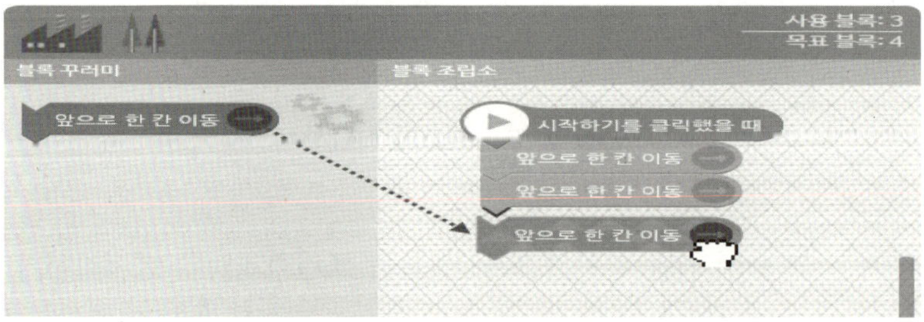

[그림 Ⅲ-29] 해결 화면

이런 학습하기는 크게 3가지가 있다. '처음 시작하는 사람들을 위한 엔트리 첫 걸음'과 '주제별/학년별 추천 학습과정' 3-6학년 과정은 초등학교 학생들이 하기에 알맞다. '학년별 추천 학습과정' 중등 이상 과정은 총 7단계가 있으며 중학교 학생들이 하기에 알맞다.

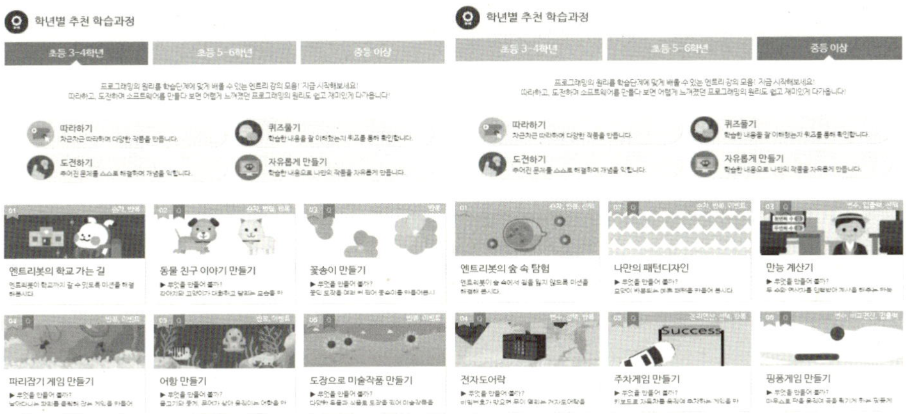

[그림 Ⅲ-30] 학습하기 미션

엔트리 학습하기로 수업을 할 때 주의해야 할 점들이 있다. 먼저 학생들이 아무렇게나 블록을 나열해서 우연히 미션을 해결하지 않도록 생각을 하면서 풀 수 있게 유도해야 한다.

간단한 문제들은 학생들이 쉽게 풀 수 있다. 하지만 조금만 복잡해져도 학생들은 문제 해결에 어려움을 겪는다. 이 수업을 통해서 학생들에게 문제를 해결하는 원리에 대해 가르쳐야 합니다. [그림 Ⅲ-31]과 같이 앞으로 한 칸 이동 5개는 '5번 반복하기'로 묶일 수 있다는 사실을 미션을 통해 익혔으면 그 다음 단계에서도 이 반복하기를 사용하여 문제를 해결할 수 있게 지도해야 한다.

또 학생들이 '일의 해결책을 순서대로 나열하기(순차), 반복되는 작업 묶기(반복), 상황에 따라 다른 일 하게 하기(선택), 같은 명령어 약속하기(함수)'를 항상 생각하면서 문제를 해결할 수 있게 지도해야 한다.

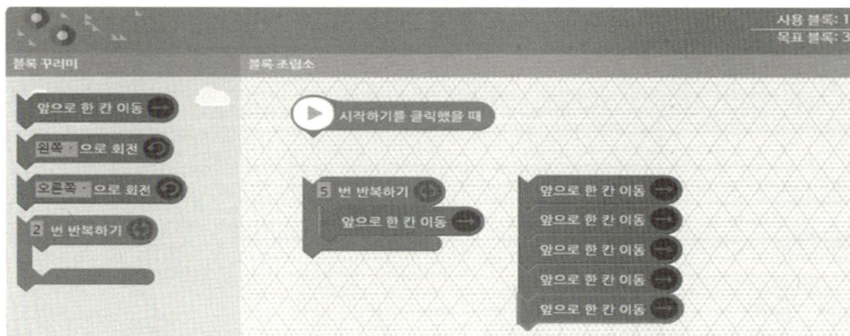

[그림 Ⅲ-31] 문제화면

나. 엔트리 미션 해결하기

〈학습하기〉 - 〈주제별 학습과정〉 - 〈미션 해결하기〉의 각 단계에서는 순차, 반복, 선택, 함수, 비교연산 등의 알고리즘 개념들을 다룬다.

'엔트리 봇의 학교 가는 길'과 '로봇 공장'은 순차, 반복의 개념을 '전기 자동차'와 '숲속 탐험'은 선택의 개념을, '마을 탐험'에서는 함수의 개념을, '우주여행'에서는 비교연산의 개념을 다룬다. 연수나 수업 시 시간이 부족하다면, 앞 스테이지를 건너뛰어도 위 개념 학습에 문제는 없다.

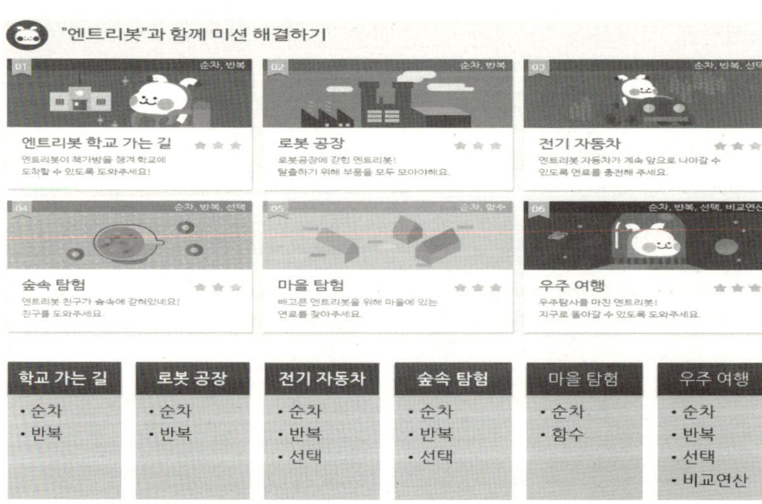

[그림 Ⅲ-32] 각 단계별 개념

‘엔트리 봇의 학교 가는 길’ 1-6단계에서는 ‘순차‘ 즉, 순서대로 명령을 내리는 것을 가르친다. 7-15단계에서는 학생들이 대부분 ‘순차’로 문제를 해결하려고 한다. 하지만 순차로 문제를 해결하면 ‘블록 사용 개수를 초과했다’ 는 에러가 나온다. 이때에 반복되는 블록을 ‘반복하기’ 블록으로 줄일 수 있다는 것을 지도한다.

[그림 Ⅲ-33] 반복

‘전기 자동차’ 6단계부터 ‘선택’ 블록이 나온다. ‘선택’은 특정한 상황에 따라 다른 행동을 하기 위해 사용되는 블록이다. 반복된 일을 하다가, 특정 상황에서 다른 행동(지금 같은 경우는 엔트리봇의 앞에 공사 중 안내판이 있을때 → 왼쪽으로 회전)을 하려면 ‘반복’과 ‘선택’을 같이 사용해야 한다는 것을 지도한다.

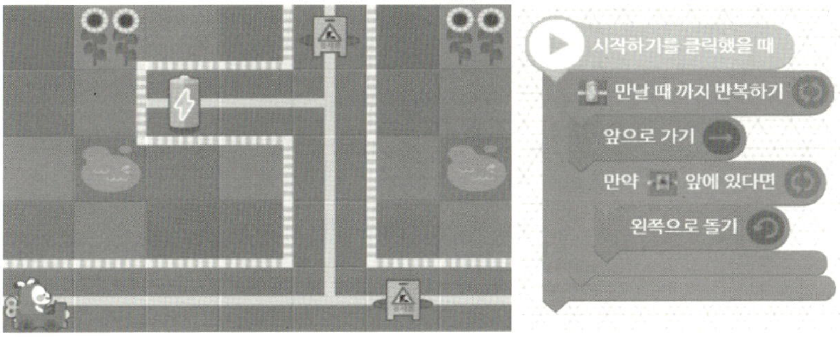

[그림 Ⅲ-34] 선택

‘마을 탐험’ 미션부터 ‘함수’ 블록이 나온다. 15~20단계에서는 ‘함수’를 가르칠 수 있다. 함수를 사용하면 자주 사용되는 블록을 약속해 놓고, 필요할 때 마다 블록 하나로 불러올 수 있다.

[그림 Ⅲ-35] 함수

'우주여행' 미션 5단계부터 '비교연산' 블록이 나온다. '비교연산'은 특정한 상황에 따라 다른 행동을 하기 위한 '선택'문에서 세밀한 조건을 넣어주는 블록이다. 반복된 일을 하다가, 특정 상황에서 다른 행동(지금 같은 경우는 앞쪽 레이더가 1보다 클 때)을 하려면 '반복', '선택', '비교연산'을 같이 사용해야 한다는 것을 지도한다.

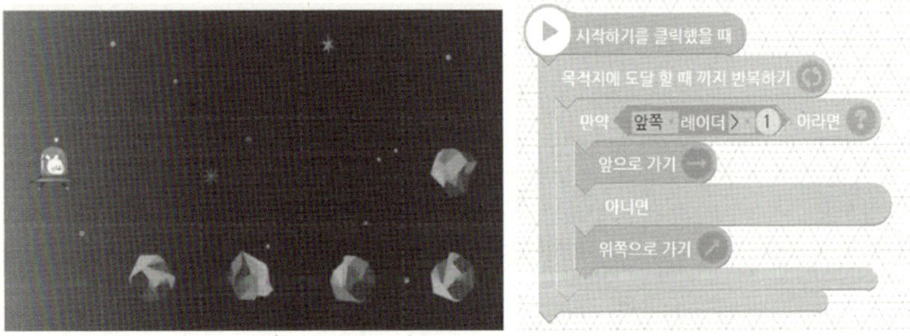

[그림 Ⅲ-36] 비교연산

다. 심화 미션 해결하기

〈학습하기〉 - 〈학년별 추천 학습과정〉 - 〈중등 이상〉의 각 단계에서는 이벤트, 입출력, 변수, 논리연산, 비교연산 등의 심화 알고리즘 개념들을 다룬다.

[그림 Ⅲ-37] 심화 알고리즘 미션

라. 공유하기

상단메뉴에서 작품의 이름을 변경하고 저장 버튼을 눌러 저장한다. 자신의 아이디를 클릭하여 작품조회를 누르면 저장한 작품을 내 블로그에서 확인할 수 있다.

〈공유〉에서는 주소를 복사하여 외부에 작품을 공유할 수 있다. 또, 작품의 〈코드보기〉를 누르면 다른 사람이 만든 작품의 코드를 보고, 이를 발전시켜 나만의 작품으로 만들 수도 있다.

[그림 Ⅲ-38] 공유하기

마. 순차 프로그램 만들기

1) 멍멍이와 고양이

학교에서 친구들과 종이접기를 해본 경험을 생각해보면 종이접기 책을 보며 순서에 따라 차근차근 결과물을 완성해나간다. 이렇듯 순서대로 차례대로 진행되는 개념을 '순차'라고 한다. 순차 개념을 통해 강아지와 고양이를 대화시켜보자.

화면에서 필요하지 않은 엔트리봇 오브젝트를 삭제하고 '오브젝트 추가하기' 버튼을 누른다.

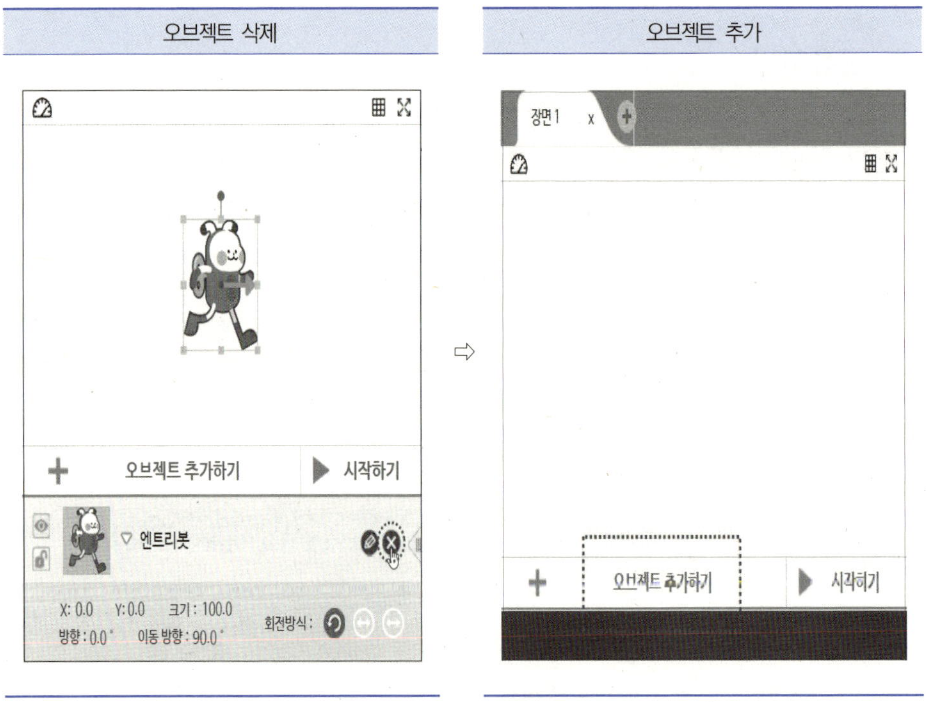

[그림 Ⅲ-39] 오브젝트 바꾸기

강아지와 고양이 오브젝트를 추가하고 '적용하기'를 누른다.

[그림 Ⅲ-40] 오브젝트 바꾸기

오브젝트 목록에서 연필 버튼을 눌러 오브젝트 이름을 수정한다.

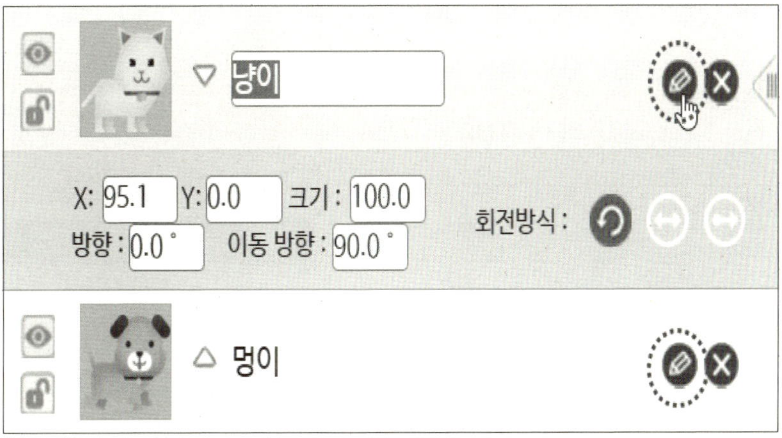

[그림 Ⅲ-41] 오브젝트 이름 바꾸기

마우스 커서를 이용해 오브젝트의 크기를 키워준다.

[그림 Ⅲ-42] 오브젝트 크기 바꾸기

강아지 오브젝트를 선택하고 강아지가 먼저 고양이에게 인사를 할 수 있도록 〈생김새〉 카테고리에서 '~을(를) ~초 동안 말하기' 블록을 가져온다.

〈표 Ⅲ-2〉 말하기 블록

오브젝트 목록	코드
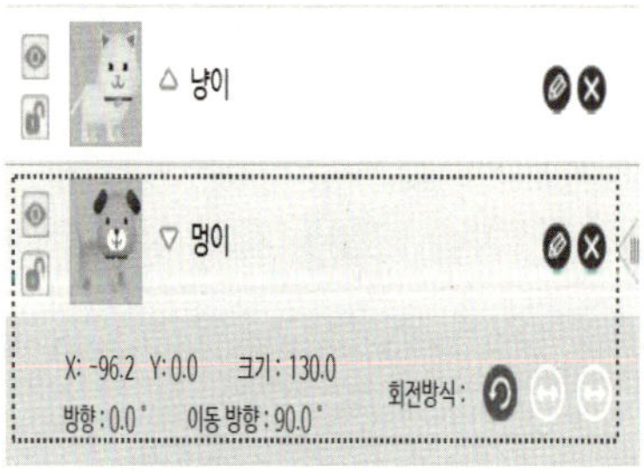	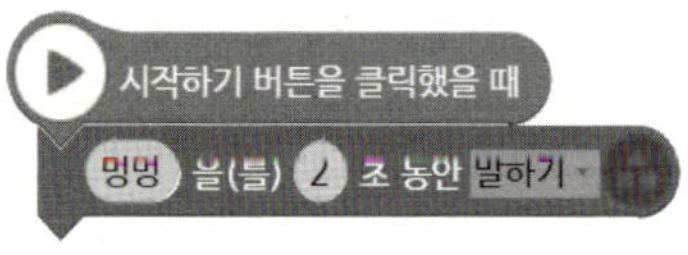

고양이도 답인사를 할 수 있도록 고양이 오브젝트를 선택한다. 고양이가 강아지를 마주볼 수 있도록 〈생김새〉 카테고리에서 '좌우모양 뒤집기' 블록을 가져오고(①) 강아지가 2초 동안 인사를 하므로 고양이는 2초간 자신의 차례를 기다립니

다.(②) ①,② 과정이 끝난 후 강아지에게 인사를 한다.(③)

〈표 Ⅲ-3〉 기다리고 인사하기 블록

<table>
<tr><th>오브젝트 목록</th><th>코드</th></tr>
<tr><td>
</td><td>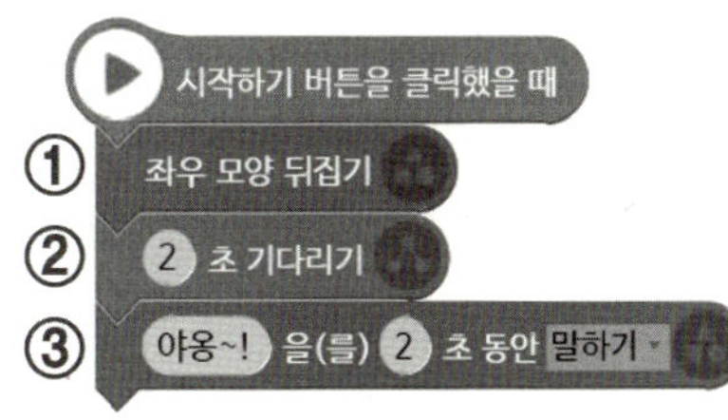
</td></tr>
</table>

이제 작별인사를 해야 할 시간입니다. 강아지가 먼저 〈흐름〉 카테고리에 있는 '~을(를) ~초 동안 말하기' 블록으로 작별 인사를 한다.

〈표 Ⅲ-4〉 기다리고 인사하기 블록

<table>
<tr><th>오브젝트 목록</th><th>코드</th></tr>
<tr><td>
</td><td>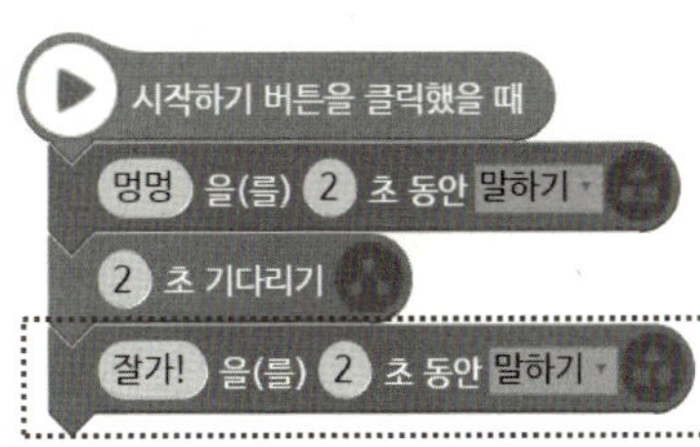
</td></tr>
</table>

고양이도 강아지가 작별인사를 하는 동안 기다렸다가(①) 강아지에게 작별 인사를 합니다.(②)

〈표 Ⅲ-5〉 기다리고 말하기 블록

오브젝트 목록	코드
	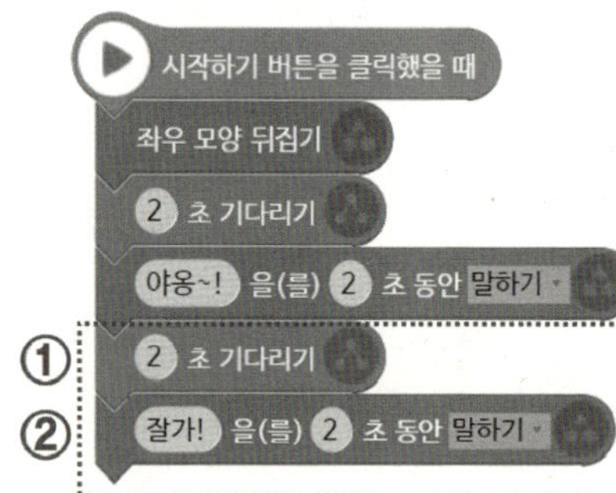

작품이 완성됐으면 제목을 짓고 '저장하기'를 누른다.

17 교육용 프로그래밍 언어 활용1

가. 반복 프로그램 만들기

순차에 대해 배워보았고 이번 시간에는 '반복' 개념에 대해 알아본다. 길을 걷다가 길가에서 꽃들을 보면 똑같은 모양의 꽃잎들이 가운데를 중심으로 반복되어 붙어 있는 것을 볼 수 있다. 반복 개념을 통해 예쁜 꽃을 만들 수 있다.

분홍 꽃잎 오브젝트를 추가합니다.

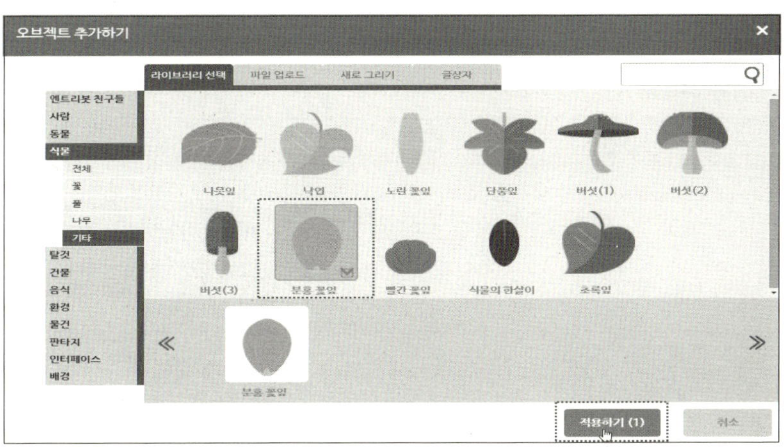

[그림 Ⅲ-43] 오브젝트 추가하기

꽃을 만들기 위해서는 꽃잎의 모양은 똑같지만 꽃잎의 각도는 달라야 한다. 따라서 〈붓〉 카테고리에서 '도장 찍기' 블록과 〈움직임〉 카테고리에서 '방향을 ~도 만큼 회전하기' 블록을 가져와 조립한다.

〈표 Ⅲ-6〉 도장 찍기

실행화면	코드
	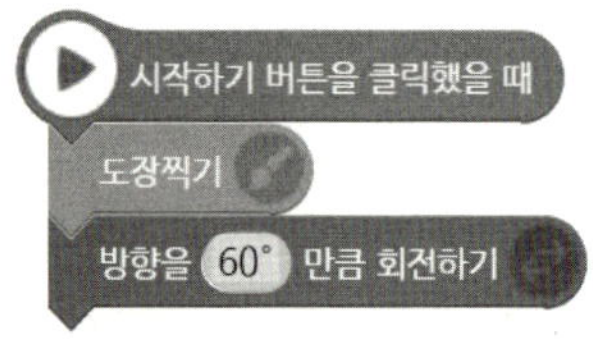

2개의 꽃잎만으로는 꽃을 만들 수가 없다. 여러 개의 꽃잎을 만들기 위해 '꽃잎 도장'을 6번 찍어준다.

〈표 Ⅲ-7〉 6회 반복하기

실행화면	코드
	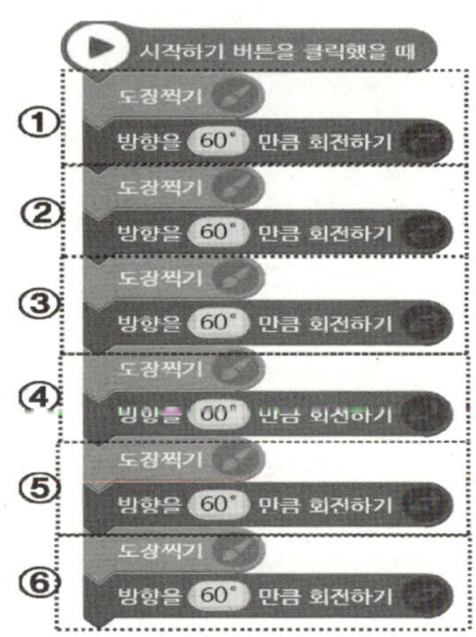

코드를 살펴보면 똑같은 코드가 6번이나 반복됨을 발견할 수 있다. 지금은 숫자가 작아 빠른 시간 내에 해결할 수 있지만 위의 코드가 100번이나 반복된다면 '꽃잎 도장'을 100번 찍어주는 건 너무나 비효율적이다.

좀 더 짧고 간단하게 여러 개의 꽃잎을 만들기 위해 〈흐름〉 카테고리에서 '~번 반복하기' 블록을 가져온다. 블록의 숫자부분을 '6'으로 바꾸고 프로그램을 실행한다.

〈표 Ⅲ-8〉 반복하기

실행화면	코드
	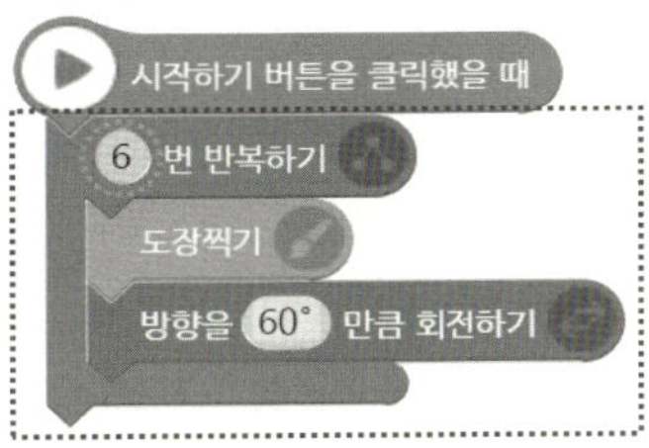

'반복'을 통해 예쁜 꽃을 완성해보았다. 이제 꽃의 색과 종류를 바꾼다. 마우스를 클릭할 때마다 꽃의 색을 바꾸기 위해 기존에 있던 꽃을 지워준다.(①) 〈생김새〉 카테고리에서 '색깔 효과를 ~만큼 주기' 블록을 가져와 꽃의 색에 변화를 준다.(②)

〈표 Ⅲ-9〉 반복하기

실행화면	코드
	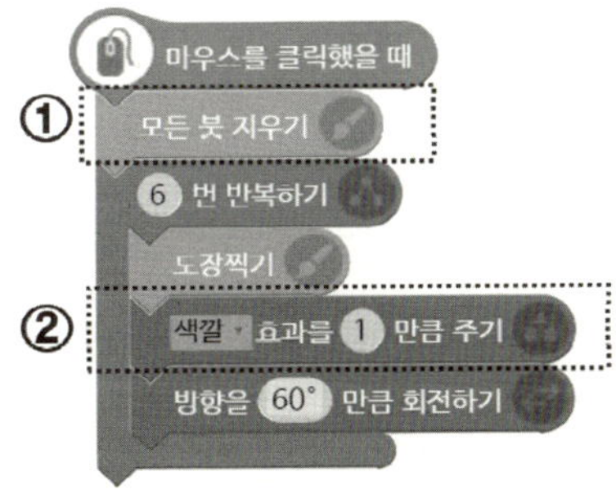

나. 선택 프로그램 만들기

'선택' 개념을 이용하여 로봇 청소기가 마룻바닥을 깨끗이 청소할 수 있는 프로그램을 만들어 보자.

화면에 '마룻바닥' 배경과 '로봇청소기' 오브젝트와 코드가 주어져있다.

[그림 Ⅲ-44] 오브젝트 확인하기

마우스를 이용해 이동방향 화살표를 돌려 로봇청소기가 앞 방향으로 갈 수 있도록 해준다. 로봇청소기의 크기도 줄여준다.

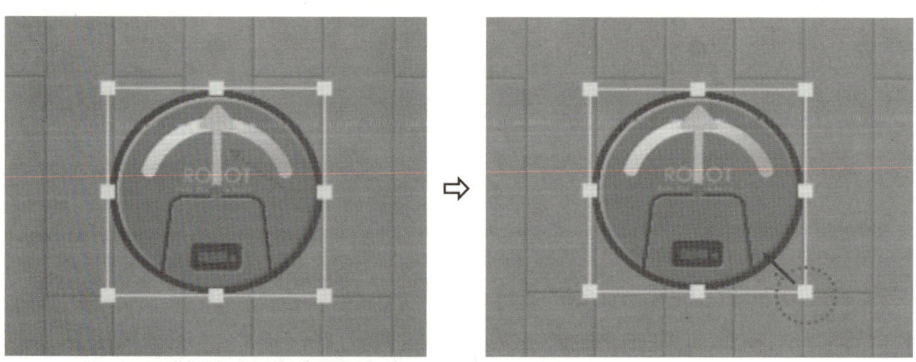

[그림 Ⅲ-45] 오브젝트 크기 조절

로봇청소기가 바닥을 계속 청소할 수 있도록 〈흐름〉 카테고리에서 '계속 반복하기' 블록과 〈움직임〉 카테고리에서 '이동 방향으로 ~만큼 움직이기' 블록을 사용해본다.

〈표 Ⅲ-10〉 반복문 사용

실행화면	코드
	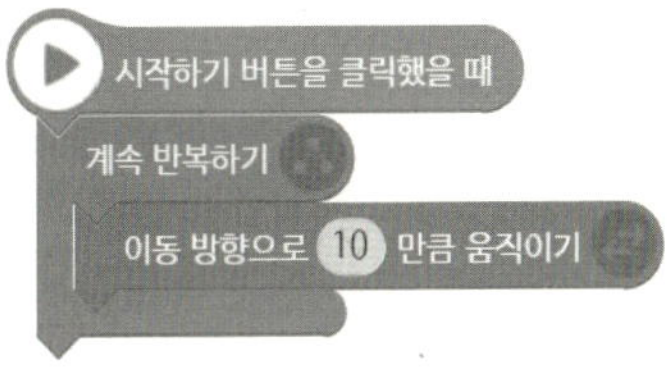

로봇청소기가 바닥을 벗어나서 어디론가 떠나버린다. 로봇청소기가 바닥을 벗어나지 않게 하려면 선택을 걸어주어야 한다.

빨간 선으로 표시한 외곽부분이 벽이다. 그렇다면 로봇청소기가 벽에 닿았을 때 바닥을 벗어나지 않도록 코드를 구성해보면 〈흐름〉 카테고리에서 '만일 ~이라면' 블록과 〈판단〉 카테고리에서 '~에 닿았는가?' 블록을 조립해준다. 로봇 청소기는 바닥이 깨끗이 청소될 때 까지 끊임없이 움직여야하기 때문에 '계속 반복하기' 블록 안에 넣어준다.

〈표 Ⅲ-11〉 선택문 사용

실행화면	코드
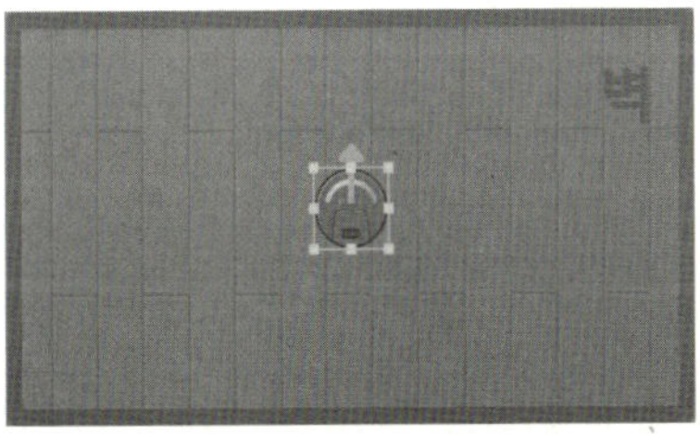	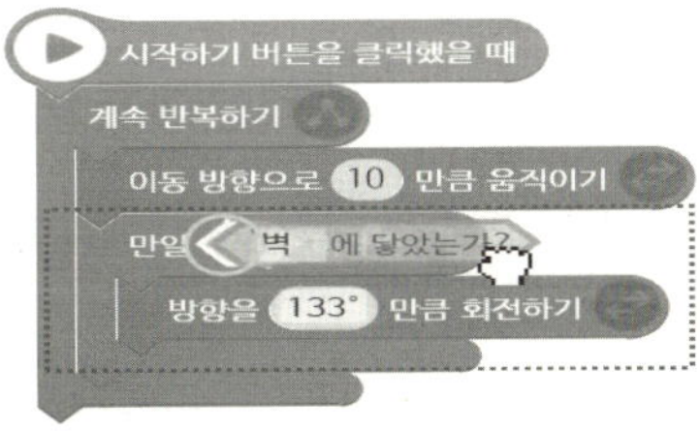

'만일 ~이라면' 블록에 선택 블록을 넣어줄 때 블록의 왼쪽 끝을 맞춰주면 블록이 쉽게 조립된다.

'시작하기'를 눌러 로봇청소기가 더러운 바닥을 구석구석 청소하는지 깨끗이 확인할 수 있다.

〈표 Ⅲ-12〉 최종 확인

실행화면

이미 만들어져있던 로봇청소기의 경로를 그리는 코드와 로봇청소기를 움직이는 코드 두 가지가 동시에 실행되고 있다. 이처럼, 한 오브젝트는 두 가지 이상의 코드를 동시에 실행시킬 수 있다.

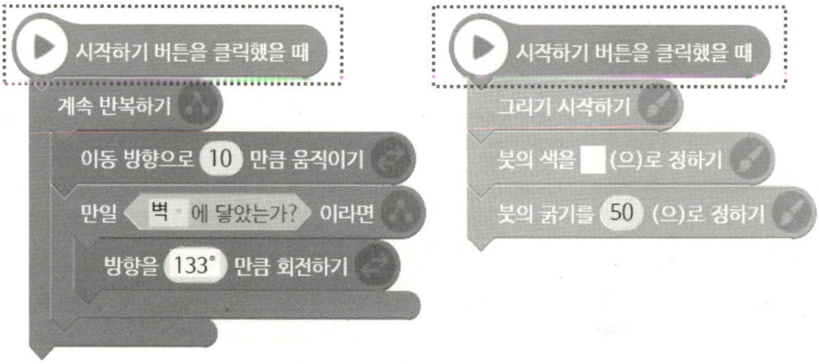

[그림 Ⅲ-46] 두 개의 오브젝트 실행

다. 신호 프로그램 만들기

컴퓨터의 '그림판'이라는 프로그램을 SW를 활용하여 만들어보며 '신호' 개념을 익힐 수 있다.

〈표 Ⅲ-13〉 두 개의 오브젝트 만들기

실행화면	오브젝트 목록
	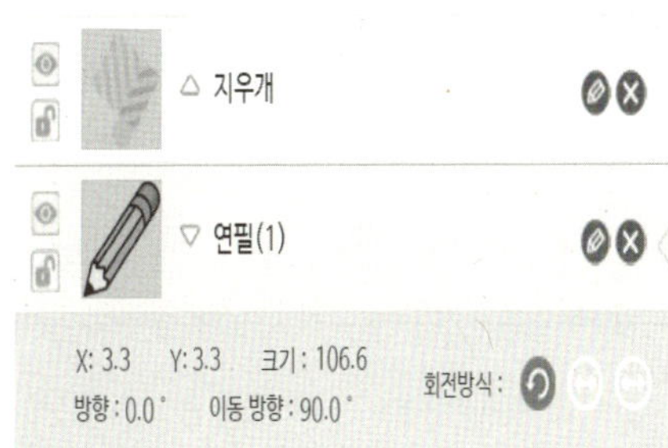

연필의 중앙에 있는 중심점을 연필심으로 옮겨주고 연필이 계속해서 마우스를 따라 움직이도록 아래와 같이 블록을 조립합니다.

〈표 Ⅲ-14〉 블록 조립하기

		코드
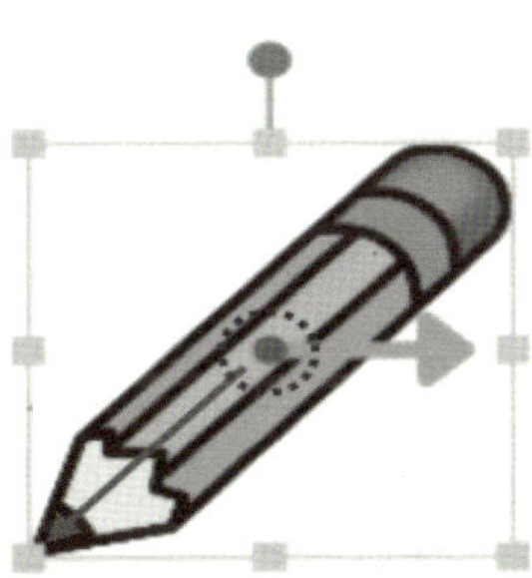	⇨	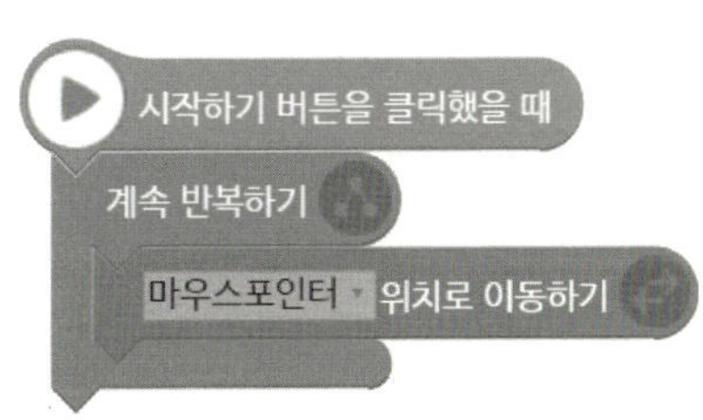

마우스를 눌렀을 때 연필 오브젝트가 그림을 그리고, 해제했을 때 그리기를 멈춰야하므로 다음과 같이 블록을 조립한다.

〈표 Ⅲ-15〉 마우스에 따른 실행 블록 배치

실행화면	코드
	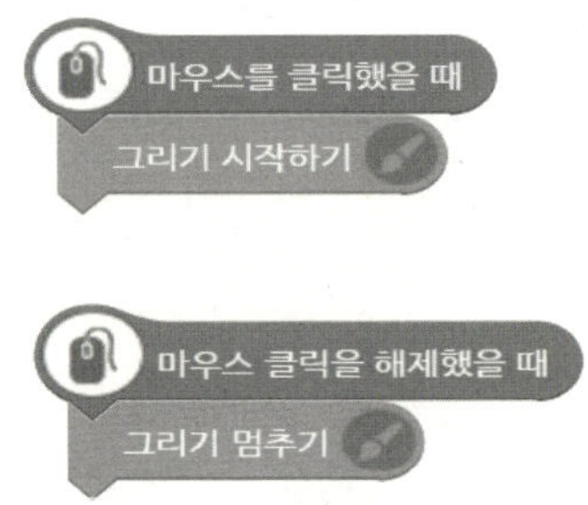

연필로 그림을 그리고 지우개로 지워보는 프로젝트를 만들기 위하여 신호 사용법은 〈속성〉 탭을 클릭하고 '지워라'라는 신호를 추가한다.

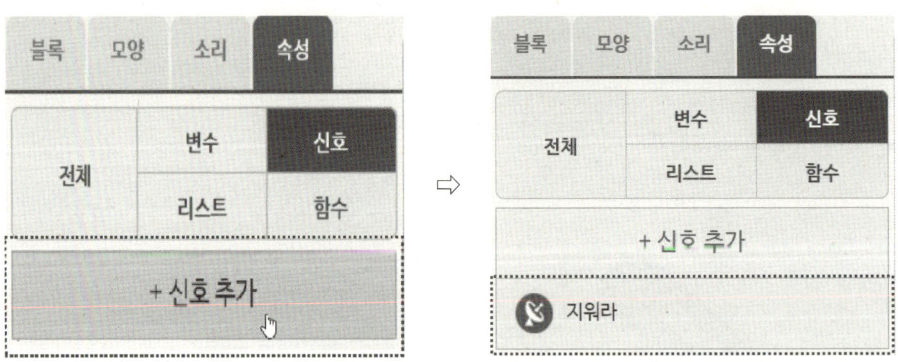

[그림 Ⅲ-47] 신호 넣기

신호를 사용하는 이유는 '지우개' 오브젝트를 눌렀을 때 '연필'이 그렸던 그림들이 모두 지워져야하는데 연필 오브젝트와 지우개 오브젝트 간의 상호작용을 위해서이다.

〈표 Ⅲ-16〉 신호 오브젝트 결과물

지우개	연필
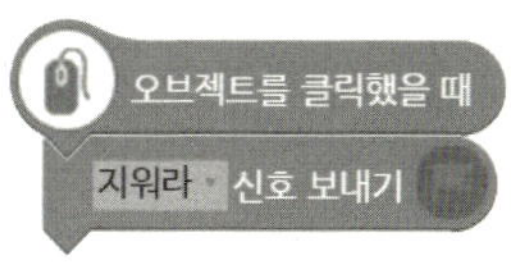	

라. 변수 프로그램 만들기

집에 들어갈 때 열쇠 대신 사용하는 전자 도어 락의 원리에 '변수'의 개념이 들어간다. 보물 상자에 암호장치를 설계해보며 '변수' 사용을 통해 전자 도어 락이 어떠한 원리로 작동하는지 알아본다.

〈표 Ⅲ-17〉 오브젝트 만들기

실행화면	오브젝트 목록
	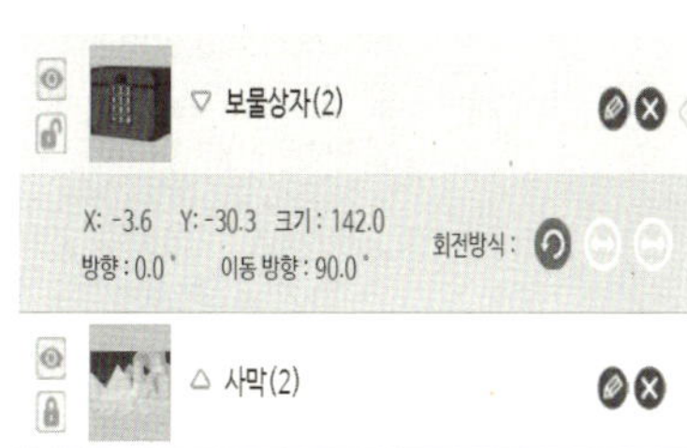

변수를 이용하여 보물 상자를 열어본다. 보물 상자의 암호를 저장할 수 있는 공간인 '암호값'이라는 변수가 필요하다. 〈속성〉 탭을 클릭하고 변수 추가를 눌러 '암호값'이라는 변수를 만든다.

〈표 Ⅲ-18〉 변수 추가하기

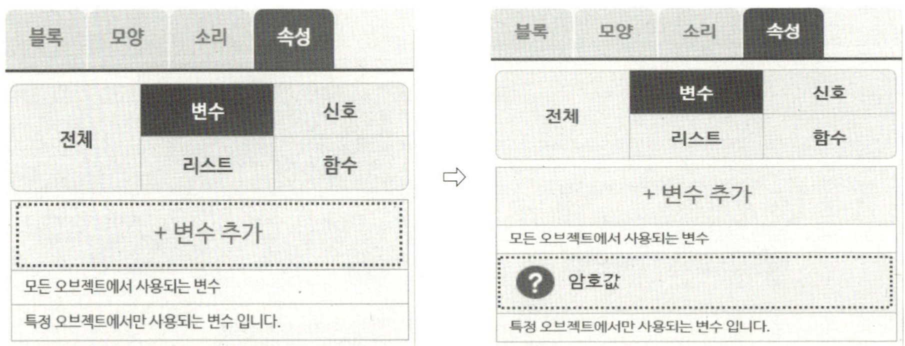

변수 '암호값'이 화면에 보이면 안 되므로 숨겨주고,(②) 원하는 암호값'을 설정한다. '1234'로 지정된 암호를(③) 묻는 '~을(를) 묻고 대답 기다리기' 블록을 조립합니다.(④)

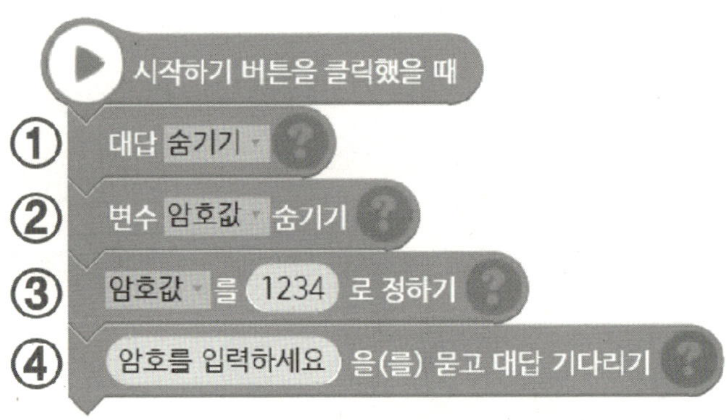

[그림 Ⅲ-48] 변수활용 블록 코딩하기

18 교육용 프로그래밍 언어 활용2

가. 변수 프로그램 만들기

게임에서의 점수, 내 이름과 같은 정보들을 컴퓨터에서 기억하게 하려면 일정한 저장 공간이 필요하다. '변수' 는 이러한 정보들을 저장할 수 있는 공간이다.

보물 상자를 열기 위해서는 내가 누르는 암호와 '암호값'을 비교하고 컴퓨터가 암호값을 기억하고 있어야하기 때문에 변수를 사용한다.

변수는 자유롭게 이름을 붙여줄 수 있다. 예를 들면, 현재 우리가 만들고 있는 보물 상자 알고리즘에서 '암호값'이 변수 이름이다. 그리고 이 변수 안에 숫자 또는 문자를 한 번에 하나씩 저장할 수 있다.

암호를 누를 때 암호를 맞추면 보물 상자를 열 수 있고 틀리면 암호를 다시 입력해야 한다. 이 두 가지 상황을 표현하기 위해 앞에서 배운 '선택'블록을 사용해서 표현할 수 있다.

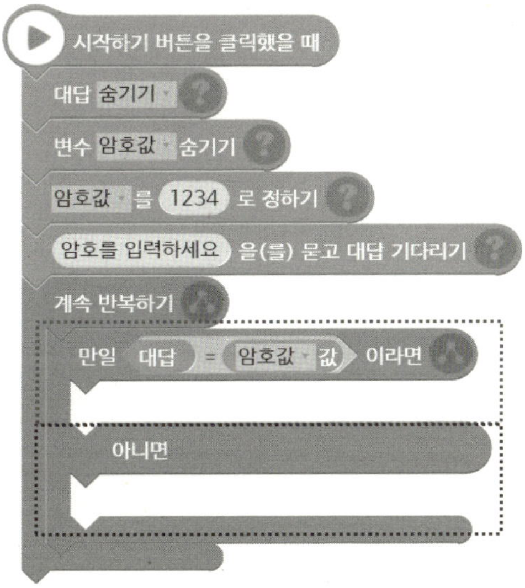

[그림 Ⅲ-49] 선택 블록 코딩하기

〈모양〉탭을 누르고 보물 상자 오브젝트 모양을 2개로 만든다. 만약 암호를 맞췄을 경우 '보물 상자2' 모양으로 바뀌어야하기 때문이다. 2개의 모양을 만들었다면 성공 선택 안에 '보물 상자2 모양으로 바꾸기' 블록을 조립한다.

〈표 Ⅲ-19〉 모양 확인하기

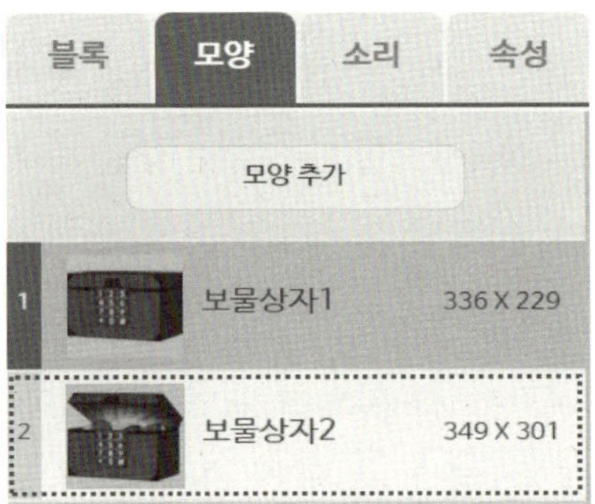

⇨

코드

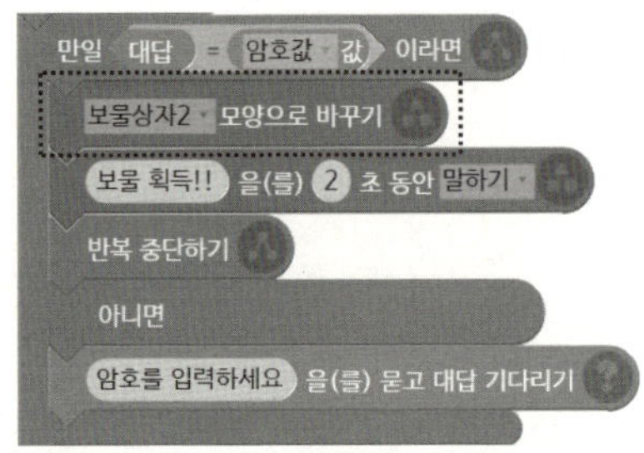

소리를 추가하여 보물 상자가 열릴 때 소리가 나오게 한다.

〈표 Ⅲ-20〉 소리 추가하기

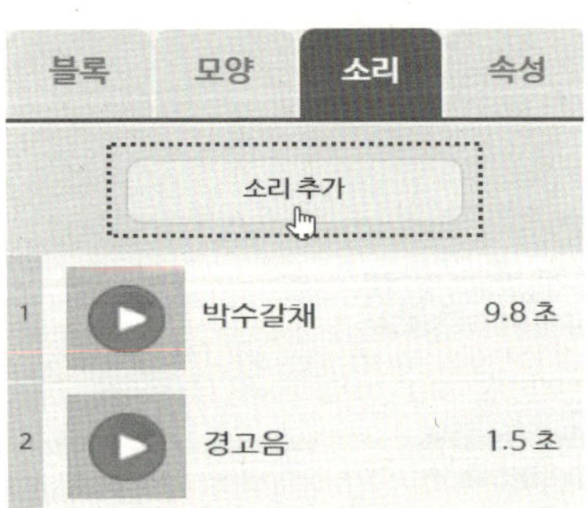

⇨

코드

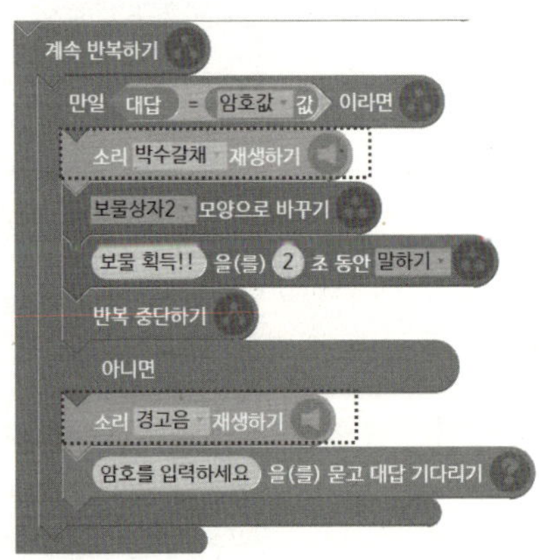

나. 프로그램 만들기 종합

오락실에서 한번쯤은 해보았던 추억의 두더지 게임을 SW로 만들 수 있다. 뿅망치로 두더지를 때리면 점수를 획득하는 게임에 '순차', '반복', '선택', '신호', '변수'의 개념이 모두 들어가 있다.

'두더지'와 '뿅망치' 오브젝트

〈표 Ⅲ-21〉 오브젝트 추가하기

<table>
<tr><th>실행화면</th><th>오브젝트 목록</th></tr>
<tr><td></td><td>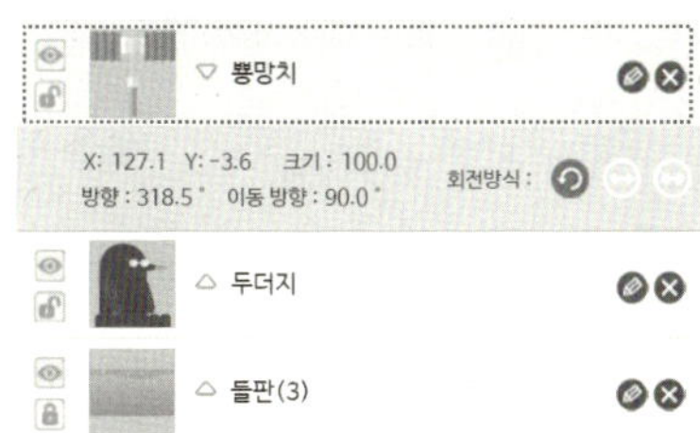
</td></tr>
</table>

뿅망치가 마우스 포인터를 계속 따라다니도록 코드를 조립하고 마우스를 클릭했을 때, 뿅망치가 왼쪽으로 때리는 모습을 표현한다.

〈표 Ⅲ-22〉 뿅망치 코드 넣기

<table>
<tr><th>실행화면</th><th>코드</th></tr>
<tr><td></td><td>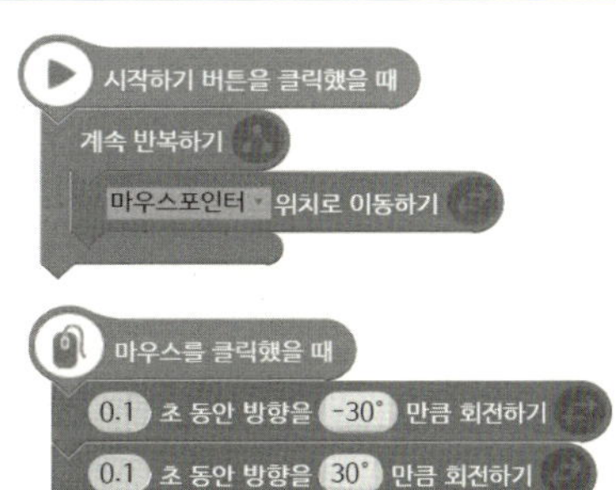
</td></tr>
</table>

두더지 오브젝트를 선택한다. 두더지를 움직여야 뿅망치로 두더지를 때릴 수 있고 두더지 모양이 보였다 숨겨졌다 해야 한다. 두더지가 무작위로 튀어나와야 하므로 〈계산〉 카테고리에서 '~부터 ~사이의 무작위수' 블록을 조립한다.

〈표 Ⅲ-23〉 두더지 코드 넣기

오브젝트 목록	코드
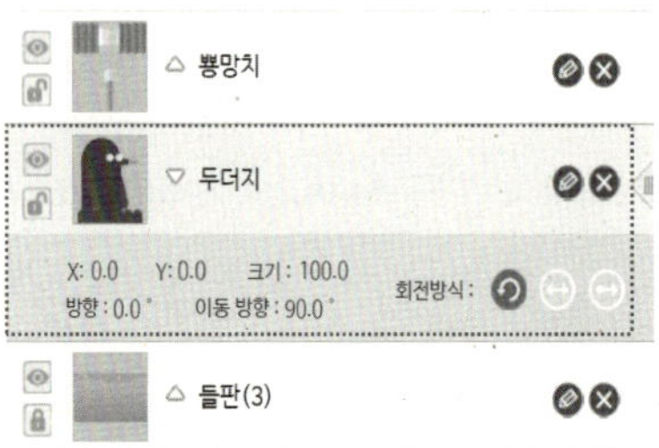	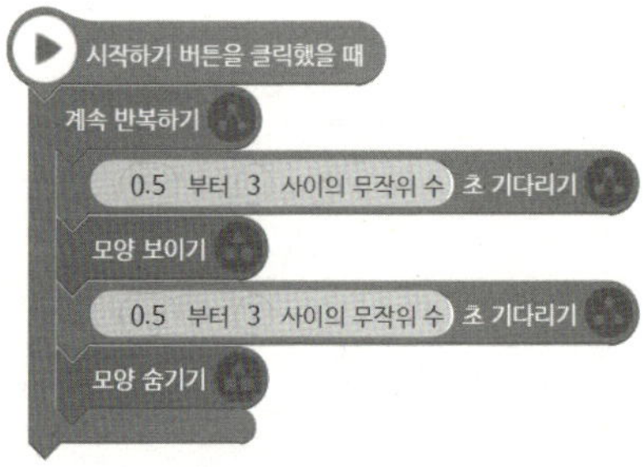

'뿅망치'가 때릴 때마다 '두더지' 입장에서는 맞았는지를 판단해야 한다. 따라서 '때렸다' 신호를 만들고 뿅망치가 때릴 때 해당 신호를 보내주면, 두더지가 뿅망치에 맞았는지 판단할 수 있도록 하는 코드를 만든다.

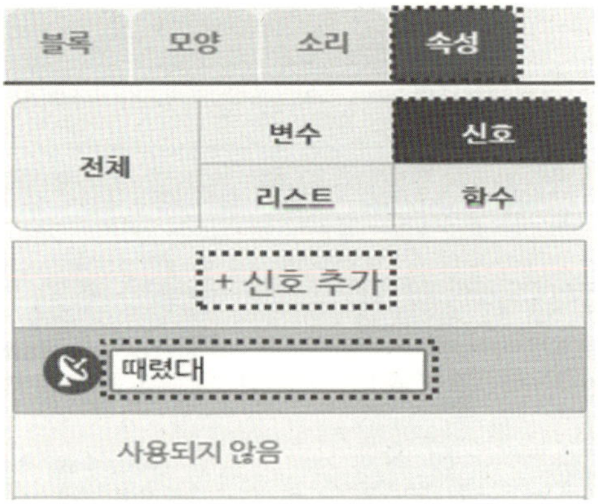

[그림 Ⅲ-50] 신호 코딩하기

〈표 Ⅲ-24〉 신호 코드 넣기

뽕망치 오브젝트	두더지 오브젝트
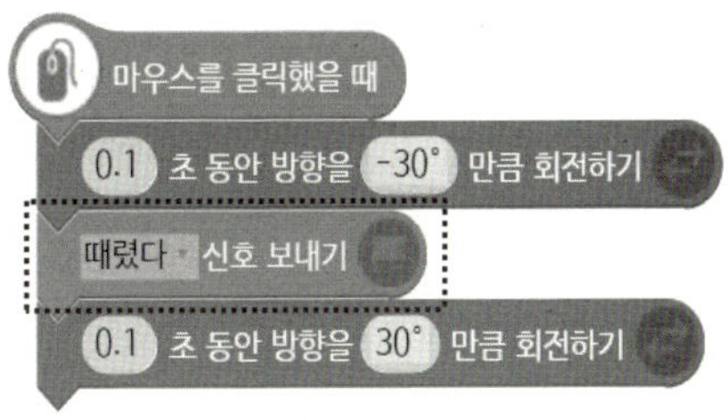	

뽕망치로 두더지를 때렸을 때 소리가 나도록 소리를 추가해본다. 〈소리〉 탭을 클릭하고 '소리 추가'를 클릭한 뒤 '또이'라는 소리를 검색해서 추가한다. 이제 뽕망치로 두더지를 때렸을 때 두더지의 모양을 숨기고 점수에 1만큼씩 더해주도록 아래와 같이 블록을 조립한다.

〈표 Ⅲ-25〉 소리 코드 넣기

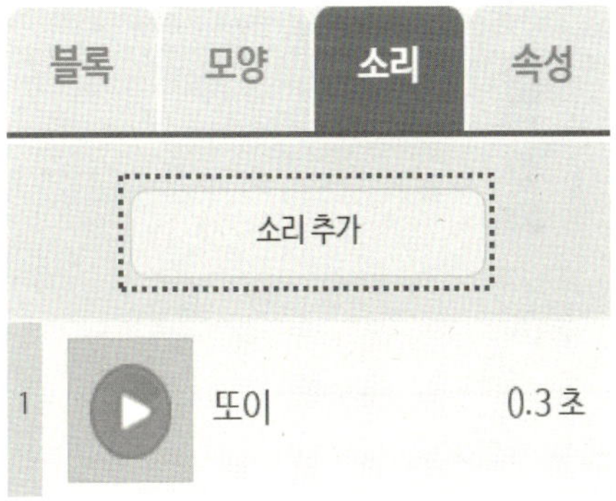

⇨

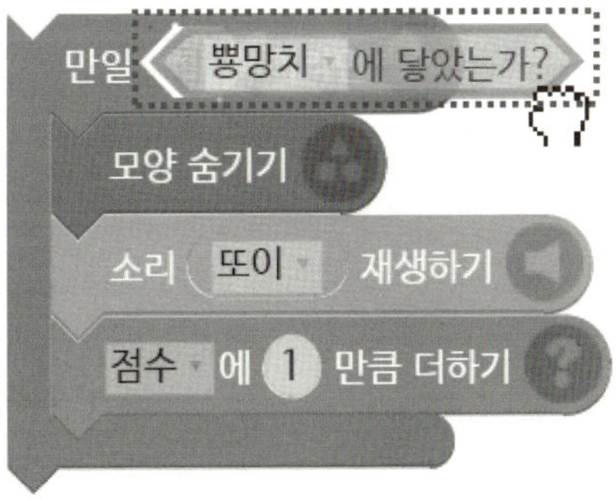

두더지를 때렸을 때 점수를 증가하도록 하려면 프로그램에 점수를 저장할 수 있는 공간이 필요합니다. 변수 '점수'를 추가합니다. 변수를 추가하면 실행화면에 변수창이 나타난다. 이 변수창을 마우스로 끌어서 원하는 위치로 이동할 수 있다.

〈표 Ⅲ-26〉 변수 코드 넣기

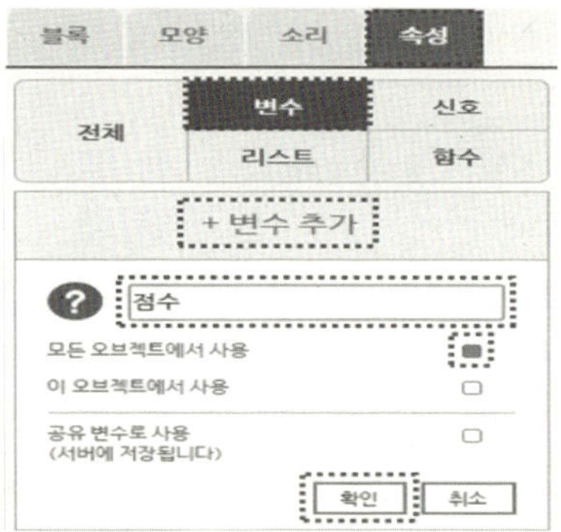

⇨

실행화면

두더지 사이즈를 적당히 조절하고 오브젝트 목록에서 두더지 오브젝트 위에 마우스 오른쪽 버튼을 클릭해 두더지를 여러 마리 복제한다.

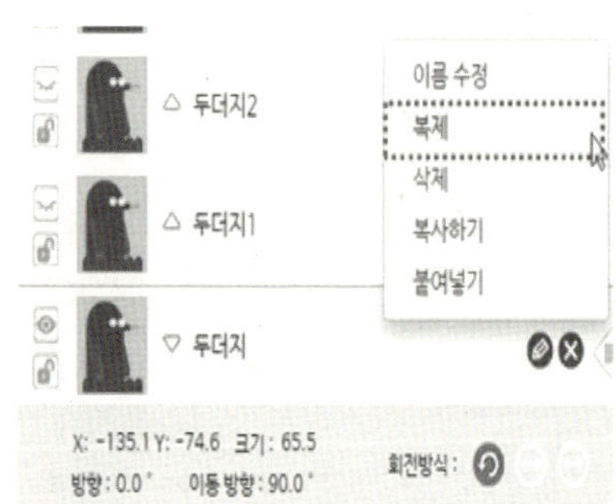

[그림 Ⅲ-51] 오브젝트 복제하기

오브젝트를 복제하면 해당 오브젝트가 가진 코드와 모양과 소리도 함께 복제된다.

복제한 두더지들을 화면에 적절히 배치하고 뿅망치가 오브젝트 목록에서 가장 상위에 위치하도록 맨 위쪽으로 끌어 옮겨준다.

〈표 Ⅲ-27〉 오브젝트 배치하기

실행화면	오브젝트 목록

게임이 끝나는 것을 알리기 위해 '초시계'를 활용하여 게임에 시간제한을 만들 수 있다. 이 블록은 어디에 조립해도 크게 상관은 없지만, 게임 전체에 영향을 주는 것이므로 '배경' 오브젝트에 코드를 조립하는 것이 좋다. 아래 같이 초시계 블록을 조립하면 화면에 초시계 창이 뜬다. 초시계창은 마우스로 끌어 원하는 위치로 옮길 수 있다. 초시계를 시작하고, 초시계 값이 30초가 될 때까지 기다린 후, 초시계를 정지하고, 프로그램을 모두 멈추어주는 코드를 조립한다. '시작하기'를 눌러 30초간 기록을 세워본다.

[그림 Ⅲ-52] 배경 오브젝트에 초시계 만들기

상단 메뉴에서 제목을 〈두더지 게임〉으로 바꾸고 작품을 저장한다. 작품조회〉를 눌러 작품을 확인할 수 있다.

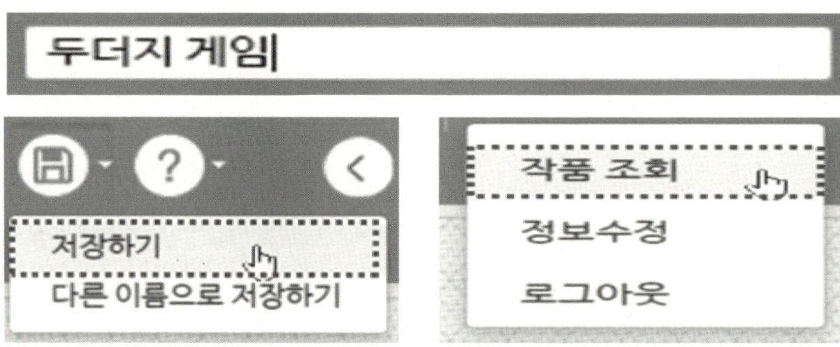

[그림 Ⅲ-53] SW 저장하고 확인하기

저장한 작품은 〈코드보기〉를 누르면 다시 편집할 수 있다. 자픈 이름 옆의 자물쇠를 클릭하여 열면 자신의 작품을 〈구경하기〉에 올려 친구들과 공유할 수 있다.

19 교육용 프로그래밍 언어 활용3

스마트폰 게임을 하다가 스테이지를 성공하면 장면이 바뀌고 새로운 미션이 주어지는 것을 본 적이 있다. 장면 전환 및 배경추가는 프로그래밍을 할 때 꼭 필요한 기능이다.

흰 자동차가 가면서 뒤의 배경이 바뀌는 걸 만들려고 하면 흰 자동차가 어떤 한 배경을 다 지나면, 다른 배경이 다시 나와야 한다. 그러기 위해 오늘도 3가지 코딩을 알아야 한다.

가. 배경 추가하고 변형시키기

먼저 초기화면에 나오는 엔트리봇을 지우고 오브젝트 추가하기를 눌러 아래와 같이 흰 자동차를 불러온다. 엔트리나 스크래치와 같은 기초 블록형 프로그래밍에서는 다양한 오브젝트가 내장되어 있어 원하는 것을 검색하여 불러올 수 있고 없을 경우 인터넷에 있는 그림을 편집하여 업로드하여 활용할 수 있다.

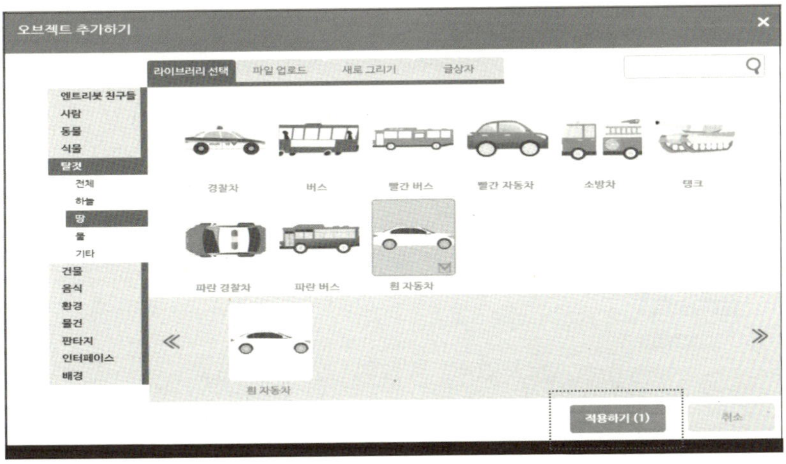

[그림 Ⅲ-54] 오브젝트 추가하기

자동차를 움직이는 경우에 자동차가 아래에 붙어서 가면 더 자연스러운 프로그램이 된다. 자동차를 아래 축에 붙도록 이동한다.

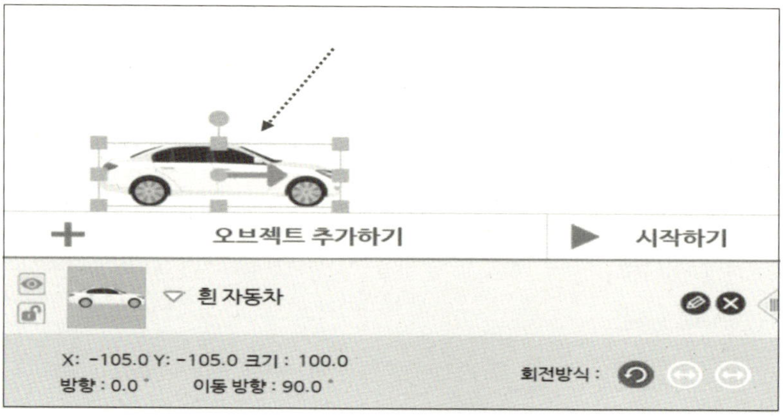

[그림 Ⅲ-55] 오브젝트 배치하기

그리고 자동차가 주행하기에 적당한 배경인 "도시"를 배경으로 추가한다. 블록형 프로그래밍에서는 다양한 배경을 제공하고 있고 원하는 배경이 없을 경우 파일 업로드 기능으로 다른 배경을 적용할 수 있다. 새로 그리기 기능이나 글상자를 이용하여 다양한 효과를 줄 수 있다.

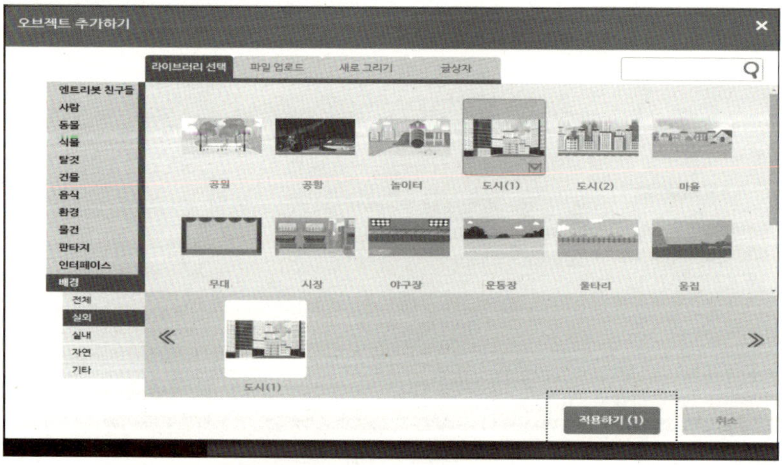

[그림 Ⅲ-56] 배경 적용하기

배경 역시 오브젝트처럼 선택 후에 크기를 변경하거나 위치를 옮길 수 있다. 아래에 있는 그림처럼 잠겨있는 자물쇠를 풀어 주고 적절한 위치에 배경을 둔다.

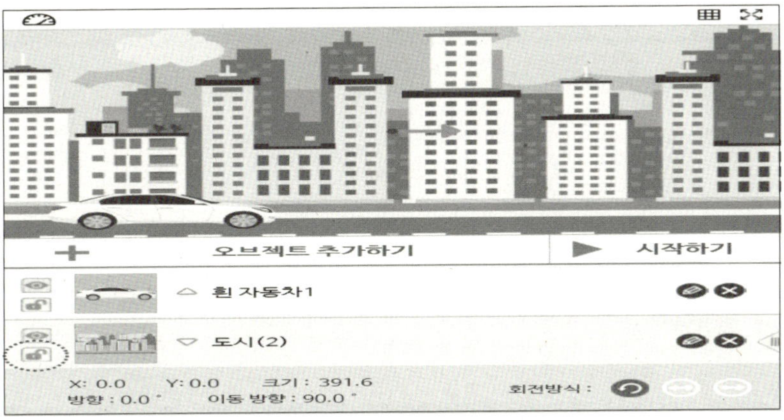

[그림 Ⅲ-57] 배경 자물쇠 풀기

나. 장면 추가하기

흰 자동차가 달릴 다른 공간을 만들기 위해 아래와 같이 + 버튼을 누르고 새로운 장면을 추가한다.

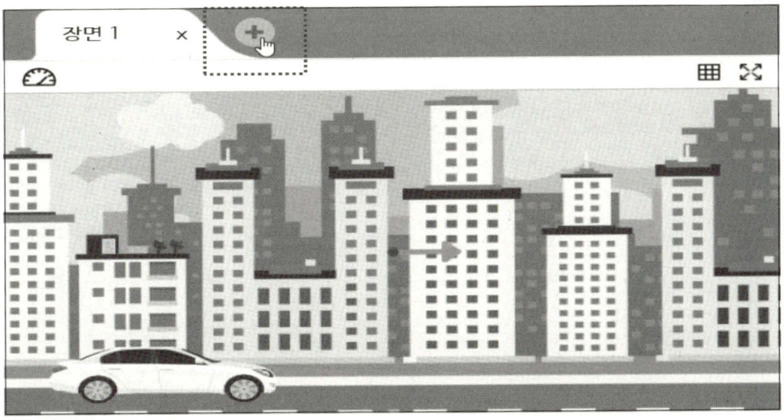

[그림 Ⅲ-58] 장면 추가하기

장면이 바뀌었기 때문에 흰 자동차 또한 새로 추가한 후 아래로 끌어 화면에 붙인다. 그리고 새로운 장면에서는 배경을 다르게 하기 위해 배경을 선택한다.

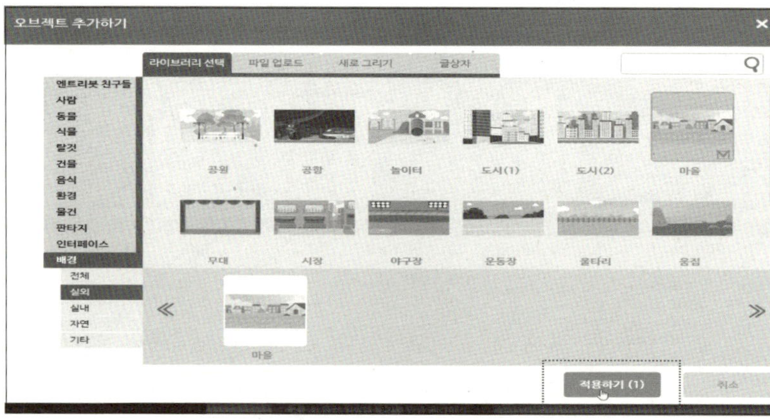

[그림 Ⅲ-59] 배경 추가하기

하지만 마을 배경을 처음 배치하고 나면, 도로가 위로 가있어서 어색하다. 흰 자동차에 도로가 맞게 배경을 아래로 내려준 뒤에 크기를 조절해서 배경이 오브젝트 창을 꽉 차도록 만든다.

[그림 Ⅲ-60] 배경 추가하기

다. 상황에 맞추어 장면을 바꾸기

흰 자동차가 움직이게 하려면 〈장면 1〉으로 가서, 아래와 같이 블록을 완성한다.

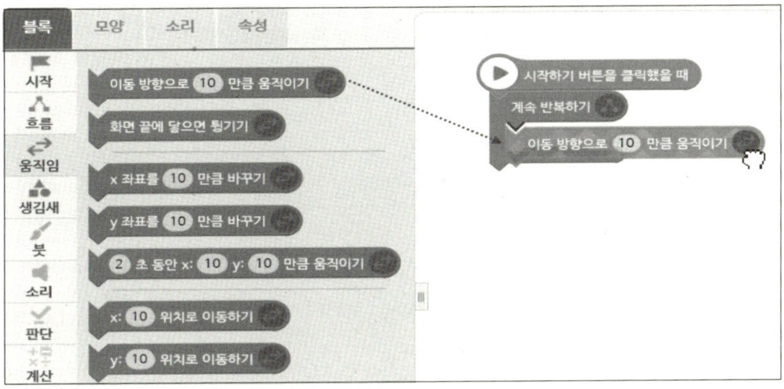

[그림 Ⅲ-61] 블록 추가하기

속도를 10으로 하면 자동차가 굉장히 빨리 지나가서 적절한 속도로 조절한다.

자동차가 배경을 다 지나가면 배경이 바뀌어야 한다. 그렇게 만들기 위해서는 "만일 ~이라면" 선택 블록을 사용해야 한다.

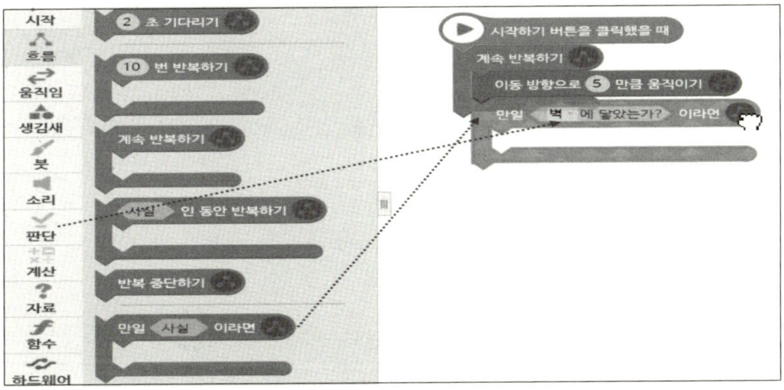

[그림 Ⅲ-62] 선택블록 추가하기

벽에 닿으면 〈장면 2〉가 시작될 수 있도록 아래와 같이 장면 카테고리에서 "~시작하기"를 조립한다.

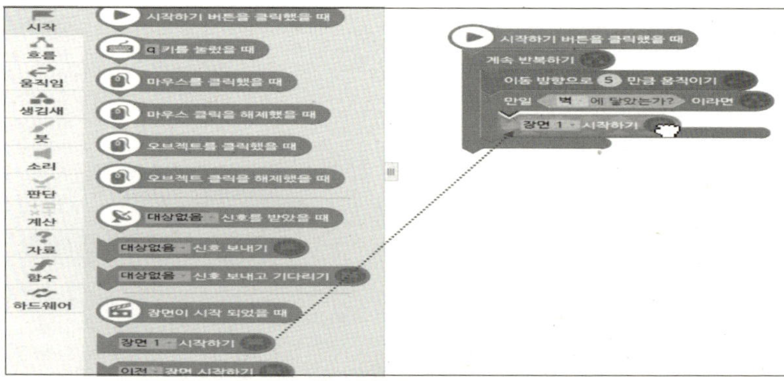

[그림 Ⅲ-63] 장면 시작하기 블록

"~시작하기" 블록의 처음 값은 〈장면 1〉으로 되어있어서, 이것을 〈장면 2〉로 바꾸어준다.

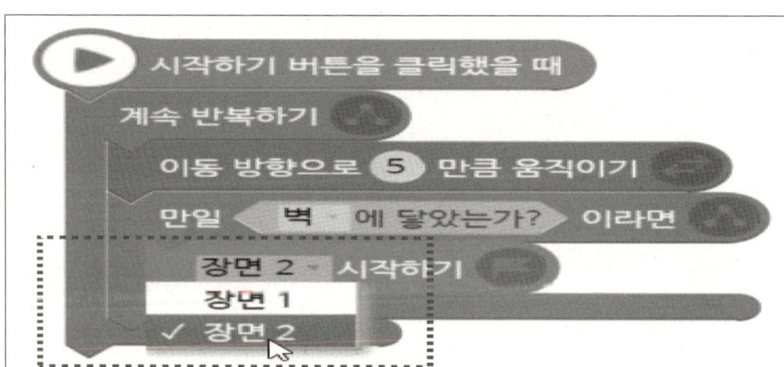

[그림 Ⅲ-64] 장면 시작하기 블록 수정

이 블록들은 어차피 〈장면 2〉에서도 거의 똑같이 쓸 것이기 때문에, 복사한 후에 〈장면 2〉에 붙여넣기를 한다.

붙여 넣은 후에 "시작하기 버튼을 클릭했을 때"를 삭제하고, 시작 카테고리에서

"장면이 시작되었을 때" 블록을 가져와서 제일 위에 조립한다. 이렇게 하면 장면이 순차적으로 동작하게 된다.

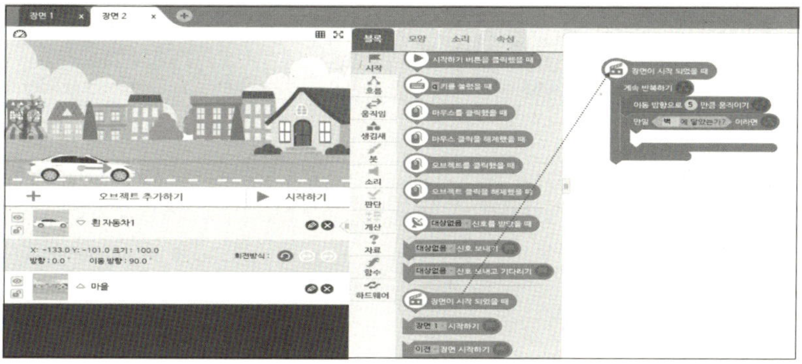

[그림 Ⅲ-65] 장면2 받기

그리고 〈장면 2〉에서는 다른 장면을 또 시작할 필요는 없기 때문에, 여기서는 벽에 닿으면 흰 자동차가 없어지도록 생김새 카테고리에서 "모양 숨기기" 블록을 조립하면 완성된다.

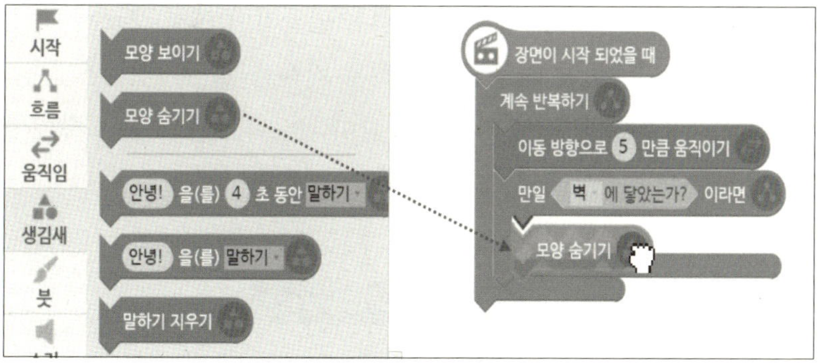

[그림 Ⅲ-66] 모양 숨기기

시작하기를 누르면 아래와 같이 흰 자동차가 장면 1의 벽에 닿을 때 바로 〈장면 2〉로 변경된다. 그리고 〈장면 2〉의 벽에 닿을 때는 사라지는 것을 확인할 수 있다.

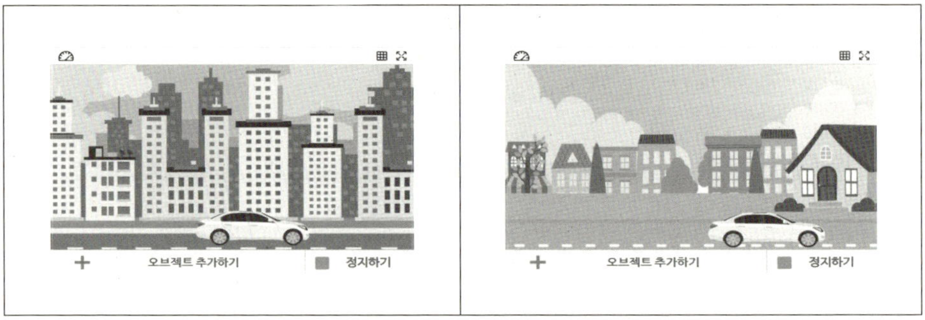

[그림 Ⅲ-67] 배경 바꾸기

라. 공유하기

지금까지 만들어온 작품들을 공유하는 방법은 자신의 작품을 엔트리 사이트에 공유하기, 작품 주소를 다른 사이트에 공유하기, 소셜 네트워크(SNS)에 공유하기 3가지 방법이 있다.

1) 엔트리 사이트에 공유하기

시작화면에서 자신의 아이디를 클릭하거나, 만들기 창에서 "저장된 작품 불러오기"를 클릭하면, 지금까지 만들고 저장해온 작품을 볼 수 있다.

공유하고 싶은 작품을 열면 아래 화면과 같이 나온다. 엔트리 사이트에 이 작품을 공유하고 싶다면, '수정' 버튼을 클릭한다.

[그림 Ⅲ-68] 수정하기

2) 작품 주소를 다른 사이트에 공유하기

다른 사이트에 내 작품을 공유하고 싶다면, 아래 빨간 상자 안에 있는 웹주소를 클릭한다.

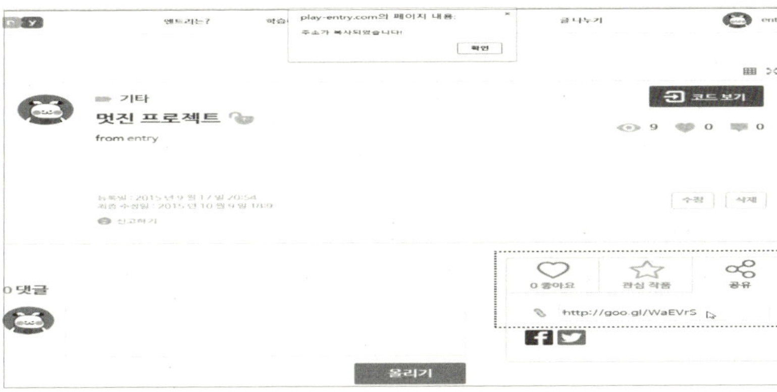

[그림 Ⅲ-69] 웹주소 복사하기

3) 소셜 네트워크(SNS)에 공유하기

페이스북에 복사한 주소를 추가해주면, 알아서 주소를 감지해서 링크를 만들 수 있다.

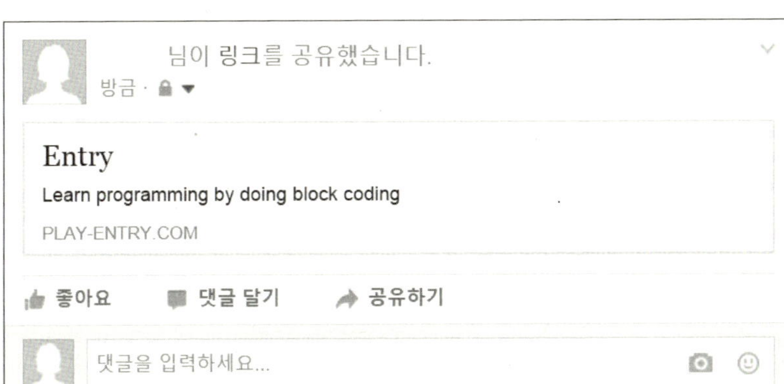

[그림 Ⅲ-70] SNS 공유하기

마. 다른 사람의 작품 보고 발전시키기

다른 사람의 작품을 열기 위해서는 먼저 엔트리 홈페이지에 있는 '공유하기' 탭에 들어간다.

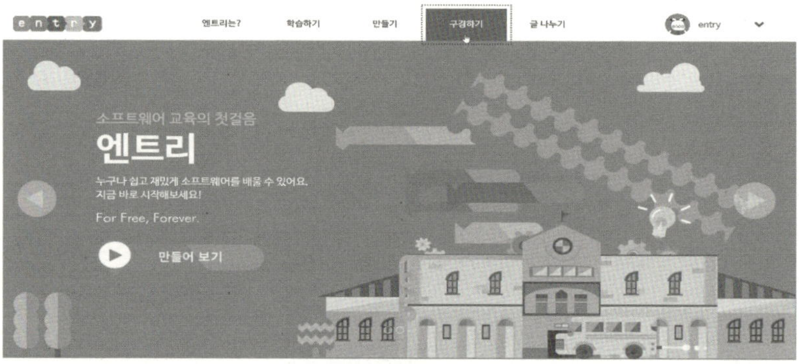

[그림 Ⅲ-71] 공유하기

보기를 원하는 작품을 누르면 아래 화면처럼 뜹니다. 그리고 '코드 보기'를 누르면 코드를 볼 수 있다.

이렇게 코드를 보면 작품이 어떻게 구성되고 만들어졌는지 알 수 있다. 작품을 실행해보면서 아쉬웠던 부분, 더 고치고 싶은 부분들을 수정한 다음에 저장을 하면 나의 SW가 된다.

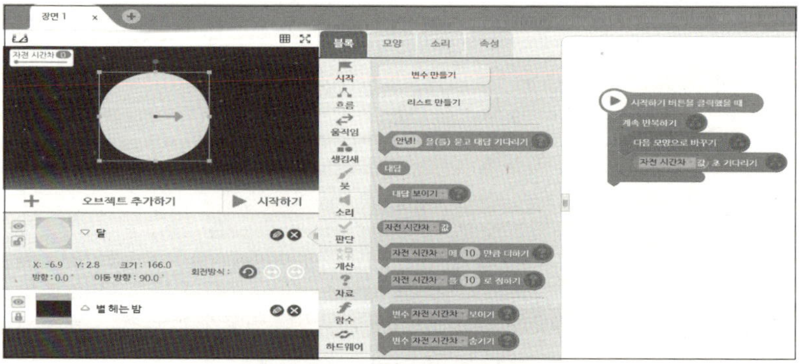

[그림 Ⅲ-72] 코드 확인하기

최초 저작자를 표시하기 위하여 새로 저장한 것을 공유할 때에는 아래와 같이 원본이 무엇인지 표시가 된다.

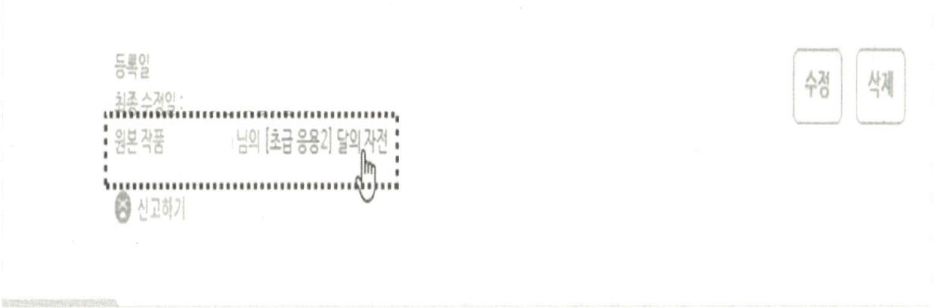

[그림 Ⅲ-73] 최초 저작자 표시

20 앱인벤터

앱인벤터는 블록 프로그래밍 기법으로 스마트폰에서 실행이 가능한 프로그래밍 도구이다. 구글 앱인벤터 프로그램으로 스마트폰의 화면을 디자인하고 블록들을 조립하면 원하는 앱을 만들 수 있다.

가. 디자이너 화면

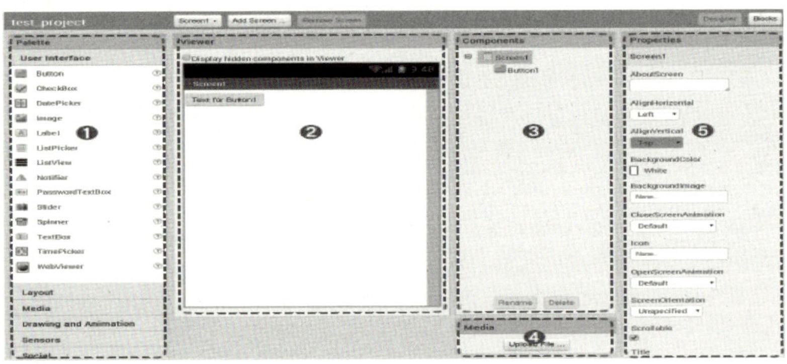

[그림 Ⅲ-74] 디자이너 화면

1) 팔레트(Palette) : 스마트폰을 꾸미기 위해 필요한 모든 컴포넌트를 모아 놓은 곳이다.
2) 뷰어(Viewer) : 사용자가 만들 앱에 필요한 컴포넌트를 팔레트에서 찾아서 이곳에 배치한다.
3) 컴포넌트(Components) : 앱을 만들기 위해서 팔레트에서 꺼내 온 컴포넌트를 모아 놓은 공간이다.
4) 미디어(Media) : 앱 제작에 필요한 사진, 음악, 영상들을 이곳에 넣어 놓는다.
5) 속성(Properties) : 각 컴포넌트들의 속성(크기, 위치, 색상 등)을 변경할 수 있다.

나. 블록 조합

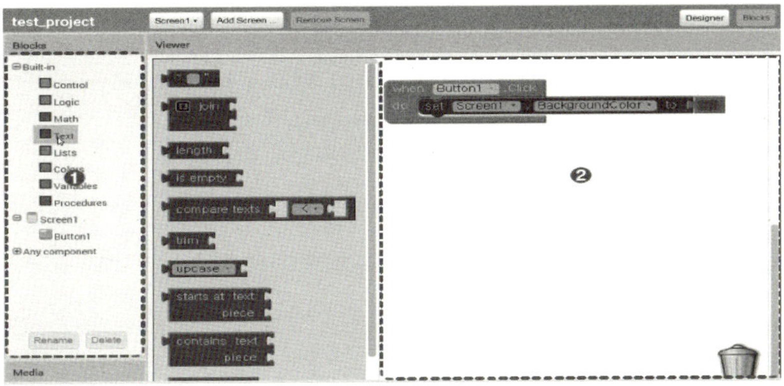

[그림 Ⅲ-75] 블록 조합

1) Blocks(블록 모음) : 프로젝트에서 사용 가능한 컴포넌트 목록이 보여진다. 블록은 각 컴포넌트를 클릭하면, 컴포넌트의 오른쪽에 블록들이 나타난다.
2) Viewer(블록 뷰어) : 왼쪽의 블록 영역에서 꺼내 온 블록들을 조립하기 위한 공간이다.
3) Built-in : 기본적으로 사용되는 컴포넌트들의 모임이다.
4) Screen1 : 앱을 만들기 위해서 선택된 컴포넌트들이 모여 있는 곳이다.

다. 앱인벤터 시작하기

홈페이지(http://appinventor.mit.edu/)에서 오른쪽 상단에 있는 〈Create〉 버튼을 클릭하여 앱인벤터 프로그램을 시작한다. 앱인벤터를 사용하려면 구글 로그인이 되어있어야 한다.

간단하게 2개의 버튼으로 스크린의 배경 색상을 변경시키는 앱은 아래와 같다.

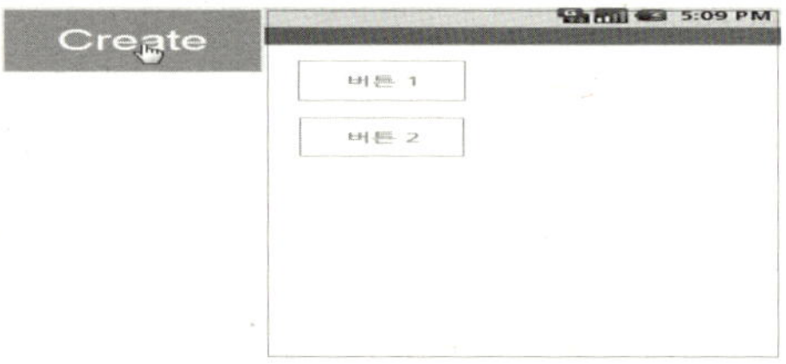

[그림 Ⅲ-76] 배경 색상 변경 앱

새 프로젝트를 만들기 위해서 〈Project〉 - 〈Start new project…〉 메뉴를 선택한다.

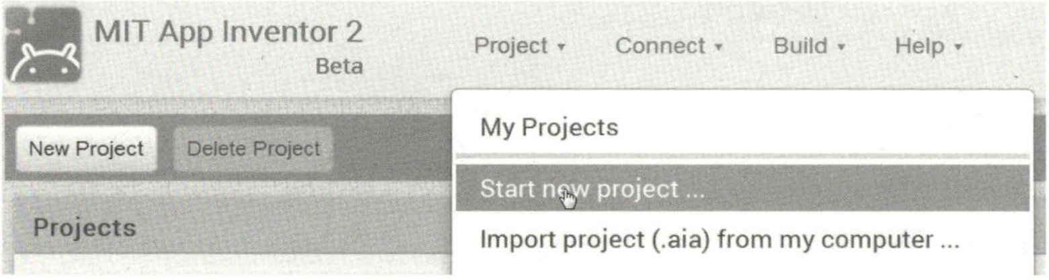

[그림 Ⅲ-77] 새 프로젝트 만들기

프로젝트 이름을 "first_proj"라고 입력하고 〈OK〉 버튼을 클릭하면 [그림 Ⅲ-75]와 같은 '디자이너 화면'이 나타난다.

[그림 Ⅲ-78] 프로젝트 이름

라. 디자이너 화면 구성하기

디자이너 화면에서는 스마트폰 화면을 꾸밀 수 있다. 아래 그림에서 스케치 해 놓은 것과 같이, 2개의 버튼을 스크린 위에 배치한다.

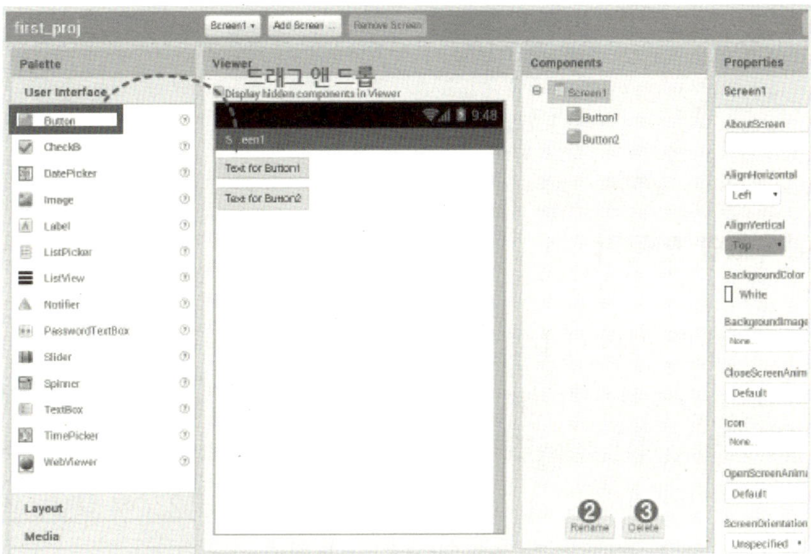

[그림 Ⅲ-79] 버튼 배치하기

1) 〈Palette〉 - 〈Button〉 팔레트에 있는 〈Button〉 컴포넌트를 클릭해서 Screen1 화면 위에 끌어놓기(Drag and drop)를 한다.

2) 〈Components〉 – 〈Rename〉 선택한 컴포넌트의 이름을 변경할 수 있다. (‘영문’, ‘숫자’, ‘_’ 조합 가능)

3) 〈Components〉 - 〈Delete〉 필요 없는 컴포넌트를 삭제할 수 있다.

〈Button〉 도구 배치를 마친 후 각각의 버튼에 대하여 사용자의 움직임에 대한 반응을 설정하기 위하여 아래와 같이 화면 오른쪽 상단의 〈Blocks〉 버튼을 선택하여 블록조합 화면으로 이동한다.

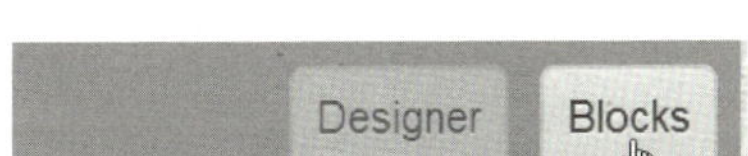

[그림 Ⅲ-80] 블록화면 이동

디자이너 화면으로 이동하고자 할 경우에는 〈Designer〉 버튼을 선택한다.

[그림 Ⅲ-81] 디자인화면 이동

마. 블록조합 만들기

블록조합 화면에서는 디자이너 화면에 배치된 컴포넌트들을 사용자가 원하는 동작을 하도록 구성하는 작업을 합한다. 컴포넌트 리스트 중에서 하나의 컴포넌트를 클릭하면, 선택된 컴포넌트가 가질 수 있는 블록 리스트가 오른쪽에 나타난다. 스크린 영역의 컴포넌트가 가질 수 있는 블록의 종류는 이벤트 블록(노란색), 함수 블록(보라색), 속성 블록(초록색)으로 구분된다.

- 이벤트 블록(노란색) 사용자가 특별한 행동을 했을 때의 반응을 설정하고자 할 때 사용한다.
- 함수 블록(보라색) 프로그램 내에서 이미 만들어 놓은 블록들의 조합입니다. 〈Built-in〉 - 〈Procedures〉에 있는 보라색 블록을 이용해서 사용자가 직접 함수를 만들 수 있다.
- 속성 블록(초록색) 각 컴포넌트들의 색상, 크기, 위치, 속도 등의 속성 값을 변경하고자 할 때 사용한다.

1) 버튼을 클릭했을 때

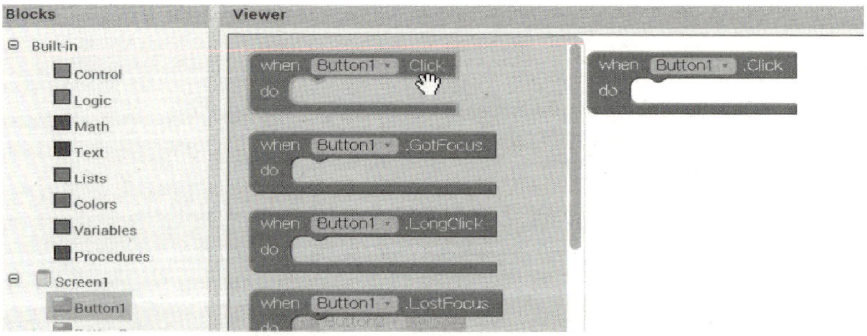

[그림 Ⅲ-82] 버튼 클릭 블록

〈Button1〉 컴포넌트를 클릭하면 컴포넌트의 오른쪽에 블록들이 나타난다. 〈When 'Button1'.Click〉 블록을 뷰어 영역으로 끌어 놓는다.

2) 배경색 바꾸기

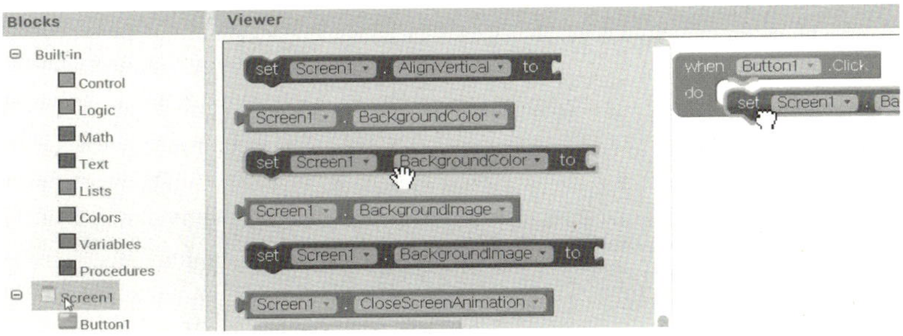

[그림 Ⅲ-83] 배경색 블록

스크린의 배경 색을 변경시키기 위해서 〈Screen1〉 컴포넌트를 클릭하고 〈Set 'Screen1'.'BackgroundColor' to〉 블록을 뷰어 영역의 〈When 'Button1'.Click〉 이벤트 블록 사이에 끼워 넣는다.

3) 변경할 색상 선택하기

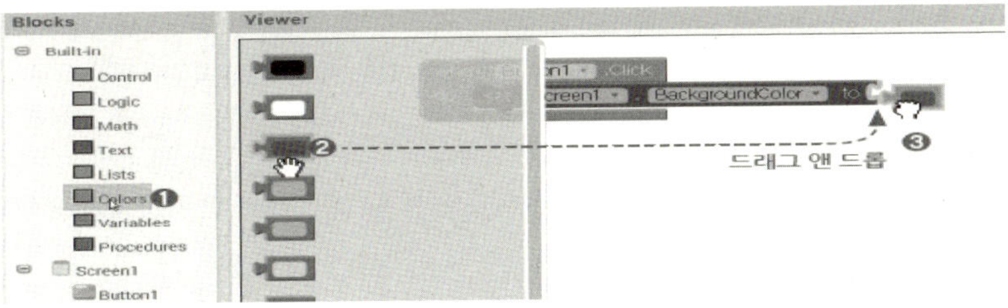

[그림 Ⅲ-84] 색상 블록

배경 색상을 선택하기 위해서 〈Colors〉 컴포넌트를 클릭했을 때 오른쪽에 나타나는 색상 목록 중에 〈빨간색〉 블록을 드래그하여 뷰어 영역의 〈set 'Screen1'.BackgroundColor' to〉 속성 블록(초록색) 끝에 붙여 놓는다.

바. 애뮬레이터에서 결과보기

앱인벤터의 결과를 에뮬레이터에서 확인하기 위해서 상단 메뉴에서 〈Connect〉 - 〈Emulator〉를 선택한다.

에뮬레이터 실행 메뉴를 선택하면 접속 메시지 창이 나타난다. 에뮬레이터 화면이 스마트폰처럼 나오면 정상적으로 실행이 된 것이다. 동작이 잘되는지 각각의 버튼을 눌러서 확인할 수 있다.

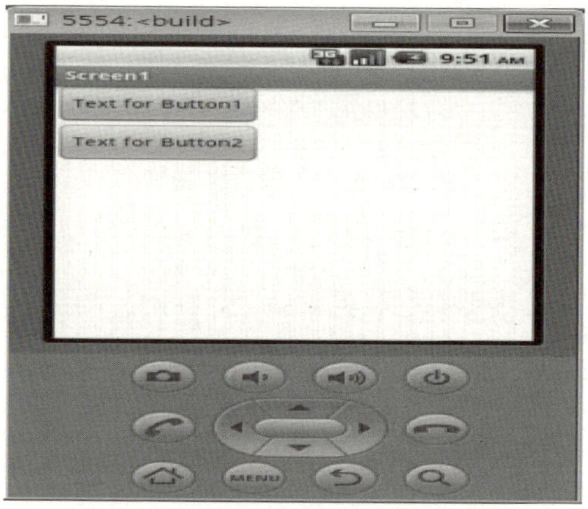

[그림 Ⅲ-85] 애뮬레이터

사. APP 만들기 실습

스마트폰을 흔드는 특별한 행동(이벤드)을 했을 때, 스마트폰을 다양 모습으로 변경시키는 APP을 만든다.

〈스마트폰〉을 흔들었을 때 글자 내용을 바꾸고 다른 이미지로 변경시키고 소리를 내고 떨림(vibrate)을 발생시키고 스크린의 배경색을 바꾼다.

〈버튼〉을 클릭을 때 〈이미지 버튼〉을 높이를 조절한다.

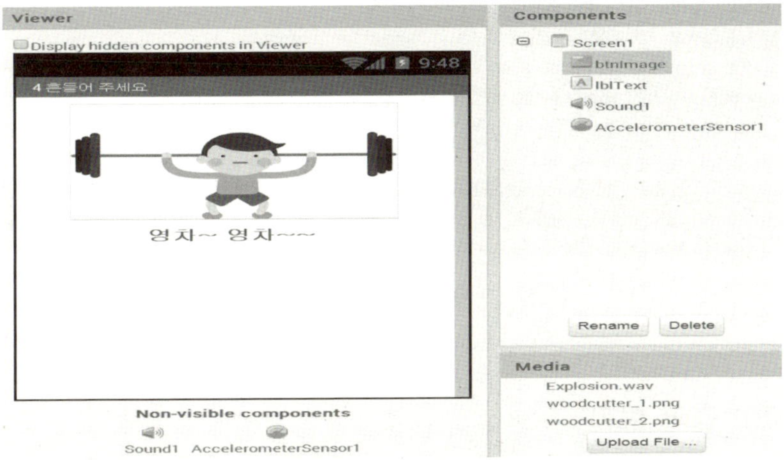

[그림 Ⅲ-86] 디자이너 화면

AccelerometerSensor1을 흔들었을 때, 소리를 내고 이미지를 변경시키고, 버튼의 높이를 줄이고, 텍스트를 변경시키고, 스크린의 배경색을 노란색으로 바꾸고, 0.5초간 떨림음을 낸다.

btnImage를 클릭했을 때 버튼의 높이를 늘리고, 배경색상을 흰색으로 변경하고, 버튼의 이미지를 처음의 이미지로 바꾸고, 텍스트의 내용을 변경한다.

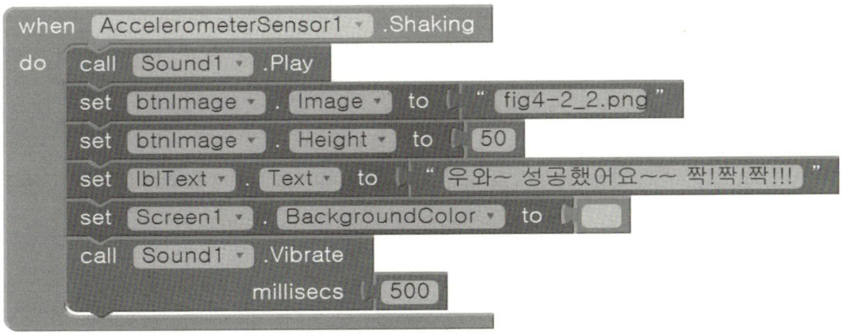

[그림 Ⅲ-87] 스마트폰을 흔들었을 때

[그림 Ⅲ-88] 이미지를 클릭했을 때

아. APP 결과 보기

완성된 프로그램을 자신의 스마트폰에 동작시켜 보기 위해서 〈Build〉 - 〈App (provide QR code for .apk)〉를 선택하면 다음 같이 QR코드가 만들어지는 모습이 progress bar를 통해서 보여진다.

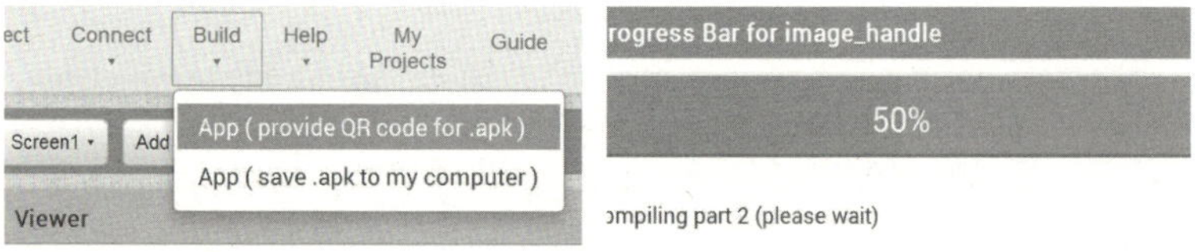

[그림 Ⅲ-89] qr코드 만들기

구글 플레이 스토어에서 〈바코드 스캐너〉 앱을 검색해서 자신의 스마트폰에 설치하고 실행시킨 후 컴퓨터 모니터에 있는QR코드 이미지를 찍으면 .apk 파일을 스마트폰으로 다운받을 수 있다. 스마트폰으로 다운받은 파일을 설치하고 프로그램을 실행 시킨다.

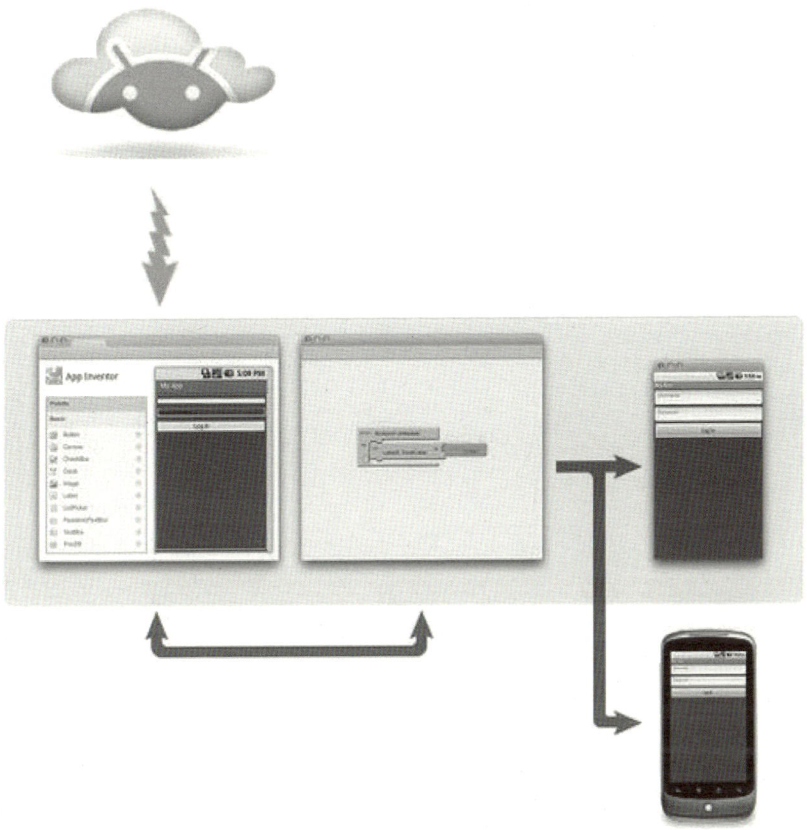

[그림 Ⅲ-90] 앱인벤터 환경

Ⅳ

피지컬 컴퓨팅을 활용한 SW교육

21 아두이노

가. 아두이노란?

아두이노는 간단한 입출력 보드에, 프로세싱 언어에서 사용했던 개발 환경을 합친 오픈소스 피지컬 컴퓨팅 플랫폼이다. 아두이노 보드를 사용해 독립형 인터랙티브 장치를 개발할 수도 있고 컴퓨터와 연동할 수도 있다. 보드는 직접 조립하거나, 조립된 상태로 구입할 수 있다. 오픈소스 통합개발환경(IDE)은 아두이노 공식 홈페이지에서 자유롭게 다운로드 할 수 있다.

[그림 Ⅳ-1] Arduino uno 보드

아두이노를 활용하기 위해서는 C언어 기반의 스케치(Sketch)를 이용하게 되는데, 초등학생들에게 알맞은 S4A(Scratch for Arduino)도 있어 소프트웨어 개발 교육하는데 적합하다 할 수 있다. 스크래치(Scratch)는 여러 연구를 통하여 초등학생들에게 창의적인 학습과 학습 결과물을 얻기에 적합한 교육용 프로그래밍 언어(Educational Programming Language)로 활용되고 있다. 학습자는 S4A를 통하여 스크래치로 아두이노를 제어할 수 있으며 디지털형 센서와 아날로그형 센서들을 사용할 수 있어, 다양한 데이터와 출력을 표현할 수 있다.

나. 아두이노 연구 현황

〈표 Ⅳ-1〉 아두이노 프로그램의 사례

연 구	내 용
손경호(2013)	아두이노를 활용한 프로그래밍 교육방안 탐구 및 적용
김혜진(2016)	아두이노를 이용한 피지컬 컴퓨팅 기반의 프로그래밍 교육이 중학생의 창의적 문제해결력에 미치는 영향
노상철(2015)	아두이노를 활용한 음악 중심의 융합인재교육(STEAM) 프로그램 개발 및 적용
최정원(2015)	아두이노 기반 소형 멀티콥터의 비행제어 알고리즘에 관한 연구
박성준(2015)	아두이노를 활용한 프로그래밍 교육이 초등학생의 창의적 문제해결력에 미치는 영향
심세용(2016)	중학교 기술교육에서 문제해결능력 향상을 위한 아두이노 STEAM 프로그램 개발
심규헌(2014)	아두이노를 활용한 STEAM 학습 커리큘럼 및 효과 분석
김찬웅(2014)	초등학교 정보과학 연관 교과에 아두이노를 이용한 피지컬 컴퓨팅의 적용방안 연구

다. 아두이노의 하드웨어

아두이노 보드는 보드마다 크기, 핀, 통신 등의 스펙이 다르다. 용도에 맞게 보드를 선택하여 사용하시면 좀 더 수월하게 활동을 진행할 수 있다. 아두이노 보드 중 가장 많이 사용되는 아두이노 보드를 살펴보면 다음과 같다.

1) 아두이노 우노(Arduino Uno)

아두이노 우노(Arduino Uno)는 일반적으로 가장 널리 알려지고 사용되는 아두이노로 튜토리얼 및 예제소스가 UNO 기반이며, 표준형 핀 배열로 확장 쉴드를 손쉽게 이용 가능하다.

[그림 Ⅳ-2] 아두이노 우노(Arduino Uno)

2) 아두이노 메가(Arduino Mega)

아두이노 메가(Arduino Mega)는 고성능 보드로 많은 포트가 내장되어 여러 센서와 엑츄에이터를 추가하는 것이 가능하다. Mega ADK는 USB 호스트컨트롤러 기능을 넣어 google ADK와 호환되도록 만들어져 안드로이드 폰과 연동이 가능하다.

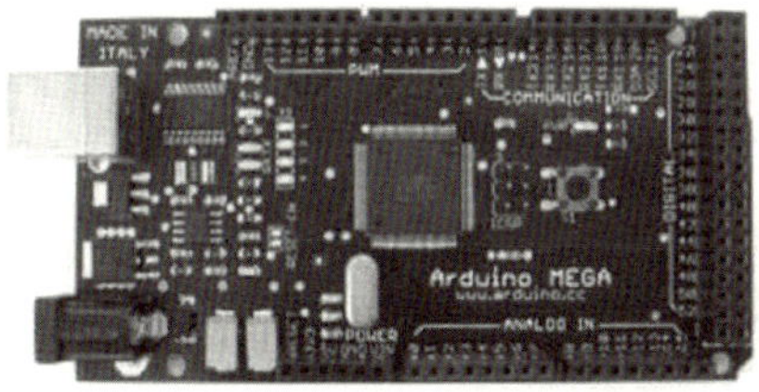

[그림 Ⅳ-3] 아두이노 메가(Arduino Mega)

3) 아두이노 미니(Arduino Mini)

아두이노 미니(Arduino Mini)는 가장 작은 아두이노 시리즈 18x33mm 소형 보드로 휴대용이나 작은 제품을 제작할 때 사용한다.

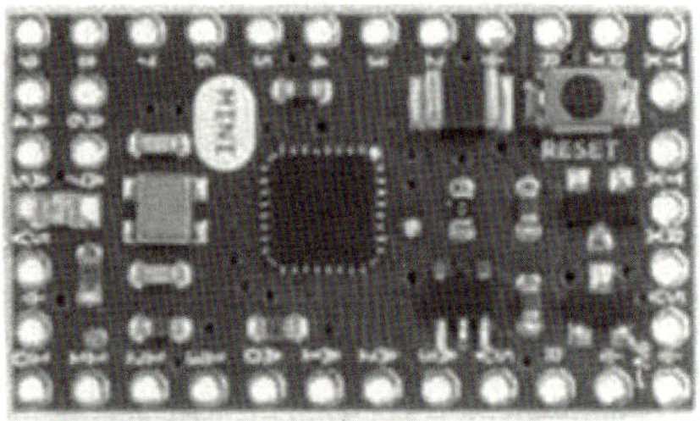

[그림 Ⅳ-4] 아두이노 미니(Arduino Mini)

아두이노 보드에 새로운 기능을 추가할 수 있다. 쉴드(아두이노와 물리적으로 결합하여 전문적 특성화된 기능을 제공)와 센서(인간의 감각과 같은 센서)가 있다. 예로 이더넷 / WiFi 쉴드(인터넷 통신기능), 블루투스 쉴드(블루투스 원격 제어 기능), 모터, Zigbee 드라이버 등이 있다.

라. 아두이노(Arduino) IDE 소프트웨어

아두이노는 하드웨어뿐만 아니라 프로세싱/와이어링 언어를 이용한 개발환경을 기반으로 하고 있는 소프트웨어도 함께 제공한다.

통합개발환경(IDE) 프로그램을 무료로 다운 가능하고 윈도우, 맥OSX, 리눅스용이 있다. 아두이노 소프트웨어 화면을 sketch라 부르며 웹사이트를 통해 오픈된 다양한 소스코드를 얻을 수 있고 바로 사용이 가능하다. 플래시 AS3와 연동할 수 있는 여러 라이브러리도 설치되어 있다.

1) 아두이노 IDE 환경 설치 방법

1단계)

아두이노 공식 홈페이지에 접속하여 각 PC 운영체제 맞는 링크로 다운로드한다.

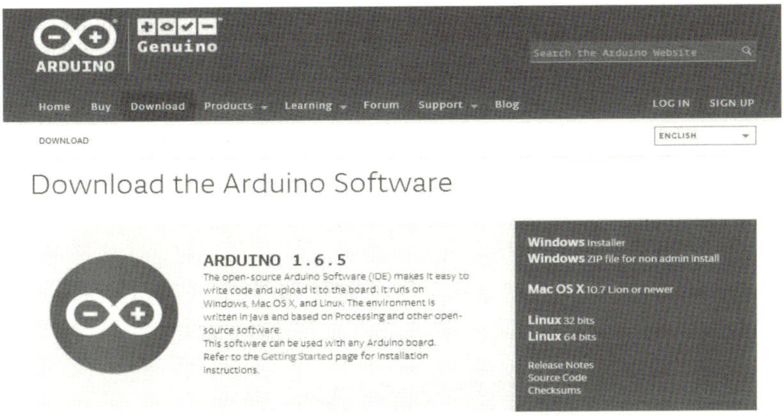

[그림 Ⅳ-5] 아두이노 설치

2단계)

다운로드한 파일을 실행할 PC에서 설치한다.

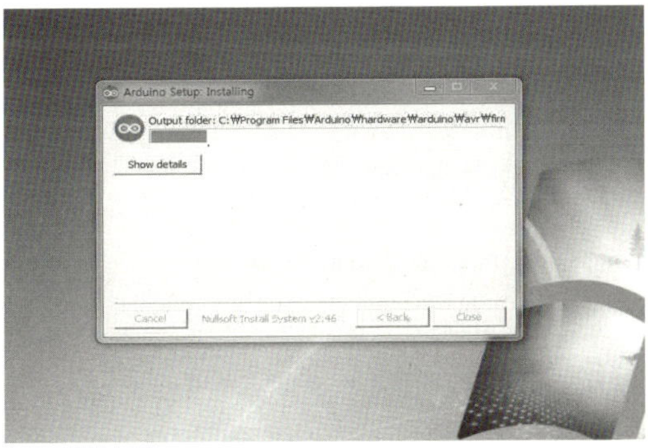

[그림 Ⅳ-6] PC 설치

3단계)

설치 완료 후 자바 기반 코딩을 통해 아두이노 하드웨어에 명령을 전달할 수 있다.

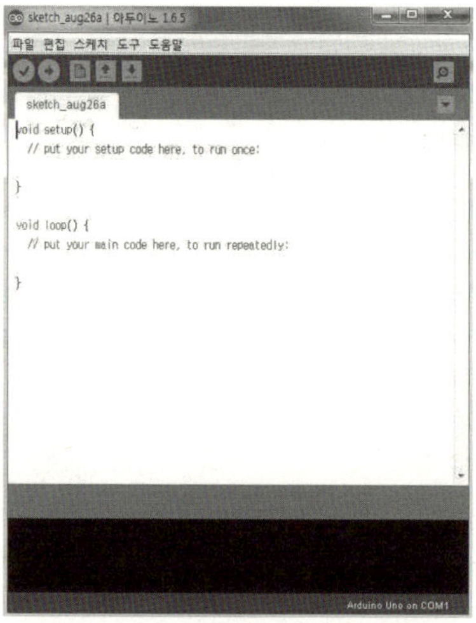

[그림 Ⅳ-7] 스케치 프로그램

4단계)

다음 아두이노 우노를 USB 케이블을 통해 PC와 연결한다.

5단계)

연결 후 도구-보드에서 맨 위에 있는 Arduino Uno를 선택한다.

6단계)

마지막으로 시리얼 포트에서 연결된 포트로 선택한다.

마. 아두이노를 활용한 예제

아두이노는 어떤 전자부품을 쓰느냐에 따라, 그리고 어떤 아이디어를 가지고 만드느냐에 따라 결과물이 아주 무궁무진하다는 장점이 있다. 다양한 예제를 통해 무궁무진한 아두이노에 대해서 배워보자.

▶ 프로그램으로 음악 만들기

작품 계획하기

피에조 스피커와 프로그램을 통해 소리를 내는 장치를 만들어 보도록 계획하였다. 피에조 스피커는 포텐시오미터를 연결하여 포텐시오미터의 신호에 따라 다른 음을 내는 장치를 만들어보자.

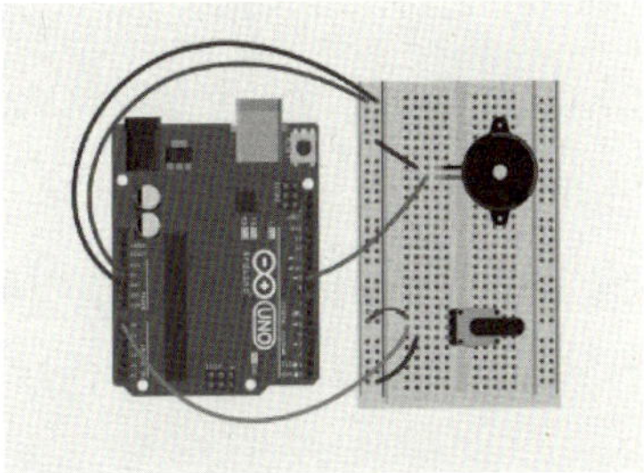

[그림 Ⅳ-8] 소리를 내는 장치 회로도

핵심 제작 원리

```
int SENSOR = A0;
int PIEZO = 9;

int sensorValue = 0;

void setup()
{
   Serial.begin(9600);
}

void loop()
{
   sensorValue = analogRead(A0);
   Serial.println(sensorValue);

   int pitch = map(sensorValue, 0, 1023, 50, 4000);

   tone(PIEZO, pitch, 8);

   delay(10);
}
```

[그림 Ⅳ-9] 코드

응용 가능한 작품

음을 재생하는 법을 통해 다양한 응용이 가능하다. 건반이 없어도 아주 많은 음을 한꺼번에 내는 악기를 한 번 생각해보자. 아두이노가 다양한 센서와 연결되었을 때의 장점을 이용해, 몸을 움직이면 다양한 높이의 음이 재생되는 악기를 쉽게 구현할 수 있다.

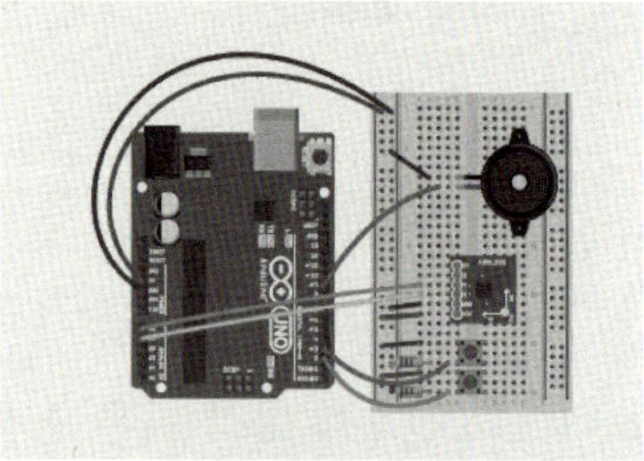

[그림 Ⅳ-10] 제스처에 반응하는 악기 회로도

22 메이키메이키

가. 메이키메이키란?

메이키메이키(Makey Makey)는 전도성의 성질을 가진 모든 사물들을 터치 인터페이스로 만들 수 있는 단순한 개념의 보드이다. MIT 학생인 Jay Silver와 Eric Rosenbaum이 학문과 예술 프로젝트를 위해 개발하였으며, 킥스타터(Kickstarter)[1] 캠페인을 통해 알려지게 되었다.

메이키메이키(Makey Makey)의 첫 번째 형태는 2010년에 콘솔 게임으로 만들어져 샌프란시스코 과학관 워크숍에서 테스트하였다. 두 번째 형태는 2011년과 2012년에 만들어져 샌프란시스코 창업 박람회에서 테스트하였다.

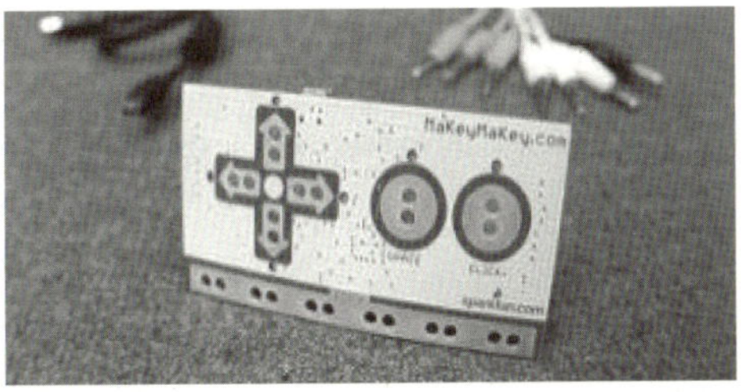

[그림 Ⅳ-11] Makey Makey 보드

메이키메이키(Makey Makey)는 만들다라는 뜻의 Make와 열쇠라는 뜻의 Key의 합성어로 만드는 사람에 따라 다양하게 만들어질 수 있다.

메이키메이키(Makey Makey)는 우리 주변에 미세한 전류가 흐를 수 있는 모든 사물들을 이용하여 만들 수 있는 아주 독특하고 재미있는 외부 입력장치이다. 도구의 최대 장점은 어려운 코딩도 필요 없고 추가적인 소프트웨어도 설치할 필요가 없이 쉽게 주변 사물을 컨트롤러로 만들 수 있다.

---

1) 미국 브루클린에 본사를 둔 공공 편익을 위한 법인이다.

나. 메이키메이키의 구성품

1) 메이키메이키 보드

메이키메이키 보드

전원 입력 케이블

점퍼 와이어

악어클립

[그림 Ⅳ-12] 메이키메이키 보드 구성품

메이키메이키(Makey Makey) 클래식은 보드, USB케이블, 7 악어클립, 6 점퍼 와이어로 구성되어 있고 8세 이상의 사용자에게 권장하고 있다. 가격은 $49.95 USD이다.

2) 메이키메이키 고

[그림 Ⅳ-13] 메이키메이키 활용 장면

메이키메이키 고는 메이키메이키 클랙식에 이동성을 극대한 제품이다. 6세 이상의 사용자에게 권장하고 있다. 가격은 $29.95 USD이다.

다. 메이키메이키의 작동 원리

메이키메이키(Makey Makey)는 전기가 통하는 사물을 키보드, 마우스로 만들어 주는 보드(Board)다. 네모난 회로기판 위에 저항, 헤더, IC, USB단자 등 여러 가지 소자들이 연결되어 각자의 역할을 수행함으로써 작동하게 된다. 보드와 전도성을 띄는 물체(사람, 바나나, 물, 꽃 등)를 연결하고 전류를 통하게 하여 데이터를 컴퓨터로 전송한다.

[그림 Ⅳ-14] Makey Makey 작동 원리

라. 메이키메이키 사용방법

1) 메이키메이키 보드

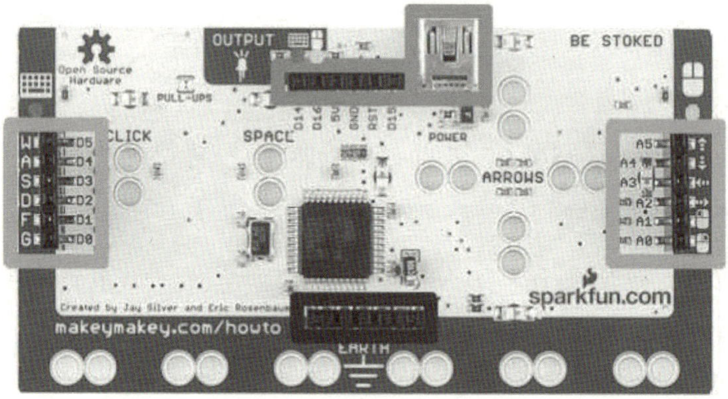

[그림 Ⅳ-15] 메이키메이키 보드

- 분홍색 : 컴퓨터와 연결되는 mini-b USB 전원단자
- 하늘색 : 키보드의 W, A, S, D, F, G를 조작할 수 있는 핀이다. 조작키는 프로그래밍을 통하여 변경할 수 있다.
- 초록색 : 마우스의 상, 하, 좌, 우 방향키와 좌, 우클릭을 조작할 수 있는 핀
- 빨간색 : 출력(OUTPUT)핀입니다. 5V, GND, RST와D14~D16(확장핀) 이용

이 가능하다.

• 검정색 : 접점(GND) 핀입니다. 이곳에 연결된 사물만이 키보드, 마우스핀 이용이 가능하다.

• 노란색 : 마우스핀의 사용상태를 나타내는 LED

• 보라색 : 키보드핀의 사용상태를 나타내는 LED

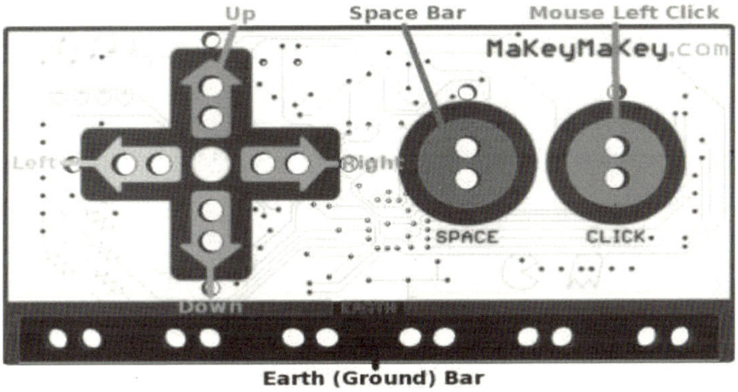

[그림 Ⅳ-16] 메이키메이키 보드 뒷면

좌측의 Left, Up, Right, Down은 키보드의 방향키를 조작할 수 있는 연결단자이며 우측의 Space, Click는 키보드의 스페이스 바와 같이 마우스의 좌클릭을 조작할 수 있는 연결단자 이다. 아래의 Earth (Ground) Bar는 접점(GND)를 조작할 수 있다.

2) 메이키메이키 연결 방법

1단계) Plug in USB

USB 전원 케이블을 이용하여 메이키메이키 보드와 컴퓨터를 연결한다.

[그림 Ⅳ-17] Plug in USB

2단계) Close popup Window

컴퓨터에 드라이버 설치 혹은 변경을 요구하면 취소를 클릭하거나 창을 닫는다.

3단계) Connect to Earth

악어클립 혹은 점퍼케이블을 사용하여 메이키메이키 하단부의 'Earth(접점)' 핀에 연결해 준다.

[그림 Ⅳ-18] Connect to Earth

4단계) Connect to Yourself

접지 핀에 연결된 악어클립의 반대쪽 단자를 자신의 신체 부위에 연결해준다.

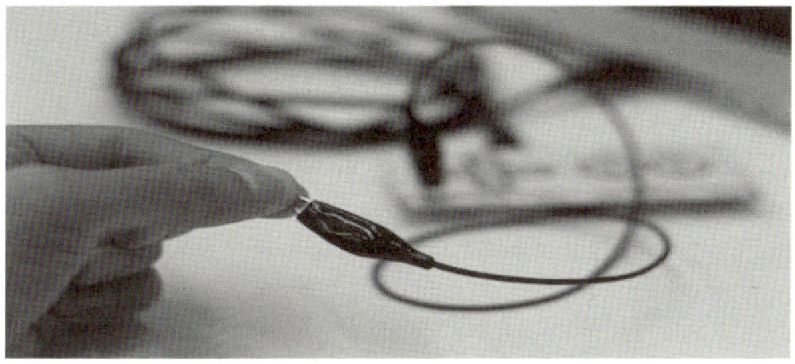

[그림 Ⅳ-19] Connect to Yourself

5단계) Connect to 'Space' and Try it

악어클립과 Space를 연결한 후 양손으로 그림과 같이 악어클립을 잡아본다. 컴퓨터는 스페이스를 인식하게 된다.

[그림 Ⅳ-20] Connect to 'Space' and Try it

마. 메이키메이키를 활용한 예제

우리 주변에 전류가 통하는 물체(바나나, 흑연, 칼라반죽 등)는 무엇이든지 간에 키보드와 같이 입력이 가능한 터치패드로 만들어 준다. 이 중에서 유치원생이나 초등학생들이 키보드 대신 다양한 물체를 이용하여 PC를 조작하는 예를 알아보자.

▶ 바나나 피아노

작품 계획하기

연결된 전선을 한 손에 쥐고 다른 손으로 바나나를 만지게 되면 바나나와 사람이 연결되고 메이키메이키 보드를 통해 전류가 흐르게 되는데 이것을 메이키 메이키가 키보드나 마우스 신호 형태로 USB를 통해 컴퓨터에 전달하여 바나나를 만졌을 때 키보드나 마우스의 특정 키를 누른 것과 같은 동일한 효과를 내게 계획하였다.

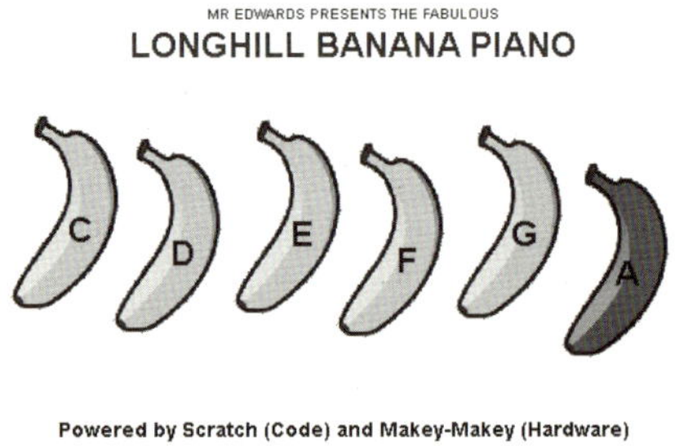

[그림 Ⅳ-21] 바나나 피아노

핵심 제작 원리

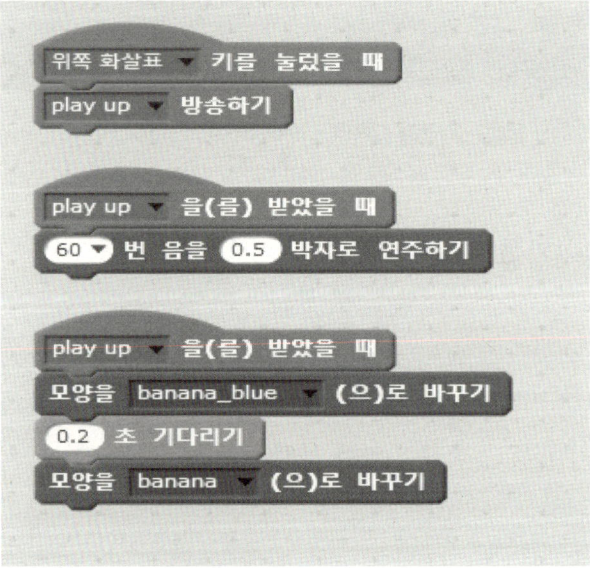

[그림 Ⅳ-22] 핵심제작 원리

응용 가능한 작품

다양한 사물과 함께 더욱 역동적인 미디어 아트 프로젝트를 제작할 수 있다. 제어 명령어 블록에서 설정한 키보드나 마우스 값을 메이키메이키(Makey Makey)에서 찾아 작동 원리를 고려하여 여러 가지 사물과 연결하면 된다.

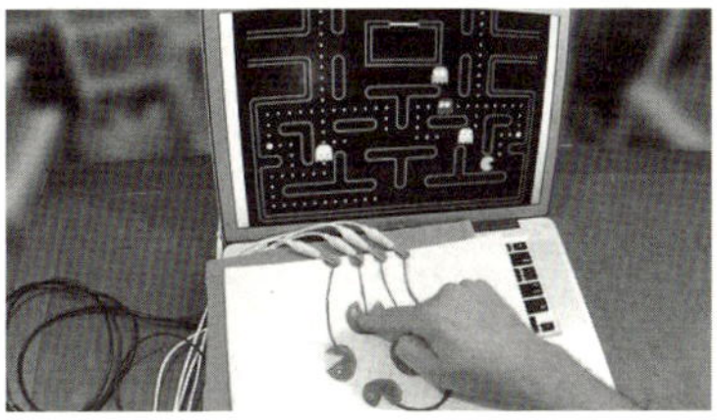

[그림 Ⅳ-23] 도체를 이용한 조이스틱 작품 사진

23 비트브릭

가. 비트브릭이란?

비트브릭(bitBrick)은 아이들이 만지고, 협동하고 새로운 세상을 만들어낼 수 있게 해주는 도구이다. 디지털 세계의 데이터 단위, 무형의 것인 비트(bit)와 벽돌, 아날로그 세계의 한 조각으로 커다란 건물의 재료가 되는 유형의 것인 브릭(Brick)의 합성어이다.

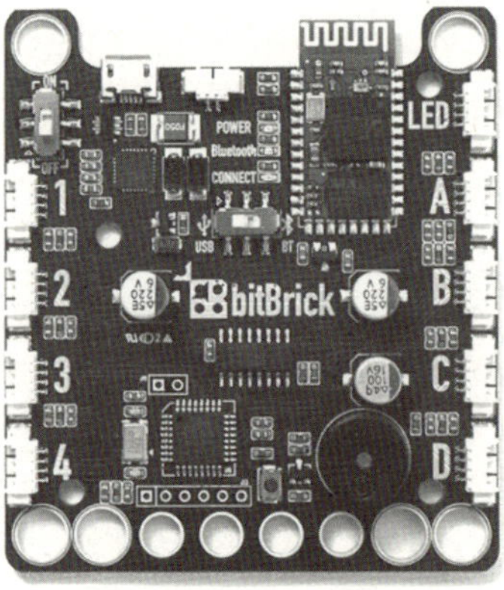

[그림 Ⅳ-24] BitBrick 보드

비트브릭(bitBrick)은 비트브릭 보드와 스케치로 구성되어 있다. 위험하지 않아 학생들이 쉽게 만지며 코딩 교육 활동을 할 수 있다. 소프트웨어 교육 및 연구에 널리 사용되는 오픈 소스 프로그래밍 교육 도구인 스크래치(Scratch), 엔트리(Entry) 기반으로 개발되어 누구나 쉽게 접근하고 사용할 수 있다.

나. 비트브릭의 구성품

비트브릭 보드

DC 모터

터치 센서

LED

서브 모터

IR 센서

빛감지 센서

포텐시오미터

[그림 Ⅳ-25] BitBrick의 구성품

비트브릭(bitBrick)은 보드, DC 모터, 터치 센서, LED, 서브 모터, IR 센서, 빛감지 센서, 포텐시오미터로 구성되어 있다. 가격은 약 12만원 정도이다.

다. 비트브릭(BitBrick)의 작동 원리

비트브릭(bitBrick) 보드의 데이터 케이블을 보드와 보드, 보드와 컴퓨터에 연결함으로써 학생들이 LED의 불을 밝히고 모터를 돌리거나 음악을 연주할 수 있다. 메인보드는 컴퓨터와 USB 케이블로 연결하고, 블루투스 기능을 사용하면 무선연결도 가능하다. 메인보드는 사람의 두뇌 역할을 하며, 비트브릭-스케치에서 설정한 프로그램대로 센서보드와 아웃풋보드를 제어한다. 센서보드는 빛의 밝기를 감지하는 밝기 센서, 사용자의 터치를 인식하는 터치 센서, 적외선을 내보내고 받는 IR 센서, 손잡이로 데이터 값을 직접 제어하는 포텐시오미터로 구성된다. 각각의 센서 값은 데이터 케이블을 통해 메인보드로 전달된다. 아웃풋보드는 빛을 내는 LED, 180도 회전하는 서보 모터, 360도 회전하는 DC 모터로 구성된다. 센서보드에서 전해진 센서값이나, 메인보드에서 보내지는 프로그램 신호에 의해 작동한다.

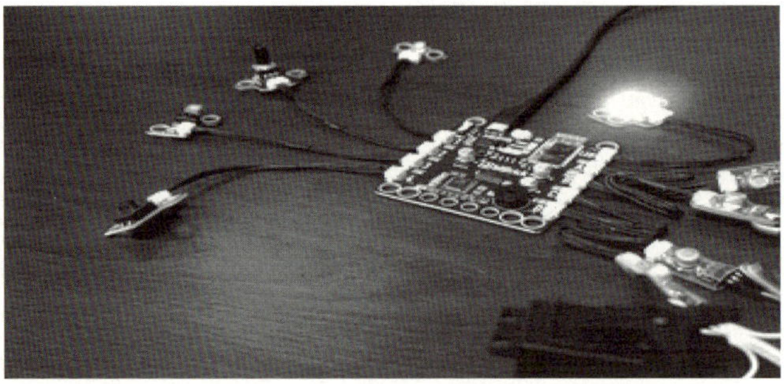

[그림 Ⅳ-26] 비트브릭 작동 원리

라. 비트브릭 사용방법

1) 비트브릭 보드

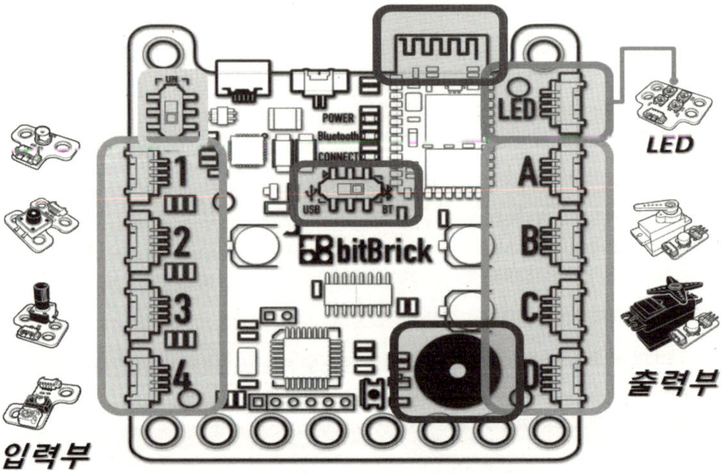

[그림 Ⅳ-27] 비트브릭 보드

- 초록색 : 입력부로 사람으로 따지면 감각기관의 역할을 담당한다. 센서로는 빛감지 센서, 터치 센서, 포텐시오미터, IR 센서가 있다.
- 주황색 : 출력부로 사람으로 따지면 운동기관의 역할을 담당한다. DC 모터, 서브 모터를 연결한다.
- 빨간색 : 소리를 표현한다.
- 파란색: 컴퓨터와 연결하는 USB포트이다.
- 하늘색: LED를 연결한다.
- 노란색 : ON/OFF 버튼
- 보라색 : USB와 블루투스로 전환 버튼

2) 비트브릭 스케치

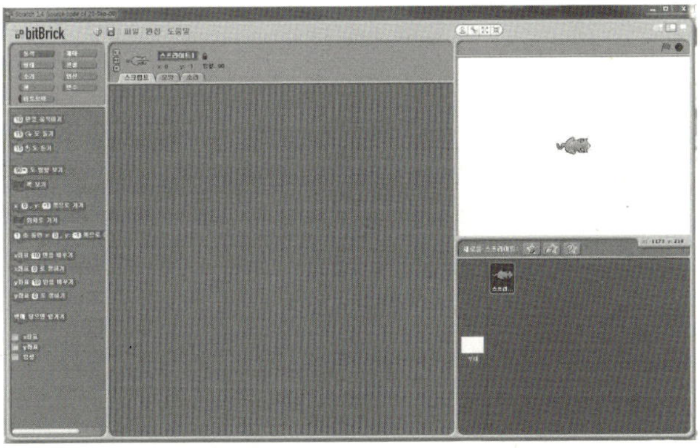

[그림 Ⅳ-28] 비트브릭 스케치

비트브릭 스케치는 스크래치(Scratch)를 기반으로 만들어진 오픈소스 소프트웨어 코딩 프로그램이다. 그래픽으로 이루어진 코드 블록과 드래그 앤 드롭(Drag&Drop) 방식의 직관적인 사용자 인터페이스로, 프로그래밍에 대한 기초 지식이 부족한 학생들도 쉽고 빠르게 익힐 수 있다. 비트브릭 보드 코드 블록을 작업창으로 끌어 당겨 스크래치의 기존 코드 블록들과 함께 프로그래밍할 수 있다.

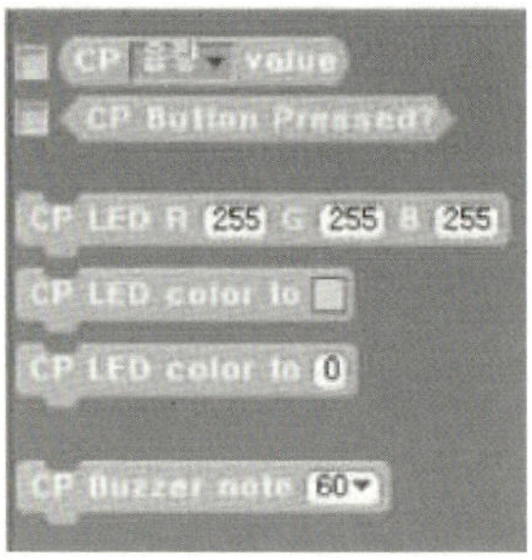

[그림 Ⅳ-29] 비트브릭 보드 코드 블록

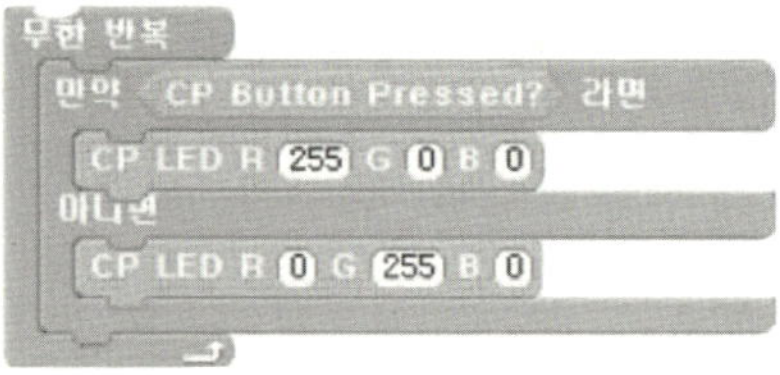

[그림 Ⅳ-30] 스크래치 코드 블록과 비트브릭 코드 블록 결합

3) 비트브릭 연결 방법

1단계) 메인보드와 USB케이블을 연결한다.

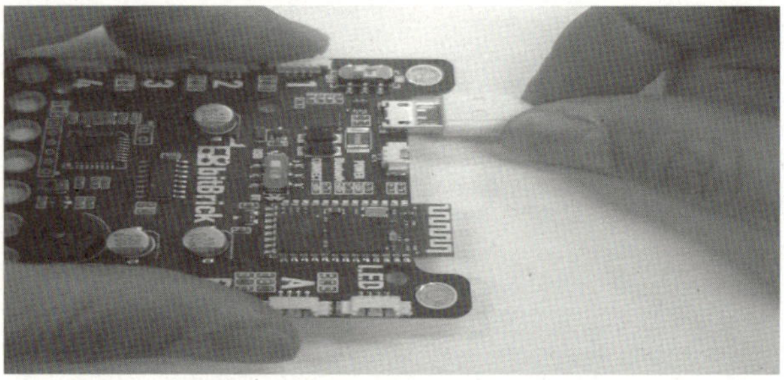

[그림 Ⅳ-31] 메인보드와 USB케이블을 연결

2단계) USB케이블을 컴퓨터와 연결한다.

[그림 Ⅳ-32] USB케이블을 컴퓨터와 연결

3단계) 메인보드와 전원 슬라이드를 ON으로 한다.

[그림 Ⅳ-33] USB케이블을 컴퓨터와 연결

4단계) 데이터케이블을 이용하여 모듈과 메인보드를 연결한다.

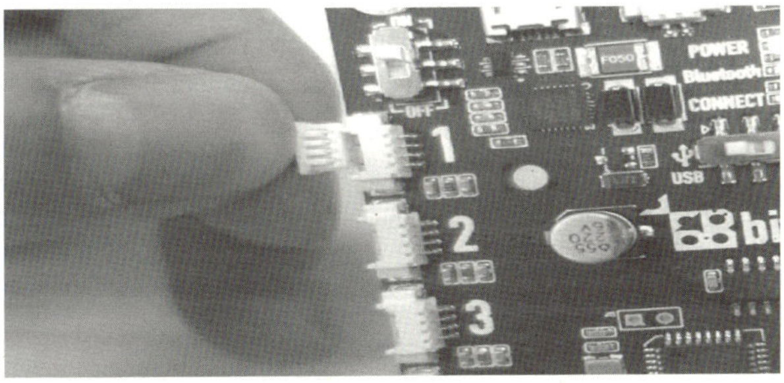

[그림 Ⅳ-34] USB케이블을 컴퓨터와 연결

마. 비트브릭을 활용한 예제

비트브릭(bitBrick)의 최대 장점은 레고[2]와 결합을 할 수 있다는 점이다. 피지컬 컴퓨팅 도구인 비트브릭 보드, 스크래치 프로그램과 레고를 활용하여 우리 주변에서 활용 가능한 제품을 만들 수 있다. 예제를 통해서 배워보자.

2) '잘놀다'는 의미의 덴마크 단어 'leg godt'의 약어이다. 다양한 종류의 플라스틱 블록을 조합해 사용자가 원하는 것을 만들 수 있는 제품이다.

▶ 신호등 만들기

작품 계획하기

우리 주변에 있는 신호등을 비트브릭(bitBrick)과 스크래치를 이용하여 구현하고자 한다. 작품은 10초간 빨간불이 켜져있다가 빨간불에서 파란불로 바뀌기 전 3번 파란불이 깜빡이고 파란불로 바뀌어서 10초간 켜져있도록 계획하였다. 그리고 빨간불일 때 IR센서가 동작하면 경고음이 발생하도록 선택을 추가하였다.

핵심 제작 원리

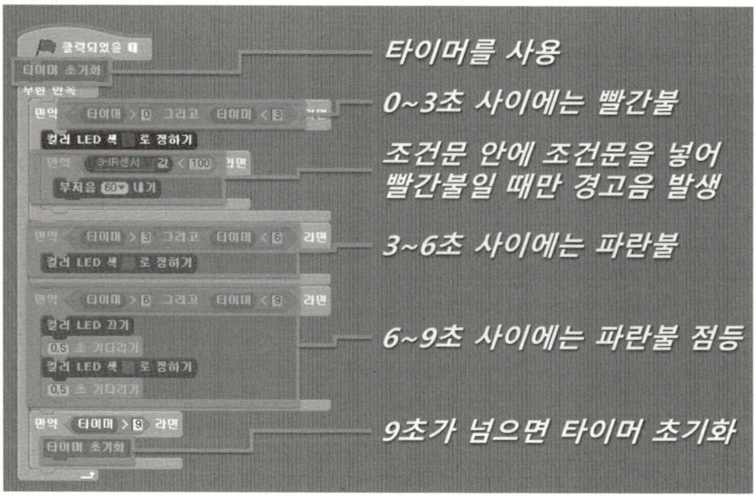

[그림 Ⅳ-35] 핵심제작 원리

응용 가능한 작품

[그림 Ⅳ-36] 신호등 작품 사진

기본적인 신호등에서 다양한 작품으로 응용이 가능하다. 첫 번째, 앞을 볼 수 없는 시각장애인을 위한 신호등이다. 눈으로 확인해야하는 시각적인 안내에서 귀로 확인할 수 있는 청각적인 안내를 통해서 작품 구현이 가능하다. 두 번째, 러시아워, 새벽시간 등 차량의 통행이 집중되는 시간과 차량 통행이 적을 때를 위한 신호등이다. 타이머의 작동원리를 이용하여 쉽게 구현이 가능하다.

24 햄스터로봇

가. 햄스터로봇이란?

작고 귀여운 소프트웨어 교육용 로봇입니다. 두 개의 바퀴를 가지고 내부에 보드를 탑재한 완성형 제품이다. 바퀴가 결합되어 있어 프로그래밍에 집중할 수 있는 장점이 있다.

[그림 Ⅳ-37] 햄스터로봇

나. 햄스터로봇의 구성품

햄스터 로봇

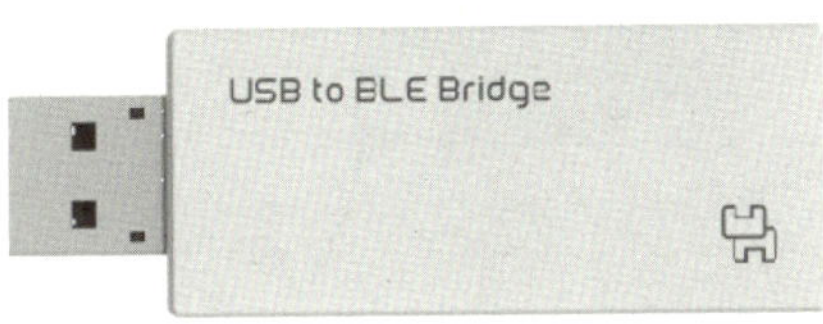

USB 동글

미로판 세트

[그림 Ⅳ-38] 햄스터로봇의 구성품

햄스터로봇은 다양한 센서와 보드가 탑재된 완성형 로봇, 로봇과 연결하는 USB 동글, 미로판 세트로 구성되어 있다. 가격은 약 10만원 정도이다.

다. 햄스터로봇의 작동 원리

햄스터로봇을 움직이기 위해서는 특별한 소프트웨어가 필요하다. 햄스터로봇을 PC에 연결하고 전원을 켜기 전에 소프트웨어를 먼저 설치해야 한다. 크게 두 가지 종류의 소프트웨어가 있는데 하나는 햄스터 로봇과 연결되어 로봇을 실제로 제어하기 위한 소프트웨어이고, 또 다른 하나는 엔트리의 블록을 사용하여 프로그램을 작성하기 위한 소프트웨어이다.

햄스터로봇을 제어하기 위한 소프트웨어는 로봇 코딩 소프트웨어와 엔트리 연결 프로그램, 두 가지가 있는데 어느 것을 사용하여도 된다. 로봇 코딩 소프트웨어는 하드웨어가 햄스터 로봇으로 고정되어 있고 다양한 소프트웨어를 사용할 수 있다. 엔트리 연결 프로그램은 소프트웨어가 엔트리로 고정되어 있고 다양한 하드웨어를 연결할 수 있다.

온라인으로 엔트리 프로그램을 작성하는 경우에는 웹브라우저를 사용하면 되고, 오프라인으로 엔트리 프로그램을 작성하는 경우에는 엔트리 오프라인 에디터를 설치해야 한다.

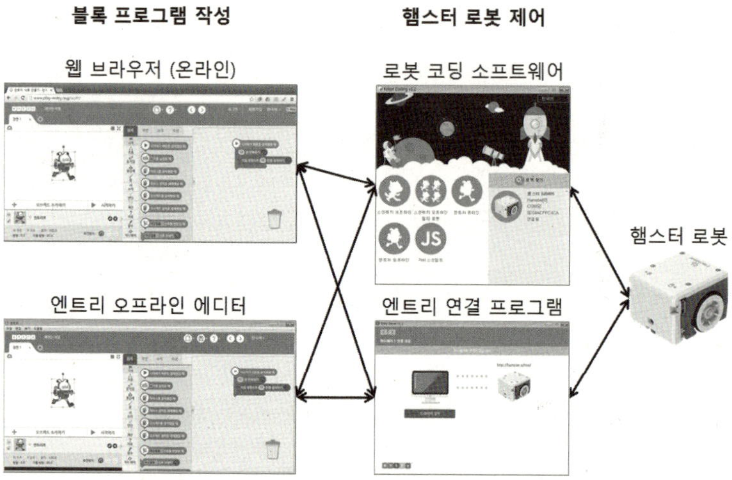

[그림 Ⅳ-39] 햄스터로봇 작동 원리

라. 햄스터로봇 사용방법

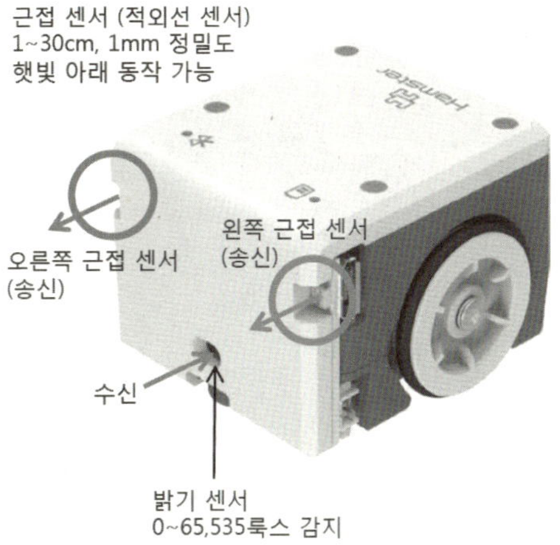

[그림 Ⅳ-40] 햄스터로봇 작동 원리

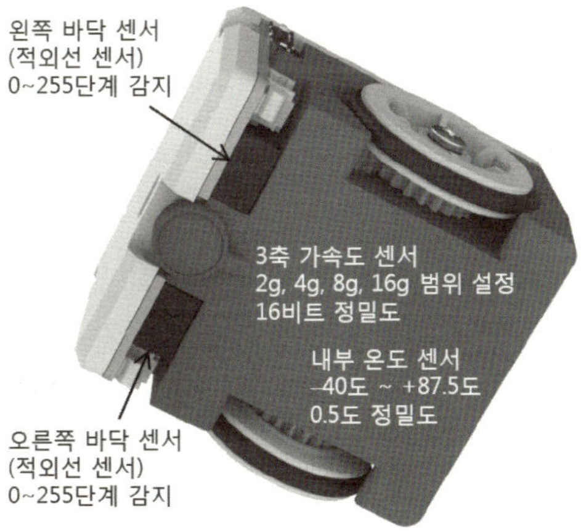

[그림 Ⅳ-41] 햄스터로봇 작동 원리

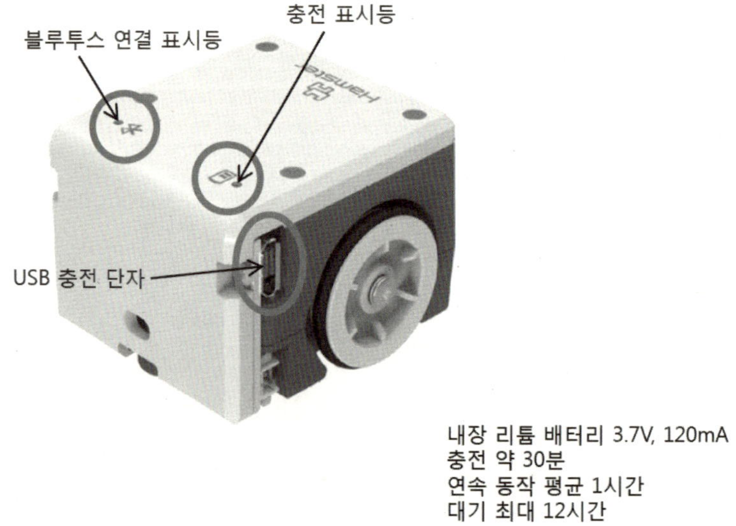

[그림 Ⅳ-42] 햄스터로봇 작동 원리

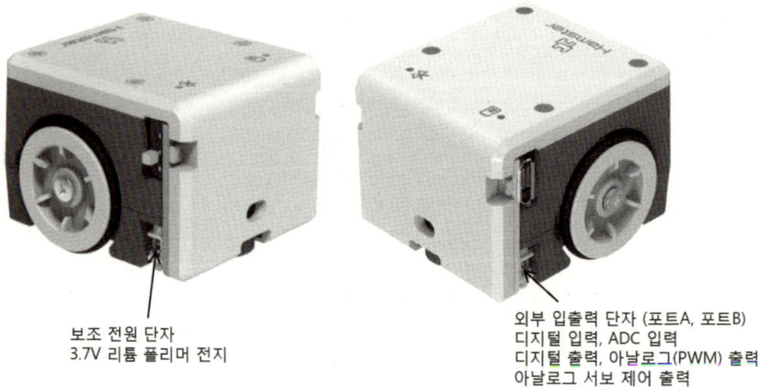

[그림 Ⅳ-43] 햄스터로봇 작동 원리

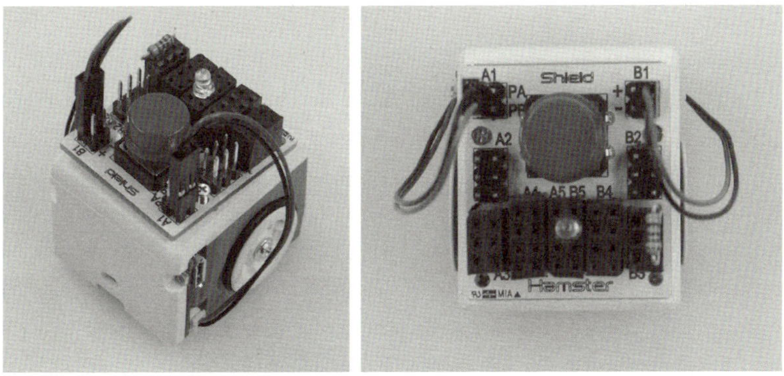

[그림 Ⅳ-44] 햄스터로봇 확장 보드

1) 햄스터로봇 소프트웨어

[그림 Ⅳ-45] 비트브릭 스케치

햄스터로봇은 다양한 프로그래밍 언어와 연결이 가능하다. 초기 단계의 학생을 위한 블록형 프로그래밍 언어(스크래치, 엔트리 등) 뿐만 아니라 고급 단계의 학생을 위한 텍스트형 프로그래밍 언어(C언어 등)에도 연결하여 사용이 가능하다.

2) 햄스터로봇 연결 방법

1단계) USB 동글을 PC의 USB 단자에 연결한다.

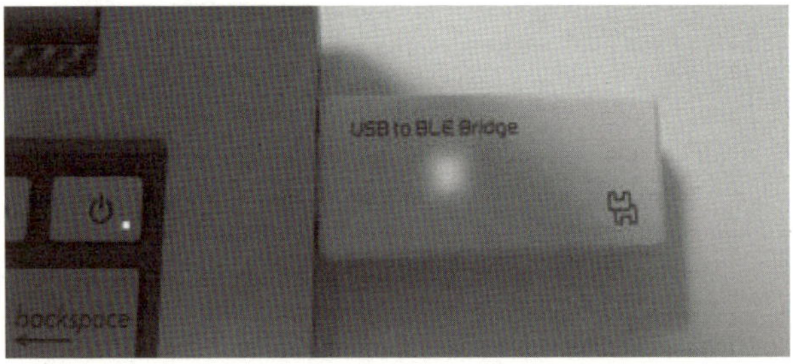

[그림 Ⅳ-46] USB 단자에 연결

2단계) 햄스터 로봇의 전원을 켠다.

[그림 Ⅳ-47] 햄스터 로봇의 전원 on

3단계) 햄스터 로봇을 USB 동글 가까이 가져간다.(15cm 이내)

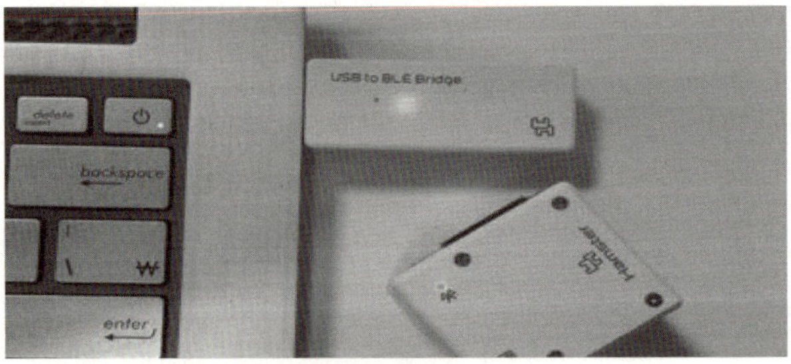

[그림 Ⅳ-48] 햄스터 로봇 블루투스 연결

마. 햄스터로봇을 활용한 예제

햄스터로봇은 일반적인 다른 보드들과의 차이점은 보드에 바퀴를 장착한 완제품 형태로 되어 있어 기계적인 조작보다 프로그래밍에 집중할 수 있다. 프로그래밍을 하여 로봇의 움직임을 바로 확인할 수 있다. 예제를 통해서 햄스터 로봇에 대해서 배워보자.

▶ 종이컵 돌기

작품 계획하기

햄스터로봇이 길을 떠나 종이컵을 발견하면 그 주변으로 빙글빙글 회전하도록 계획을 하였다. 어떻게 움직여야 할지 생각해 봅시다.

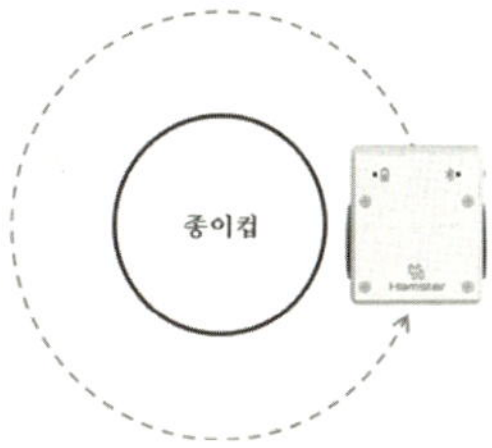

[그림 Ⅳ-49] 종이컵 돌기

핵심 제작 원리

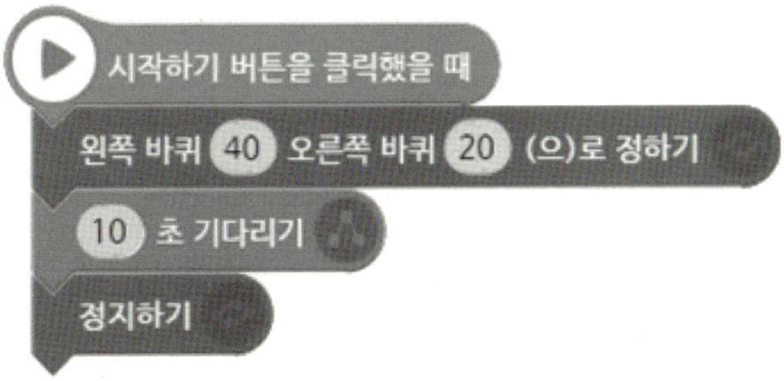

[그림 Ⅳ-50] 핵심 제작 원리

응용 가능한 작품

햄스터로봇을 이용하여 원하는 길 찾아가기, 작은 음악회 등 다양한 프로젝트를 진행할 수 있다. 또한 바퀴가 탑재된 완제품이라는 장점을 활용하여 로봇 축구도 가능하다.

25 레고 마인드스톰

가. 레고 마인드스톰이란?

LEGO MINDSTORMS EV3는 우리 주변에서 활용되는 전자 제품의 구동 부분에 대해 직접적인 경험을 통해 이해할 수 있는 피지컬 코딩 교육 도구이다. LEGO MINSTORMS은 LEGO와 미국 MIT가 공동 개발한 1세대 RCX로부터 2세대 NXT를 거쳐 가장 최신 버전인 EV3까지 어지고 있다. EV3는 지능적인 프로그래밍 브릭을 중심으로 모터와 센서를 제어하고 무선통신까지 지원하는 사용자 중심의 로봇이다. 간단한 마우스 조작으로 프로그램을 입력하는 드래그 앤 드롭(Drag & Drop) 방식의 비주얼 프로그래밍부터 사용자가 원하는 언어로 세밀한 제어가 가능한 거의 유일한 로봇 시리즈이다. 따라서 초등학생부터 대학생, 직장인까지 전 연령층에서 다양하게 사용 가능하며 확장성과 활용성이 높다.

[그림 Ⅳ-51] 레고 마인드스톰 EV3

레고 마인드스톰 EV3의 종류는 가정용 리테일 버전과 에듀케이션이 있다. 두 버전의 차이점은 소프트웨어의 경우 리테일 버전은 무료인 반면에 에듀케이션 버전은 유료이다. 하드웨어의 구성은 동일하여 소프트웨어는 둘 다 호환된다. 에듀케이션 버전은 확장 세트를 구입하여 여러 가지 제품을 더 제작 가능하다. 부품의 개수와 모양의 차이가 있다. 리테일 버전은 부품의 개수가 600개, 에듀케이션 버전은 부품의 개수가 540개이다. 리테일 버전은 터치센서가 1개, 적외선 선서가 포함, 적외선 리모트를 포함한다. 에듀케이션 버전은 터치센서가 2개, 초음파 센서, 자이로센서를 포함한다.(적외선 센서 및 적외선 리모트는 제외) 라지모터 2개, 미디엄모터 1개, 터치센서 1개, 칼라센서 1개는 동일하다.

두 가지 버전 중 교육용으로 더욱 효과가 있는 레고마인드 스톰 EV3 에듀케이션 버전에 대해 살펴보고자 한다.

LEGO MINDSTORMS EV3 Education은 코어 세트와 확장 세트, 소프트웨어로 구성되어 있다. 코어 세트에는 컨트롤러(프로그래밍 브릭, 인텔리전트 브릭)이 포함되어 있다. 확장 세트에는 추가 부품만 포함되어 있다. 전용 소프트웨어 안에는 코어 세트로 만들 수 있는 5종의 로봇과 코어 + 확장 구성으로 만들 수 있는 추가 6종의 조립 설계도가 포함되어 있다.

1) 코어 세트

EV3 컨트롤러, 라지 서보모터 2개, 미디움 서보모터 1개, 터치 센서 2개, 컬러(빛) 센서 1개, 자이로 센서 1개, 초음파 센서 1개, 충전식 배터리, 540개의 부품, 보관박스 및 정리함이 포함되어 있다.

LEGO MINDSTORMS EV3 Education 코어 세트는 수업을 진행할 수 있도록 최적화 되어 있다. 모터, 센서, 기어, 바퀴와 축 그리고 다양한 기능의 부품으로 프로그래밍이 가능한 로봇을 디자인하고 제작할 수 있다.

[그림 Ⅳ-52] 코어 세트

2차원적인 그림을 이해한 것을 해석하여 3차원적인 모델로 제작하게 된다. 스스로 제작, 테스트하여 문제를 해결하고 디자인을 검토하여 로봇의 작동을 개선한다. 거리, 시간, 속도를 예측하고 측정하는 수학적인 사고를 활용하며, 체험을 통한 실용적인 경험을 하게 된다. 과학적이고 기술적인 용어를 사용하여 의사소통하는 경험을 하게 된다. 코어 세트 1개로 조립할 수 있는 로봇은 총 5종이다.

로봇 에듀케이터

퍼피(강아지 로봇)

[그림 Ⅳ-53] 코어 세트 조립 가능한 로봇

2) 확장 세트

[그림 Ⅳ-54] 확장 세트

다양한 부품이 들어 있는 EV3 코어 세트를 보충하는 역할을 한다. 확장 세트를 사용하여 더 크고 더 복잡한 모델을 만들 수 있다. 수업 활용 및 로봇 경진대회에도 알맞도록 최적화되어 있다. 빔, 축, 커넥터 등의 일반 부품을 보충할 뿐만 아니라, 여러 종류의 기어, 라지 턴테이블, 맞춤형 로봇을 위한 부품, 특수 부품 등의 총 850개 이상의 부품이 포함되어 있다. 코어 세트 + 확장 세트로 조립할 수 있는 로봇은 총 6종이다.

즈냅

코끼리

[그림 Ⅳ-55] 확장 세트로 조립 가능한 로봇

3) 소프트웨어

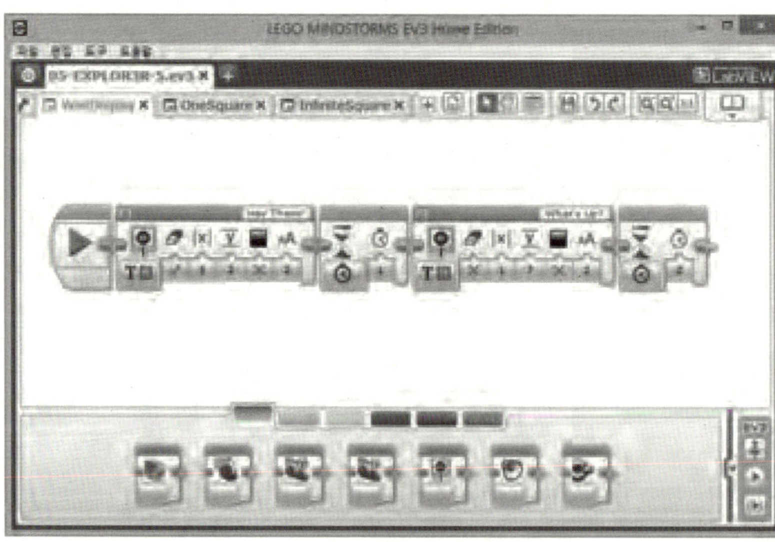

[그림 Ⅳ-56] 레고 마인드스톰 소프트웨어

프로그램/실험으로 나눠져 있어 수업내용에 따라 소프트웨어의 작업 환경을 다르게 설정할 수 있다. 프로그래밍 학습을 쉽게 따라하며 배울 수 있는 교육용 콘텐츠인 'Robot Educator' - 48차시로 구성되어 있다.

학습 과정을 교사나 학생이 스스로 커스터 마이징할 수 있게 하는 '콘텐츠 에디터 기능' 내장되어 있다.

EV3 소프트웨어를 프로그래밍 하는 방법은 아이콘을 순서대로 드래그 앤 드롭 하는 방식으로 명령을 구성한다. 프로그램 언어의 그래픽 인터페이스는 사용자가 간단하게 프로그램을 만들 수 있고, 쉽고 직관적으로 능력을 계발하여 더 복잡한 알고리즘을 만들어낼 수 있다. EV3는 오픈 플랫폼으로 다양한 소프트웨어에서 구동할 수 있다.

나. LEGO MINDSTORMS EV3 Education의 구성품

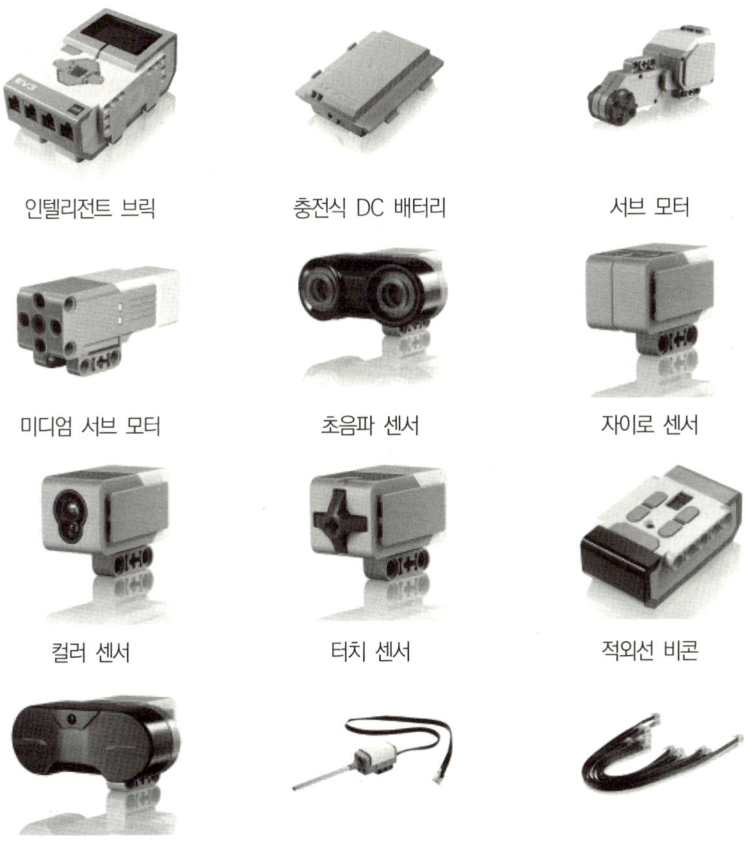

[그림 Ⅳ-57] 레고 마인드스톰 EV3 구성품

다. 레고 마인드스톰 사용방법

1) EV3 소프트웨어 설치하기

여러분이 조립한 로봇에 프로그램을 탑재하기 위해서는 먼저 EV3 프로그래밍 소프트웨어를 설치해야 합니다. 프로그램은 인터넷 링크를 통한 다운로드 형태로 제공되며, 다음의 단계를 순서대로 진행해 소프트웨어를 설치해야 합니다. 만약 여러분이 사용하고자 하는 컴퓨터가 인터넷에 접속할 수 없는 상황이라면, 다음의 단계 중 1단계와 2단계를 인터넷 접속이 가능한 다른 컴퓨터에서 소프트웨어 인스톨본을 다운로드하고 진행해야 합니다. 작업하고자하는 컴퓨터에 설치하기 위해서는 최소 1GB 이상의 용량을 가진 저장장치가 필요한데 USB 메모리 등의 저장 장치를 활용할 수도 있습니다. 소프트웨어의 다운로드와 작업하고자 하는 컴퓨터로의 복사가 끝나면 3단계부터 진행합니다.

1단계)

http://www.lego.com/ko-kr/Mindstorms/에 접속하여 소프트웨어를 다운로드 한다.

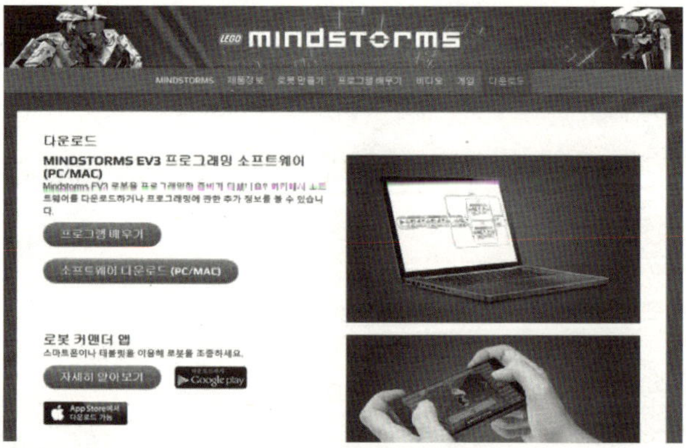

[그림 Ⅳ-58] 소프트웨어 다운로드 방법

2단계)

소프트웨어를 사용할 컴퓨터의 운영체제를 선택합니다. 레고 홈페이지의 국가 설정이 한국으로 되어 있다면, 여러분은 윈도우용/맥용 한글 버전만을 선택할 수 있습니다.

3단계)

다운로드가 완료되면 소프트웨어 인스톨본을 클릭해 실행합니다. 윈도우와 맥 OS 두 가지 버전이 있습니다. 설치 진행 화면에서 나타나는 메시지를 확인하며 순서대로 설치를 진행합니다.

4단계)

설치가 완료되면 컴퓨터를 재실행하라는 메시지가 출력됩니다. 재실행 후 여러분의 컴퓨터 데스크톱 화면에는 'LEGO MINDSTORMS EV3 홈 에디션'의 바로가기가 추가되었을 것입니다. 소프트웨어의 설치가 완료되면 이후 별도의 인터넷 연결 없이도 EV3 프로그램을 작성할 수 있습니다.

라. 레고 마인드스톰을 활용한 예제

LEGO MINDSTORMS EV3를 이용하면 그 어느 때보다 스마트하고 빠르고 재미있게 레고 로봇을 조립하고 프로그래밍하고 명령을 내릴 수 있다. 로봇이 자신의 뜻대로 움직이는 모습을 볼 수 있으며, 로봇을 구동하고 탄환을 발사하고 뱀처럼 기거나 걷고 부딪히고 회전하는 등 세트에 포함된 여러 가지 동작을 자유로이 수행할 수 있게 된다.

▶ 로봇 만들기

작품 계획하기

로봇을 움직이고 달리게 하고 싶다. 로봇을 원하는 대로 움직이도록 계획하였다.

[그림 Ⅳ-59] 로봇 만들기

핵심 제작 원리

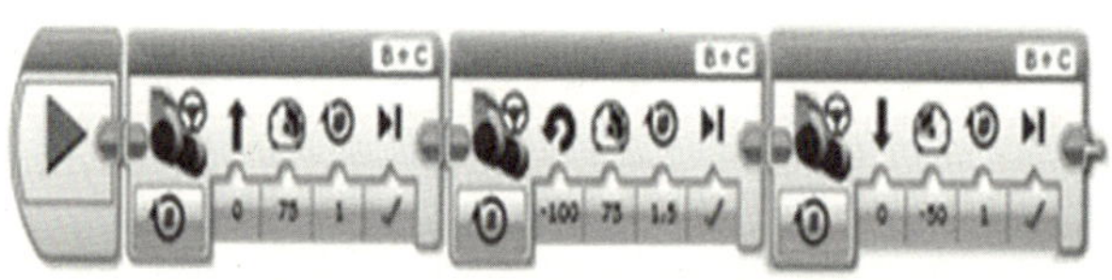

[그림 Ⅳ-60] 핵심 제작 원리

응용 가능한 작품

TRACK3R은 크롤러 위에 탑재된 전지형 로봇으로서, 바꿔 끼울 수 있는 네 개의 도구가 포함되어 있습니다. 로봇의 본체를 먼저 조립한 후, 네 가지의 상이한 TRACK3R 도구(쌍날 블렌더, 총알을 발사하는 바주카, 집게발, 해머)를 어떻게 사용할 것인지 생각해 보십시오.

[그림 Ⅳ-61] 다른 로봇 만들기

V

세상을 바꾸는 SW교육

26 소프트웨어교육은 세상을 바꾸는 힘이다

'알파고 세대' 코흘리개, 코딩 배운다는데…

[그림 Ⅴ-1] 알파고 세대 보도자료

IMF시대에 국민들의 큰 희망이 되었던 메이저리거 박찬호, 골프 여제 박세리는 국민들의 큰 희망이 되었다. 국민들은 박찬호, 박세리에 열광했고 그 시대에 자란 아이들이 리틀 찬호 키즈, 리틀 세리 키즈로 10년~20년 후 또 다른 박찬호, 박세리가 되어 국민들에게 희망을 안겨주고 있다. 비슷한 사례로 EPL 축구선수 박지성, 피겨 스타 김연아도 불모지를 개척하며 우리 국민들을 열광케 했고 리틀 지성 키즈, 리틀 연아 키즈들이 현재 몰라보게 성장하고 있다. 그런데 또 한 번의 역사적 사건이 벌어졌다. 바로 알파고와 이세돌의 바둑대결이다. 한국에서 벌어진 대국으로 세상이 떠들썩하다. 이 사건으로 바둑이라는 불모지에서 리틀 세돌 키즈들이 생겨나고 있다. 그리고 다른 쪽에서는 알파고라는 인공지능에 열광하며 '알파고 세대'라는 신조어까지 만들어지고 있다. 알파고 세대 코흘리개들이 코딩을 배운다고 열광하고 있다. 이 열풍은 아마 10년~20년 후 우리나라를 더 큰 열광의 도가니로 만들 것이라고 짐작 해본다. 지금 전국에서 소프트웨어교육 열풍이 일고 있다. 이 열풍이 한국의 스티브잡스, 빌게이츠를 만들지 못할 수 있지만 아마 10년~20년 후에 세상을 바꾸는 큰 힘이 될 것이라고 짐작해본다. 이 세상을 바꾸는 힘인 소프트웨어를 일련의 과정을 거쳐 학생들이 접목시키는 모습을 통해서 미래를 짐작해보자.

가. 개발 계획서 작성하기

주니어 소프트웨어 창작대회 개발 계획서

01

사랑은 보인다.

• 보지 못하는 엄마가 아기를 기른다고? 괜찮을까?

텔레비전 채널을 돌리다 2014년 5월 25일 ~ 5월 30일에 KBS 1TV 인간극장에서 방영된 시각장애인 엄마의 육아일기를 보았다. 시각장애를 가진 엄마가 아이를 키우며 힘들어하고 있었다. 이 가족을 위해 내가 도와줄 수 있는 것은 없을까?

• 장애인을 위한 생활용품

시각장애인	청각장애인
• 음성시계 • 음성으로 읽어주는 문자	• 보청기 • 색상으로 알려주는 알람시계

02

사랑은 보인다SW 란?

• SW는 불가능한 현실을 가능하게 하는 최적의 방법이다.

사랑은 보인다SW(시각장애인 엄마를 위한 SW)

시각장애인을 도와주는 생활용품은 다양하지만
시각장애인 부모의 양육을 도와주는 용품들은 많지 않다.
그래서 우리가 시각장애인 가족을 위한 SW를 제작하였다.

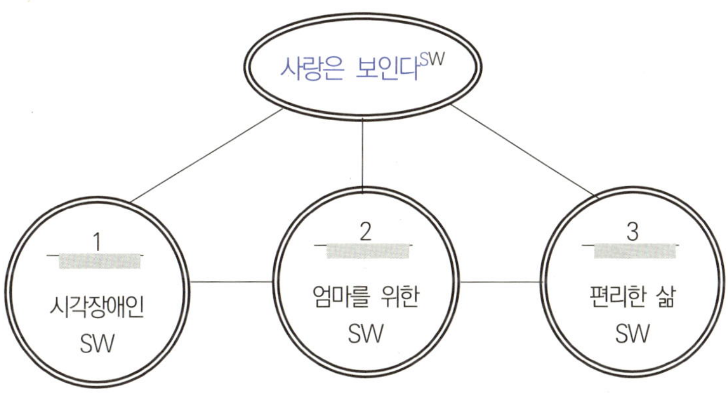

SW프로그램의 다양한 결합

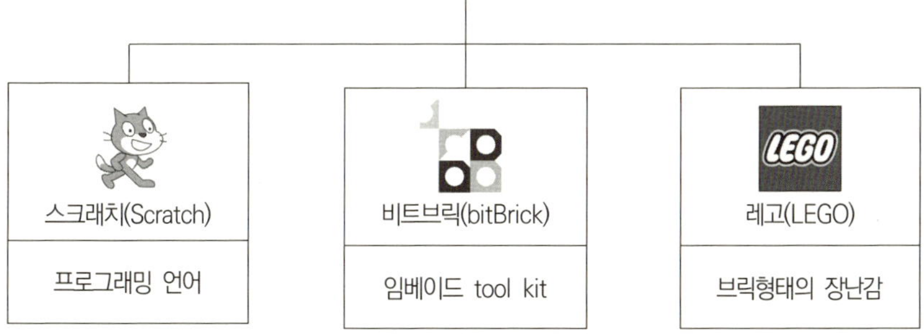

03

사랑은 보인다SW의 특징

- 시각장애인을 위한 SW가 된다.

  눈이 보이지 않는 장애인들에게 SW가 눈이 되어드립니다. 센서가 인식하고 소리로 알려주는 원리입니다. 이제 시각장애인들도 사랑은 보인다SW를 활용하여 세상을 볼 수 있습니다.

- 엄마를 위한 SW가 된다.

  시각장애인 엄마가 아빠의 도움 없이 아기의 우유도 하나 탈 수 없어 힘들어하는 모습을 보았습니다. 정상인이라면 한없이 하찮은 일이지만 시각장애인에게 눈금을 맞추어 물을 따르기란 여간 어려운 일이 아닙니다. 그래서 엄마를 위한 SW인 사랑은 보인다SW를 제작하였습니다.

- 편리한 삶을 위한 SW가 된다.

  치과에 가면 이를 다 치료한 다음 컵에 있는 물을 가지고 입을 행굽니다. 그 때 컵에 있는 물을 다 쓰고 제자리에 놓으면 물이 자동으로 컵에 채워집니다. 무게에 의해서 센서가 작동하는 원리입니다. 사랑은 보인다SW은 물의 높이를 센서가 인식하여 소리로 알려주는 원리입니다.

나. 나만의 작품 만들기

▶ 사랑은 보인다SW

"시각 장애인 부모의 눈이 되어 드립니다."

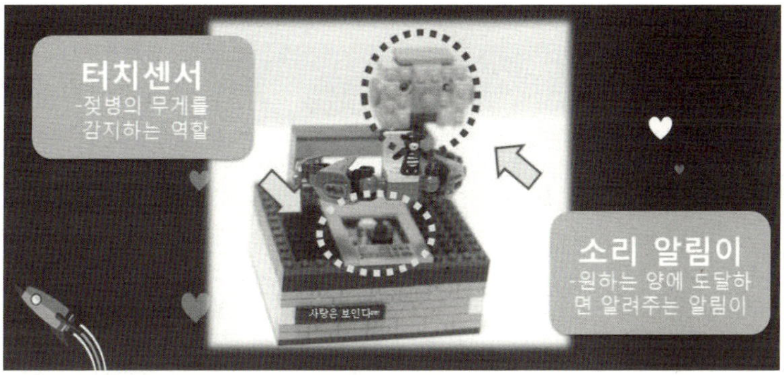

[그림 Ⅴ-2] 사랑은 보인다SW 작품 사진

아이들이 바라본 가족

시각장애를 가진 가족에게 한줄기의 빛이 되어 주고 싶어요.

"시각 장애를 가진 부모가 아이를 키우는데 조금이나마 자유로움을 드리고 싶었다. 압력 신호를 받아 소리 신호로 출력해주어 물높이를 조절하여 물을 받을 수 있고 휴대가 가능해 장애를 가진 부모에게 아주 유용한 육아 제품이 되고 싶어요."

아이들이 만든 소프트웨어

눈이 보이지 않는 시각장애인 부모님의 눈이 되어 젖병의 물높이를 자동으로 알려주는 시각장애인을 위한 용품을 개발하였다.

자동으로 인식하는 물높이 조절 시스템이다. 압력 신호를 소리로 출력하여 시각 장애를 가진 부모에게 눈의 역할을 하도록 도와준다.

응용 가능한 작품

청각장애를 가진 부모를 위해서 시각과 촉각을 이용한 알림이를 만들 수 있다. 소리 신호를 받아 진동센서와 LED센서로 출력하는 원리로 간단하게 응용이 가능하다.

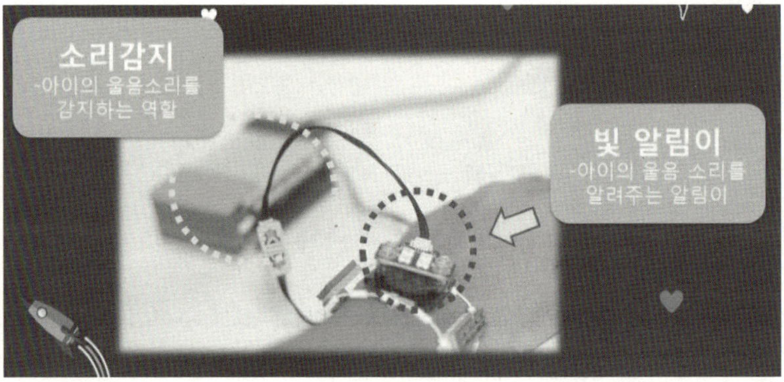

[그림 Ⅴ-3] 사랑은 들린다SW 작품 사진

27 세상을 바꾸는 프로그래밍 예제1

주니어 소프트웨어 창작대회[3]는 청소년들 스스로 세상을 관찰하고 분석하여, 소프트웨어를 통해 상상을 현실로 이루어내는 도전의 장이다. 소프트웨어로 사고하는 청소년들은 더 나은 미래를 위한 아이디를 내고, 구체화하고, 실행하는 과정을 통해 이전과는 다른 새로운 눈과 마음으로 세상을 만나고 느끼게 된다.

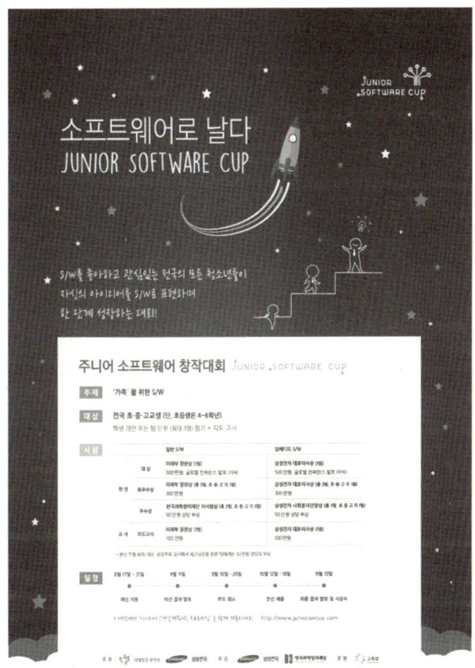

[그림 Ⅴ-4] 주니어소프트웨어창작대회

제1회 주니어 소프트웨어 창작대회는 가족을 위한 소프트웨어라는 주제로 열려 일반 S/W 부문(스크래치, 웹 App 등), 임베디드 S/W 부문(아두이노 보드, 센서키트 등)으로 나누어 예선대회에 1000여 개 팀이 참가했고 본선대회에는 60개 팀만이 진출했다.

그 중에서도 대회에 입상한 작품들을 통해 세상을 바꾸는 프로그래밍을 엿보고자 한다.

3) 미래창조과학부와 삼성전자 주최로 교육부와 한국과학창의재단과 함께 개최한 미래 소프트웨어 인재 발굴 및 육성을 위한 대회

가. 식물알리미

"식물 가족, 잊지 않고 사랑으로 돌볼 수 있게 도와드릴게요!"

아이들이 바라본 가족

편안함과 힐링을 주는 식물도 우리 가족인 만큼, 식물 가족에게 간단한 물주기는 잘 할 수 있는 인간가족이 되고 싶어요.

[그림 V-5] 식물 알리미 작품 사진

"저희 가족 취미는 식물 기르기, 가족 구성원엔 식물까지 포함 된답니다. 다양한 식물 가족은 입양 날짜도, 물을 얼마나 자주 주어야 하는지도 다르고, 다들 바빠, 식물이 말라 죽거나 물을 너무 많이 준적도 많아요.

그래서 식물을 잘 키우는 법을 알려주는 무언가가 있으면 좋겠다고 생각했어요. 식물 알리미를 통해 더 많은 사람들이 식물이 자라는 데에서 오는 행복과 싱그러움을 함께 느꼈으면 좋겠어요."

아이들이 만든 소프트웨어

식물 가족과 인간 가족이 함께 소통하는 앱

여러 식물을 키울 때 헷갈릴 수 있는 물주기 루틴과 적절한 물의 양을 알림을 통해 확인하고 깜박했을 경우 알림을 주어요, 식물이 잘 자랐을 때 미래모습을 확인하며 식물 키우기에 동기도 부여됩니다.

소프트웨어 발전가능성

화분에 센서를 장착, 식물에게 보내주는 정보를 기반으로 보다 정확한 식물 상태를 파악, 관리할 수 있는 앱으로 추후 구성하면 IoT 환경으로서 발전가능 합니다. '알림'이라는 평범할 수 있는 주제를 식물에 대한 정보 검색, 본떠서 그리기 및 공유하기 등 다양한 연계 기능을 추가하여 보완한 점이 훌륭합니다.

※ 작품 시연 영상 「주니어 소프트웨어 창작대회」 홈페이지
(https://www.juniorswcup.com/contest/finalview?ccd=4759314c364a6d37696e66364b6c4744422f39626365584c7a357969612f6143522f4f55586430447950303d) 참고

나. FamiLink

"서로의 위치 정보를 자동으로 공유하여 우리 가족의 소소한 일들을 손쉽게 해결해요"

아이들이 바라본 가족

가족이 어디 있는지에 따라 쉽게 SOS 도움을 요청할 수 있으면 좋겠어요.

[그림 Ⅴ-6] FamiLink 작품 사진

"가족만을 위한 소셜 네트워킹 앱이에요. 이런 경험 한 번쯤 있잖아요. 외출 중에 택배 아저씨 문자 왔는데 집에 누가 있는지 모르고, 갑자기 내린 비에 빨래 걷어야 하는데 집에 누가 있는지 역시 모르고, '집에 누가 있는지 바로 확인할 수 있는 방법이 있으

면 좋겠다."란 생각이 들었어요.

그래서 패밀링크는 위치 기반으로 가족 중 누가 집에 있는지 확인하고, 서로 부탁이 있을 때나 평소 우리 가족의 크고 작은 집안일을 실시간으로 업데이트하여 처리 가능한 사람이 맡아주는거죠.

아이들이 만든 소프트웨어

WIFI로 가족이 집에 들어 왔는지 자동으로 확인하고 집안일을 부탁하는 앱

가족만 접속 가능하도록 구성하여서 소소한 우리 집 일들을 자유롭게 리스트업 할 수 있고, 위치 기반 시스템으로 가족이 어디에 있는지 확인하여 서로 도울 수 있어요.

소프트웨어 발전가능성

wi-fi 연결여부로 집에 있는가를 확인하는 아이디어가 참신합니다. 가족의 할 일을 서로 하기 싫어하는 경우가 많은데, 앱을 통하여 좀 더 책임감 있게 해결할 수 있는 것 같습니다.

※ 작품 시연 영상 「주니어 소프트웨어 창작대회」 홈페이지
(https://www.juniorswcup.com/contest/finalview?ccd=645342302f6c4f577773627961697972666251 4a4a37546133526f73744d6c304a6747372b6b744f6146413d) 참고

다. Kindred

"함께 배우고 성장하는 우리 가족의 일상을 이야기해요"

아이들이 바라본 가족

대화를 나눌 시간이 부족한 요즘 우리 가족, 가족 간의 공유꺼리를 늘리면서 더 많이 이야기 나누고 싶어요.

"중학생이 되면서 엄마아빠랑 이야기할 기회가 많이 줄어들었어요. 바쁜 우리 가족이 소통할 수 있게 해주는 게 무얼까 고민하다가 그게 '나의 교육'이란 생각이 들었어요. 공부 이야기, 학교랑 학원 이야기로 시작해서 할아버지 칠순잔치, 얼마 전 여행 사진처럼 다른 주제로 자연스럽게 넘어가요.

그래서 우리 가족 소통의 시작점을 '교육과 학업'으로 잡아 보았어요. 여기에서 시작해서, 사진, 노트, 일정 등 가족끼리 더 많이 공유할 수 있을 것 같아요."

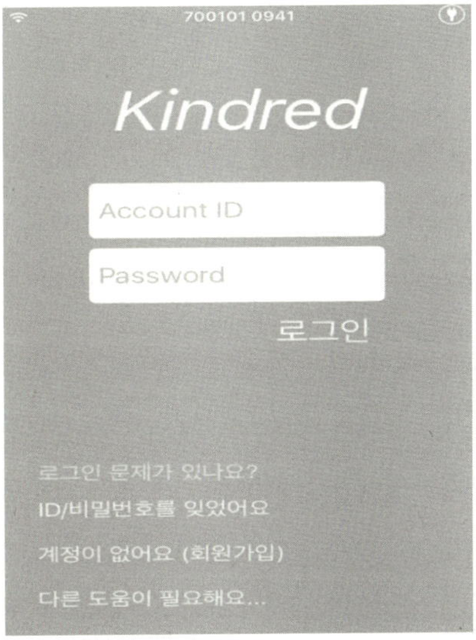

[그림 Ⅴ-7] Kindred 작품 사진

아이들이 만든 소프트웨어

가족 대화의 중심인 학업과 교육을 활용하여 가족 간의 소통을 확장하도록 하는 앱

수업 달성도를 확인하거나, 단어장을 보고, 학습 목표를 세우는 등 학업진행과 교육에 대한 정보를 공유하고, 우리 가족의 사진과 일정을 함께 공유합니다. 노트를 통해 가족 여행계획, 장보기 리스트, 오늘 할 일과 같은 가족들의 이야기를 공유할 수도 있어요.

소프트웨어 발전가능성

가족들이 공유할 수 있는 다양한 정보를 깔끔하게 구성하여 앱 완성도가 매우 높습니다. 우리 가족의 중요 관심사를 교육으로 잡아 소통을 시작할 수 있는 시작점을 준다는 점이 흥미롭습니다.

※ 작품 시연 영상「주니어 소프트웨어 창작대회」홈페이지 (https://www.juniorswcup.com/contest/finalview?ccd=3336634570566d49467663312b557a4c65595764615473547a764955777235496641794439563159365030303d) 참고

라. 숫자 요리사

"사칙연산으로 김밥을 만들며 온 가족이 함께 게임을 즐겨요."

아이들이 바라본 가족

"깜박깜박하시는 할머니와 수학시험이 고민인 사촌동생이 함께 즐거운 시간을 보낼 수 있게 하고 싶어요."

[그림 Ⅴ-8] 숫자 요리사 작품 사진

지난 설날에 친척들이 모두 모였는데, 다 같이 함께 할 만한게 없어서 아쉬웠어요. 그래서 다 같이 할 수 있는 무언가 없을까 생각하다가, 요즘 깜박깜박하시는 할머니와 수학시험이 고민이라는 사촌동생 호연이가 떠올랐어요.

그래서 '사칙연산을 이용하는 게임이 있다면 어떨까', '타이쿤처럼 김밥을 만들어 돈을 벌면 어떨까' 생각했어요. '만들고 친척들과 나서 다 같이 숫자요리사를 했는데 할머니도 호연이도 즐거워하고 또 머리도 좋아지는 것 같아 뿌듯해요'

아이들이 만든 소프트웨어

온 가족이 다 함께 즐길 수 있는 재미있고 유익한 교육용 수학 게임

어린이부터 장년층이 기술을 쉽게 활용하고 재미를 느낄 수 있는 사칙연산을 활용한 게임구조로 누구나 이용할 수 있어요. 시간 내에 김밥을 만들면 돈을 벌고 못 만들면 돈을 받을 수 없는 구조로 재미를 더했어요.

소프트웨어 발전가능성

숫자와 연산 조합에서 (3*7=21) 입력된 모든 수를 비교하는 대신, 출력한 값(21)으로부터 가능한 경우의 수를 비교하게 하여, 이을 크게 감소시킨 접근법은 현업에서도 성능 개선을 위한 아이디어로 차용가능한 수준입니다. 실제 가족들로부터의 피드백을 받는 등, 사용자의 만족도를 높인 점이 훌륭합니다.

※ 작품 시연 영상「주니어 소프트웨어 창작대회」홈페이지 (https://www.juniorswcup.com/contest/finalview?ccd=363552384f64524f3055756464682b596b336f43415064336f3378414a3375677453696d664b36394d6d383d) 참고

마. 거름종이

"가족의 소중한 추억과 사진을 체계적으로 관리하게 해드립니다."

아이들이 바라본 가족

사진이 많아서 정리에 고생하는 아빠의 시간도 덜어 드리고, 우리 가족끼리의 추억거리가 더 많으면 좋겠어요.

"휴가를 다녀와서 다시 일상에 적응해야 하시는 아빠께서 사진을 정리하시는 것에 힘을 빼는 모습을 보니 무언가 좋은 방법이 없을까 생각이 들었어요. 또, 우리들은 스마트폰을 통해 더 자주 더 많은 순간을 포착하지만, 정작 그 사진들이 어딘가 저장되어 있다는 생각에 사진들을 꺼내보지는 않게 되더라고요.

그렇게 개개인의 스마트폰, 디지털 카메라에 갇혀있는 추억거리들을 보다 쉽게 꺼내주고 정리해주고 싶었어요."

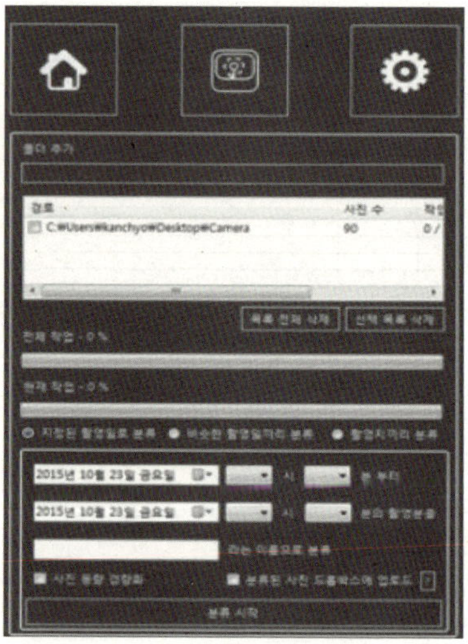

[그림 V-9] 거름종이 작품 사진

아이들이 만든 소프트웨어

가족 개개인이 촬영한 사진을 촬영일, 촬영지별로 간편하게 통합, 관리 분류해 주는 프로그램

촬영일과 촬영 장소에 따라 사진을 분류하는 장치로, 클라우드 서비스와의 연동하여 편하게 사용하고, 빠른 사진 정리 및 공유를 가능하게 해요.

소프트웨어 발전가능성

사진을 분류하는 기술에 대한 이해가 충분하고 완성도가 매우 높은 편입니다. 게다가 PC에서 동작하는 프로그램인 것에 더욱 박수를 보내고 싶습니다. 실제 기기에서도 사용할 수 있을 정도의 간단한 사진 분류 프로그램입니다.

※ 작품 시연 영상「주니어 소프트웨어 창작대회」홈페이지 (https://www.juniorswcup.com/contest/finalview?ccd=665772786779356c786c567463533430717457 2b57445144455347313236514541363264 2b5244464656649 3d) 참고

28 세상을 바꾸는 프로그래밍 예제2

가. 리멤버 샤워기

"가족 구성원 개개인이 원하는 수온과 수압의 샤워를 제공합니다."

아이들이 바라본 가족

함께 사용하는 욕실이지만, 샤워 시간만큼은 개인화된 최고의 휴식시간으로 만들어 주고 싶어요.

"저희 가족은 샤워 할 때, 아빠는 뜨거운 물, 엄마는 차가운 물, 저는 미지근한 물을 사용해요. 다 같이 사용하는 욕실이지만, 사람마다 샤워가 같지는 않구나. 라는 생각을 하였어요. 게다가, 저는 약한 수압이 좋은데, 아빠는 시원하다고 지압효과가 있는 센 물을 선호하시는 것처럼 물 온도 외에 수압도 모두 다르더라고요. 샤워 공간은 똑같은데, 모두 각사의 취향을 갖고 있는 것을 보면서, 구성원 취향을 존중하고 기억해주는 소중한 샤워 시간을 마련하고 싶었어요."

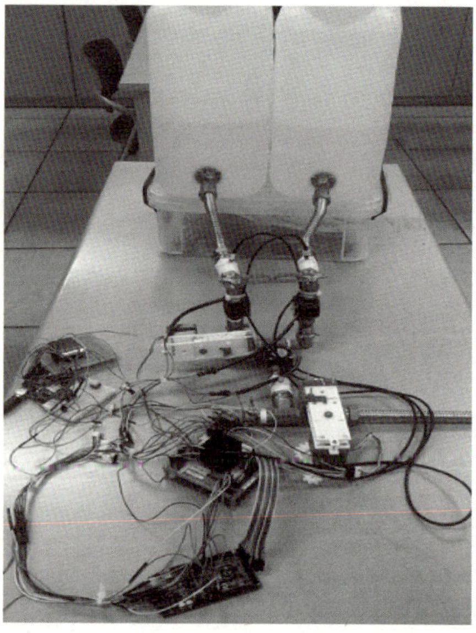

[그림 Ⅴ-10] 리멤버 샤워기 작품 사진

아이들이 만든 소프트웨어

사용자 개인의 행동 패턴 정보를 저장하여, 가족 구성원 취향에 맞는 수온과 수압을 제공하는 샤워기

자동으로 인식하고 기억하는 사용자 맞춤형 샤워기 시스템입니다. 수온과 수압 뿐 아니라 취향에 맞는 음악과 조명 속에서 샤워할 수도 있고, 외부 온도에 따라 내 몸에 가장 적합한 샤워기능을 제공해요.

소프트웨어 발전가능성

사용자에게 적합한 물 온도를 정함에 있어 단순히 최근 사용 정보를 이용 하는 것이 아니라, 과거 유사한 상황(외부 기온)에서 사용자가 설정했던 온도 정보를 활용하는 점이 뛰어난 아이디어로, 기능적인 설계와 3D프린터를 활용한 개발로 거의 상용 제품 수준의 완성도를 보여준 작품입니다.

※ 작품 시연 영상「주니어 소프트웨어 창작대회」홈페이지 (https://www.juniorswcup.com/contest/finalview?ccd=6644617958575042 6d4463614836534a714b67625733325430393 82b75683473423350626b5a36384e4e6f3d) 참고

나. 하르방 도우미

"장애우와 노인의 짐을 운반하고 보호해드리는 심부름 로봇입니다."

아이들이 바라본 가족

돌봄이 필요한 할아버지, 할머니, 장애가 있는 가족의 생활을 돕고, 다른 가족의 걱정도 덜어주고 싶어요.

"하르방 도우미의 하르방은 다리가 아프셔서 마치 돌하르방처럼 앉아 계시는 우리 할아버지를 의미해요. 허리와 다리가 아프신 우리 할아버지께서 물건을 들고 다니시는 것을 도와드리는 로봇을 만들고 싶었어요. 또 치매를 앓고 계신 친구 할머니께서 길도 자주 잃으시고, 혼자 외출도 어려우시다는 것을 친구를 통해 알게 되었어요. 그래서 제가 배운 내용을 통해 도움을 드릴 수 있을까 생각하다가 레고로 도우미 로봇을 만들게 되었어요."

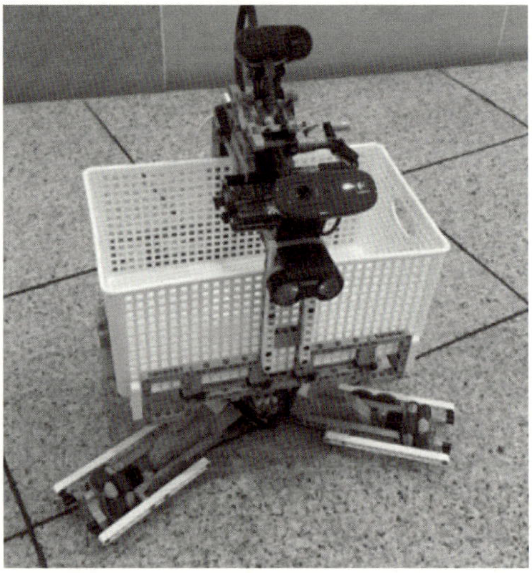

[그림 Ⅴ-11] 하르방 도우미 작품 사진

아이들이 만든 소프트웨어

사용자가 혼자 다닐 수 있도록 짐을 대신 운반해주며 보호자와 이어주는 원격 제어 및 무선충전이 가능한 로봇

혼자 이동시 물리적 도움과 보호가 필요한 대상인 장애우와 노인의 짐을 들어 주거나, 스마트폰 카메라로 사용자를 촬영하고 보호자가 실시간으로 상황을 지켜볼 수 있어서 보호자가 안심할 수 있도록 해요. 게다가, 하르방 스스로 무선으로 충전 가능합니다.

소프트웨어 발전가능성

사람을 위한 보조 로봇으로, 초기 아이디어는 거동이 불편한 노인분들의 이동을 돕는 수단이었지만, 이후 쉬운 길 찾기를 돕는 방향으로 완성도를 높일 수도 있을 듯합니다. 초음파 비콘을 이용하여 단거리 주행이 가능하게 하고 host PC와의 화성 연계 시스템 등을 적용하는 등 기술적 완성도가 매우 높습니다.

※ 작품 시연 영상 「주니어 소프트웨어 창작대회」 홈페이지 (https://www.juniorswcup.com/contest/finalview?ccd=6d48775674486466674432497767453130372f6f7253334e5672516e3151354a74385071495636 6d6430343d) 참고

다. 엄마를 부탁해

"바쁜 우리 엄마의 수고를 조미료 출력기로 덜어주고 싶어요."

아이들이 바라본 가족

바쁘고 할 일도 너무 많은 우리 엄마가 가족 식사를 준비하실 때 레시피에 딱 맞는 양념만큼은 간단하게 만드셨으면 해요.

[그림 Ⅴ-12] 엄마를 부탁해 작품 사진

"바쁜 우리 엄마, 특히 새로운 요리를 만드실 때 그램 수 맞추는 거에 어려움을 겪는 것을 보았어요. 적정 조미료 양에 대한 고민을 줄여주고, 요리에 익숙하지 않은 아이들도 스스로 조미료를 계량하여 요리를 할 수 있도록 도와준다면 엄마의 일상이 조금 편해지지 않을까요. 당뇨 환자 같이 식단관리가 필요한 가족 구성원이 미네랄을 권장량만 섭취하도록 계량해 주어 건강지킴이 역할도 한다면 더욱 뿌듯할 것 같아요."

아이들이 만든 소프트웨어

적정 조미료 양을 내려주어 조리 과정을 정확하고 간편히 하는 조미료 출력기

조미료 양을 신속하고 정확하게 출력하여 요리 맛과 건강에 도움을 주는 정량 제공 조미료 통으로 어떤 레시피도 간편하게 구현가능해요.

소프트웨어 발전가능성

아직까지는 개념, 용도 상 다소 생소하게 느껴지지만, 추가 보완을 한다면 기업에서 새로운 군의 소형 제품으로 발전시켜 나갈 수 있을 것 같습니다.

※ 작품 시연 영상 「주니어 소프트웨어 창작대회」 홈페이지 (https://www.juniorswcup.com/contest/finalview?ccd=5445635974346a61474577376f7552306b3844774e567749622f53346a5355646c4e57686b4b66373450383d) 참고

라. 더 이상 물벼락은 없다.

"물이 나오는 위치를 표시해 물벼락을 방지해 드립니다."

아이들이 바라본 가족

샤워기 수도꼭지 모드 때문에, 일주일에 보통 네 번은 물벼락을 맞는 우리 엄마를 구해주고 싶어요.

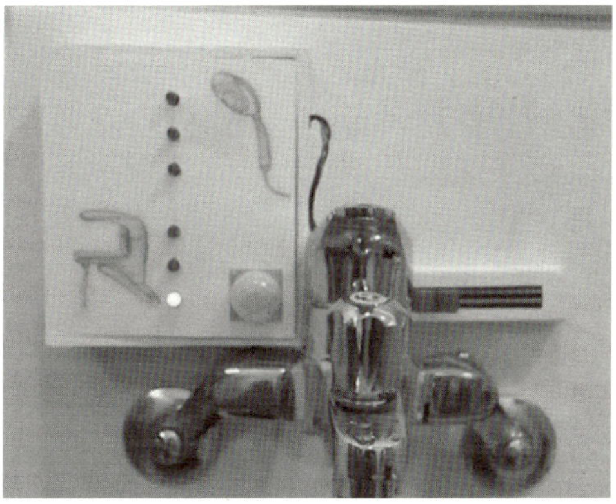

[그림 Ⅴ-13] 더 이상 물벼락은 없다 작품 사진

"우리 가족을 위해 많은 일을 하시는 우리 엄마, 손 씻기나 손세탁할 때 물을 틀면, 샤워 후 샤워기를 수도꼭지 모드로 바꿔놓지 않아 엄마가 물벼락을 맞으시는 경우가 일주일에도 몇 번씩 반복돼요. 우리 엄마를 위해 물을 틀기 이전에 수도꼭지 모드를 미리 알려주면 더 이상 물벼락을 맞지 않을 것 같아요. 우선은 엄마를 물벼락에서 구해드리고, 앞으로 우리 가족이 사용하는 다양한 것들에 소프트웨어의 필요성과 편리함을 적용하고 싶어요."

아이들이 만든 소프트웨어

샤워기 모드와 수도꼭지 모드 중 어느 모드가 켜져있는지 알려주는 가족 배려 장치

욕실 샤워기에 접근시 샤워기 모드와 하단 수도꼭지 모드 중 활성화 된 모드를 시각적으로 알려주어 수도꼭지를 틀었을 때 물벼락을 맞지 않도록 하는 샤워 보드 알림 장치입니다.

소프트웨어 발전가능성

가족이 가진 소소한 문제점을 차근차근 해결하기 위한 마음씨가 돋보이며, 소프트웨어가 우리 실생활에 도움이 될 수 있다는 가능성을 초등학생의 눈으로 발견한 재미있는 아이디어입니다.

※ 작품 시연 영상「주니어 소프트웨어 창작대회」홈페이지 (https://www.juniorswcup.com/contest/finalview?ccd=504b5a53394c30564f5258366169616c683238386249776e714c4c4756754a474c4c6b554d7473314a59383d) 참고

마. 가이아

"운전 중인 부모님이 카시트의 아이와 함께하고 싶은 마음을 헤아렸습니다."

아이들이 바라본 가족

부모님과 떨어지기 싫은 아이의 마음과 항상 자녀의 상태를 놓치고 싶지 않은 부모님의 마음을 운전 중에도 이어주고 싶어요.

"아직 말을 못하는 제 사촌동생은 자동차를 타면 자주 찡얼대요. 삼촌과 작은엄마께서 뒷자리 카시트에 혼자 앉아있는 사촌동생 걱정도 하고, 당연히 아이에게 신경을 쓰다 보니, 운전에 집중하기는 더 어려워진다고 하시더라구요.

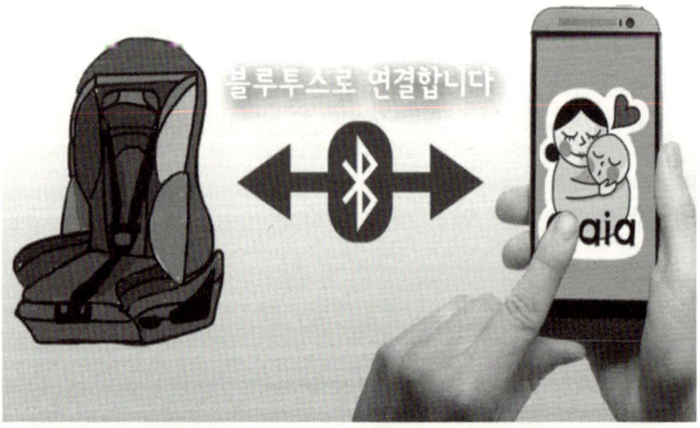

[그림 Ⅴ-14] 가이아 작품 사진

그래서 '어떻게 하면 어린 아

이와 함께 운행 중인 부모님에게 아이가 잘 있다는 것을 알릴 수 있을까?' 생각해 보았어요. 부모님은 앞자리에서 아이의 상태를 확인할 수 있다면, 가족 모두에게 자동차 운행이 더욱 편안하고 안전해질 것 같아요."

아이들이 만든 소프트웨어

아이 상태를 스마트폰으로 실시간 모니터링하고 제어하게 해주는 카시트

블루투스 기능을 통하여 카시트 제어가 가능토록 하고 운전 도중 벨트가 풀리는 경우 앞좌석 부모님에게 알려줄 수 있어요.

소프트웨어 발전가능성

차량과 연동되는 IoT 시나리오가 함께하면, 다양한 발전 가능성이 있을 것으로 판단됩니다. 운전 중이다 보니 스마트폰 활용이 어려울 듯하지만, 기성 제품을 기반으로 새롭게 추가되는 기능은 효과적으로 잘 구현 하였습니다.

※ 작품 시연 영상「주니어 소프트웨어 창작대회」홈페이지 (https://www.juniorswcup.com/contest/finalview?ccd=634666345262386e5a6572733872453973327768 6c59744b71504a6e415561504a6169387679785070676 33d) 참고

바. 근전도 로봇팔 의수

"손과 팔 사용이 어려운 분의 움직임을 도와 편하게 해드려요."

아이들이 바라본 가족

이 세상의 모든 가족들이 불편함 없는 생활을 할 수 있었으면 좋겠어요. 손발 사용 시 자유롭지 못한 상황이라도요.

"태어날 때부터 혹은 사고로 손과 팔의 일부나 전부가 없는 경우가 있잖아요. 생활하는데 익숙한 동작을 할 수 없는 분들을 돕고 싶어요.

그래서 손발 사용이 자유롭지 않아 일상생활에서 어려움을 겪는 장애우를 위해 저비용 로봇팔 의수를 만들고 싶었어요. 이건 제가 만든 두 번째 의수인데요. 더 많은 사람들에게 다양한 기능을 가진 근전도 로봇팔 의수를 저렴하게 보급하는 것이 저의 꿈입니다.

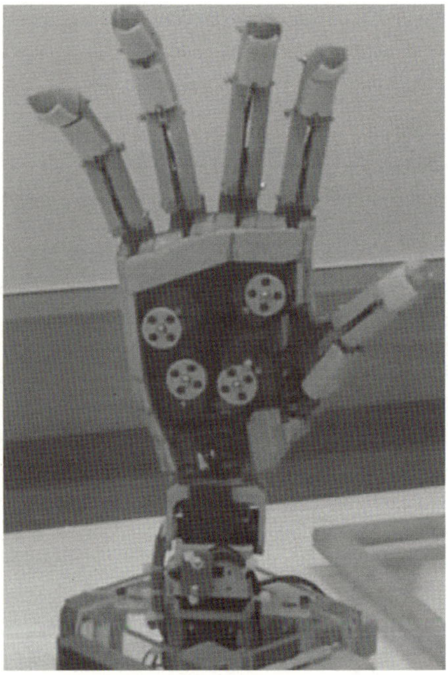

[그림 Ⅴ-15] 근전도 로봇팔 의수 작품 사진

아이들이 만든 소프트웨어

생활하는데 필요한 기본적 동작을 할 수 있는 저비용 근전도 로봇팔 의수

근전도 신호를 주파수 별로 분류하여, 엄지손가락이 신체와 매우 유사하게 움직일 수 있도록 했어요. 코팅강철낚싯줄로 세 번째 마디를 굽히면 두 번째 마디도 굽혀지는 원리를 이용했습니다.

소프트웨어 발전가능성

상용 중인 관련 우수 제품이 존재하겠지만, 중학생 수준에서 인체신호를 감지하여 동작 가능하도록 기본 신호처리, H/W 구성, 로봇을 제작한 점이 매우 우수합니다. 학생의 기본 역량과 의지가 매우 뛰어나므로 관련 공부를 지속할 수 있도록 응원하고 싶습니다.

※ 작품 시연 영상「주니어 소프트웨어 창작대회」홈페이지 (https://www.juniorswcup.com/contest/finalview?ccd=436578564a545578367933697a37315634482f6b3146714a785779354e65335246736871614b4f4f5769733d) 참고

29 세상을 바꾸는 프로그래밍 예제3

가. 소프트웨어 교육 앱 공모전

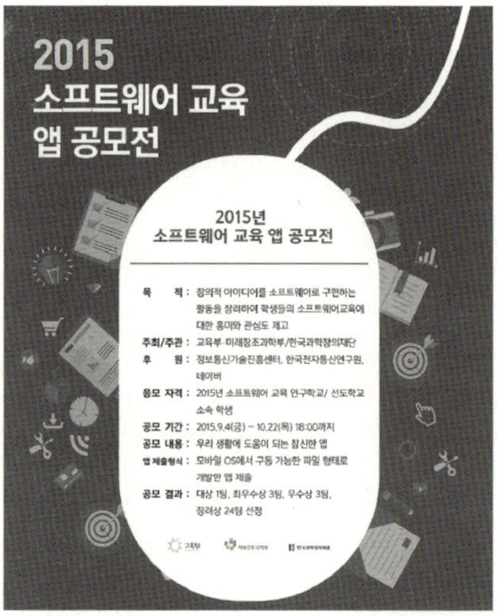

[그림 Ⅴ-16] 소프트웨어 교육 앱 공모전

소프트웨어 교육 앱 공모전[4]은 창의적 아이디어를 소프트웨어로 구현하는 활동을 장려하여 학생들의 소프트웨어 교육에 대한 흥미와 관심도 제고를 목적으로 한다고 명시하고 있다.

'우리 생활에 도움이 되는 참신한 앱'을 주제로 진행된 2015년 소프트웨어 교육 앱 공모전은 전국의 160여개의 소프트웨어 교육 연구학교 및 선도학교 소속 학생들이 참가하였다.

소프트웨어 교육 앱 공모전에서는 다문화 학생들을 위한 한글놀이 애플리케이션(앱), 이온 반응 실험 앱, 퀴즈와 게임을 통해 역사를 배울 수 있는 앱 등 학생들의 기발한 아이디어를 엿볼 수 있는 다양한 작품이 출품되었다. 공모 결과 대상 1팀, 최우수상 3팀, 우수상 3팀, 장려상 24팀이 선정되었다.

그 가운데 몇 개의 작품들의 특징, 작동 화면, 핵심 제작 원리를 통해서 우리 생활에 도움이 되고 참신한 생각으로 세상을 바꿀 수 있는 프로그래밍을 엿보고자 한다.

4) 교육부와 미래창조과학부가 주최하고 한국과학창의재단에서 주관한 앱 개발 대회

▶ He-Story

앱의 간단한 특징 설명

심심하고 지루한 역사 공부를 현직 역사 선생님의 조언을 통해 학생들이 꼭 알아야 하는 내용을 위주로 간추려 게임과 함께함으로써 학생들에게 흥미를 유발한다.

앱의 작동화면

[그림 Ⅴ-17] 앱의 작동화면

※ https://play.google.com/store/apps/details?id=appinventor.ai_5271071.hestory_copy

핵심 제작원리

[그림 Ⅴ-18] 핵심 제작 원리

▶ 이온 반응 실험

앱의 간단한 특징 설명

눈에 보이지 않는 이온을 눈에 보이는 모형을 대체하여 이온이 만나 반응하는 과정을 가상으로 보여주어 학생들이 쉽게 이해하고 배운다.

앱의 작동화면

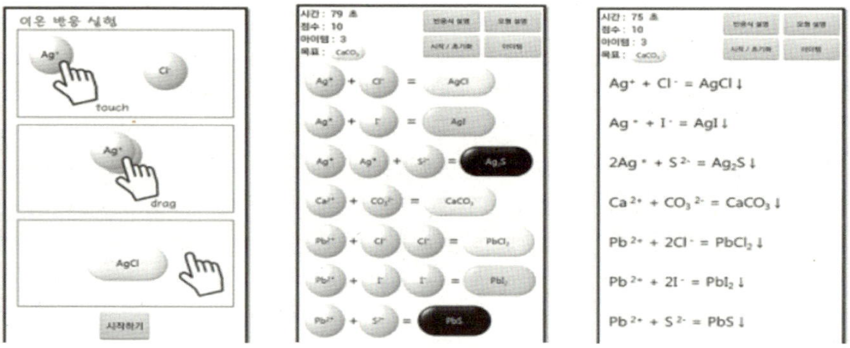

[그림 Ⅴ-19] 앱의 작동화면

※ https://play.google.com/store/apps/details?id=appinventor.ai_hydrochokk.IonReactTouch3

핵심 제작원리

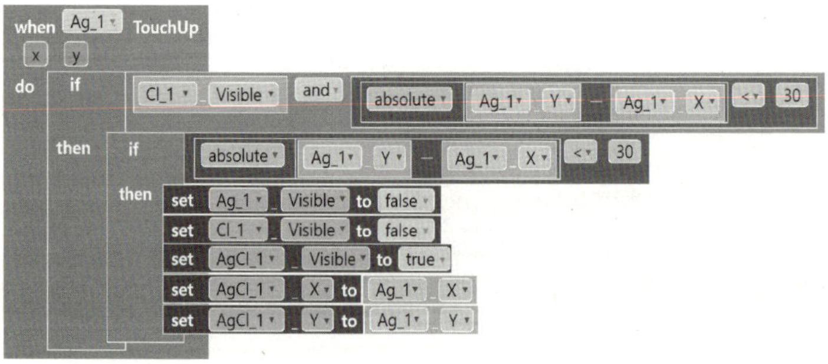

[그림 Ⅴ-20] 핵심 제작 원리

▶ **가나다라마받아쓰기**

앱의 간단한 특징 설명

부모님의 목소리를 수시로 들으면서 받아쓰기 연습은 물론 항상 부모님께서 자녀와 함께 하고 있다는 느낌을 주어 정서적인 교류도 할 수 있도록 한다.

앱의 작동화면

[그림 Ⅴ-21] 앱의 작동화면

※ https://play.google.com/store/apps/details?id=appinventor.ai_sweducom.OhProject

핵심 제작원리

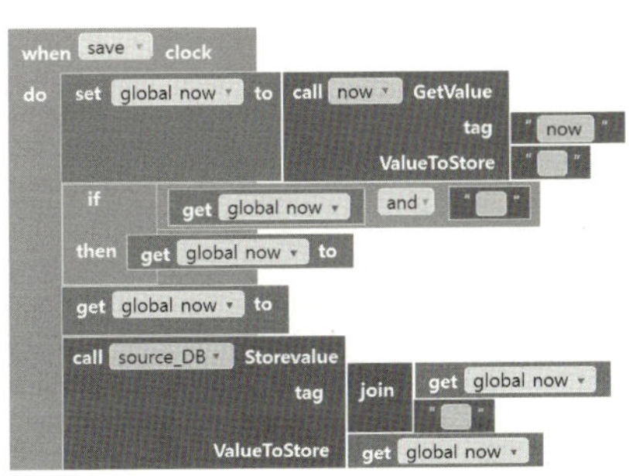

[그림 Ⅴ-22] 핵심 제작 원리

▶ ParrotDiary

앱의 간단한 특징 설명

집에서 기르는 반려조류, 동물들을 관찰하고 사진을 찍어 내용을 기록할 수 있다. 그리기 메뉴를 통해 간단한 스케치를 할 수 있고 관련 퀴즈와 게임을 할 수 있다.

앱의 작동화면

[그림 Ⅴ-23] 앱의 작동화면

※ https://play.google.com/store/apps/details?id=appinventor.ai_foxrhee.ParrotDiary4

핵심 제작원리

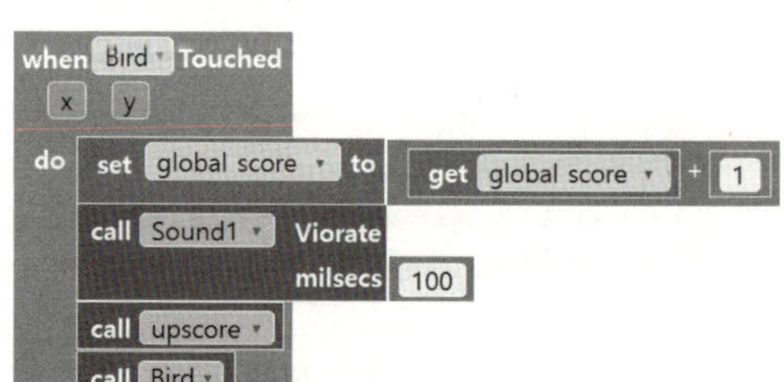

[그림 Ⅴ-24] 핵심 제작 원리

30 SW교육 우수사례 소개

대구 소재의 N초등학교는 2015년 미래창조과학부에서 주최하는 SW교육 선도학교에 지정되었고, 1년 동안의 SW교육 활동 실적을 통해 실시 된 평가에서 우수학교로 선정된 학교이다. 이 학교에서 실시한 SW교육을 통해서 학교 단위의 SW교육을 알아보고자 한다.

가. SW교육 밑그림

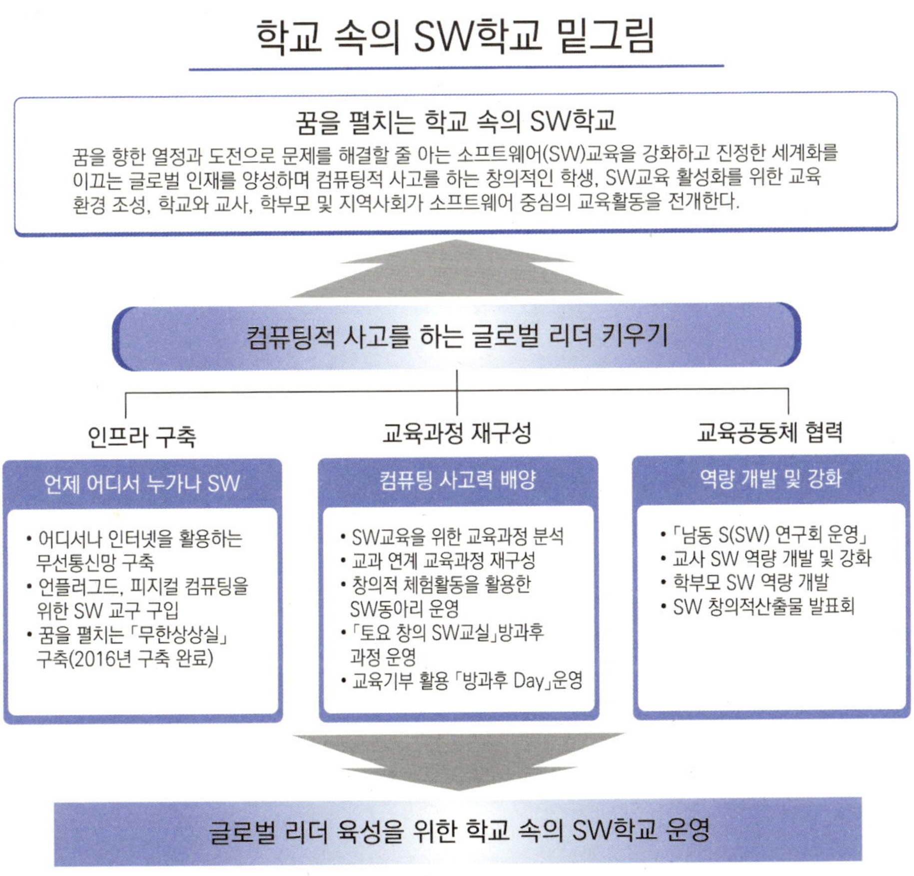

[그림 Ⅴ-25] SW교육 밑그림

나. '학교 속의 SW학교'란?

'학교 속의 SW학교'는 SW교육이 학교의 중심이 되어 일반학교에서 가능한 최적의 SW교육 환경을 구축하고, 컴퓨팅 사고력을 배양하는 교육과정을 운영하고 교사·학생·학부모의 21세기 핵심역량을 키워 모두 함께하는 이상적인 SW교육을 실현하는 것을 의미한다.

다. '학교 속의 SW학교'의 실제

'학교 속의 SW학교'는 SW교육이 학교의 중심이 되어 일반학교에서 가능한 최적의 SW교육 환경을 구축하고, 컴퓨팅 사고력을 배양하는 교육과정을 운영하고 교사·학생·학부모의 21세기 핵심역량을 키워 모두 함께하는 이상적인 SW교육을 실현하는 것을 의미한다.

먼저 인프라 구축을 위한 꿈과 끼를 키우는 SW교육 환경 조성에 대하여 〈표 Ⅴ-1〉과 같이 제시하였다.

〈표 Ⅴ-1〉 꿈과 끼를 키우는 SW교육 환경 조성

과제	실천한 내용	활동 결과
스마트기기 및 무선통신망 구축	• 무선 네트워크 환경 구축 • 스마트 패드 확보 및 미러링 장비 설치	• Small-Device와 콘텐츠 중심의 일반학교에서 실현가능한 최적의 SW교육 환경 조성
SW교구 및 무한상상실 구축	• SW교육을 위한 다양한 SW 교구 구비 • 꿈과 끼를 펼칠 수 있는 무한상상실 구축	• 다양한 SW교구를 구비하여 꿈과 끼를 펼칠 수 있는 토대마련

다음 교육과정 재구성을 위한 컴퓨팅 사고력을 배양하는 교육과정 운영에 대하여 〈표 Ⅴ-2〉과 같이 제시하였다.

〈표 V-2〉 컴퓨팅 사고력을 배양하는 교육과정 운영

과제	실천한 내용	활동 결과
SW교육을 위한 수업모델 개발 기반 마련	• 컴퓨팅 사고력 배양을 위한 SW활용 교육과정 계획 및 운영 • 기기 사용 교육 및 SW교구 활용 연수 • 학년군별 SW모델 개발 연수	• 학년성에 맞는 교육과정의 모델을 개발하여 일반학교로의 보급용이
교과 연계 교육과정 재구성	• 교과 연계하여 학년별 8-10시간 SW 교육 실시	• 학년성에 맞는 교육과정 편성과 SW교육 기초 연수를 실시하여 컴퓨팅 사고력 신장
창의적 체험활동을 활용한 SW동아리 운영	• 꿈과 끼를 펼칠 수 있는 창의적 체험활동 SW동아리 운영 • 프로그래밍에서 벗어나 다양한 피지컬 컴퓨팅 활용	• 풍부한 콘텐츠를 활용한 수업을 공유하여 만족도 향상
『토요 창의SW교실』 방과후 과정 운영	• 지역사회의 요구를 반영하여 토요일 방과 후 과정을 개설하여 SW교육 실시	• 토요일 방과 후 과정을 개설하여 SW교육 및 학생 돌봄 역할을 동시에 수행
교사의 교육기부를 활용한 『방과후Day』운영	• 사교육을 할 수 없는 지역 여건을 고려하여 교사의 교육기부를 활용한 SW교육 실시	• 교육기부로 SW교육을 실시하여 SW교육 기회를 균등하게 부여

다음 교육공동체 협력을 위한 학생 · 교사 · 학부모 多에행복한 21세기 역량 강화 대하여〈표 V-3〉과 같이 제시하였다.

〈표 V-3〉 학생 · 교사 · 학부모 多에행복한 21세기 역량 강화

과제	실천한 내용	활동 결과
21세기 핵심 역량 강화로 행복한 교사	• 교내 SW 교육 연수 및 교육청 SW 교육 연수 • SW교육 연구회/협의회 개최 및 컨설팅 • SW 관련 대회 참여 및 지원 • SW교육 기반의 학부모 수업 공개	• 과제 중심 업무 및 연구회를 조직하여 협업 시스템 도입으로 업무경감 및 공감과 소통의 학교 운영 및 업무 실시
21세기 핵심 역량 강화로 행복한 학생	• 정보통신윤리 체험 교육 강화 • SW교육 동아리 및 방과후 교실 운영 • SW관련 경진대회 참여	• 정보수집 및 생산의 능력 향상 • 체험학습에서 얻은 정보의 장기기억 활용 및 학습 동기 부여
21세기 핵심 역량 강화로 행복한 학부모	• '학교 속의 SW학교'학부모 설명회 개최 • SW교육 수업 공개 실시	• 바람직한 가치관 형성 • 체득과 생활화를 통한 지식의 재생산과 공유 가능

라. '학교 속의 SW학교'의 성과

'학교 속의 SW학교'의 성과에 대하여 <표 Ⅴ-4>과 같이 제시하였다.

<표 Ⅴ-4> '학교 속의 SW학교'의 성과

과제	성과
꿈과 끼를 키우는 SW교육 환경 조성	• 인프라 구축에 대한 예산 부담이 경감되었으며 SW 교과와 다양한 콘텐츠를 활용한 SW교육 환경은 높은 교육적 효율성 및 만족도를 보였다. • 학교 홈페이지와 SNS, 학교 SMS와 학교알림 APP을 활용하여 학교 생활과 경영에 대한 정보 공개로 소통하는 분위기, 신뢰받는 학교를 만들었다. • 연구회 구성, 컨설팅으로 우수한 교사 주도의 SW교육이 아닌 학교 구성원 모두가 실시할 수 있는 양방향 맞춤형 SW교육 지원체제를 마련하였다.
컴퓨팅 사고력을 배양하는 교육과정 운영	• SW 수업을 전개하여 학생들의 흥미와 관심을 높였다. • 학생 개개인의 특성에 맞는 교육을 실시하기 위한 수업을 연구하는 풍토가 형성되었고, 이를 기반으로 수요자 중심 맞춤형교육을 실시하였다. • SW 창의적 체험활동을 통하여 스스로 계획하여 실행하고 결과를 만들어내는 과정을 통해 문제해결 능력이 신장되었다. • SW 교과 연계 수업을 통해서 학생들의 컴퓨팅 사고력을 배양하고 창의적, 융합적 인재를 키울 수 있는 기반을 마련하였다.
교사 · 학생 · 학부모 모두가 행복한 21세기 역량 강화	• 연수와 연구회를 통하여 교사 · 학생 · 학부모의 21세기 핵심 역량이 강화되었다. • 지식을 구성하고 생산해내며 공유하는 분위기를 조성 하였다. • 21세기 역량 강화를 통한 자신감으로 '오고 싶은 학교, 머물고 싶은 학교, 자랑하고 싶은 학교, 행복하고 즐거움이 넘치는 학교'가 되었다.

마. '학교 속의 SW학교'의 행복했던 수업 이야기

수업철학 ••• 컴퓨팅적 사고를 하는 수업

컴퓨터 사고력은 실생활에서 발생하는 복잡한 문제를 효과적이고 효율적으로 해결하기 위해 컴퓨팅(컴퓨팅 기술 자원을 개발, 사용하는 모든 활동)의 기본적인 개념과 원리를 활용하는 인간의 사고과정 또는 종합적인 능력이다.

#장면 1

◉ 실생활에서 발생하는 복잡한 문제 인식하기

	수업단계	교수 · 학습 활동	자료
문제 상황 인식	도입 전체	◉ 문제 상황 인식하기 1. 우리 생활 주변 문제 제시(신호등, 스위치로 불 밝히기, 동작을 인식하는 등) 2. 대형화면으로 다양한 동영상 및 알고리즘 제시	소프트웨어야 놀자 알고리즘

#장면 2

◉ 실생활의 문제를 컴퓨터를 통해 해결 가능한 행태로 표현하기

	수업단계	교수 · 학습 활동	자료
추상화 ↓ 자동화	전개 개별 짝 모둠	◉ 자료 분석하고 제작하기 1. 순차성을 이용하여 알고리즘 짜보기 2. 알고리즘을 패드를 활용하여 확인해보기 3. 알고리즘을 다양한 프로그래밍 언어로 구현하고 확인해보기 4. 알고리즘 수정하고 보완하기 5. 자신이 만든 소프트웨어 공유하기	스크래치 엔트리 ROBO LAB 라이트봇 The foos code.org

#장면 3

◉ 다른 문제에 적용하기

	수업단계	교수 · 학습 활동	자료
일반화	정리 개별 모둠	◉ 자료 구현해보기 1. 다양한 임베이드(비트브릭, 엔트리보드 등)으로 제작한 소프트웨어 구현해보기 2. 우리 생활 주변에 다른 곳에 적용해보기	비트브릭 ROBO kit

SW수기 6학년 손OO학생 내용 중에서..

평소에 소심하고 말이 없던 애들이 소프트웨어를 시작하면서 더욱더 친해지고 쉬는 시간, 점심시간, 방과 후 DAY 등 언제나 소프트웨어를 하였다. 아이들은 소프트웨어를 하면서 소프트웨어에 관한 직업, 대회에 관심이 생기게 되었고 나는 집에서도 혼자 엔트리를 즐기고 있다. 전혀 알지 못했던 SW를 선생님이 알려주시고 가르쳐 주셔서 지금은 SW를 즐기고 있다는 사실이 선생님께 너무 감사하다. SW야 너 때문에 우리 반도 활발해진거 같아 졸업해도 중학교 가서도 언제나 같이 놀자 ~

바. 언론보도내용

〈대구신문 2015.11.04.〉

OO초 '주니어 SW 창작대회' 본선 진출

대구 OO초등학교는 오는 2018년부터 초등학교 교육과정에 정식으로 적용되는 SW(소프트웨어)교육을 다양하게 실시하고 있다. 특히 제1회 주니어 소프트웨어 창작대회에 출전해 우수한 성적으로 본선대회에 진출하게 됐다.

제1회 주니어 소프트웨어 창작대회는 미래창조과학부와 삼성전자가 주최하는 대회로 청소년들 스스로 세상을 관찰하고 분석해, 소프트웨어를 통해 상상을 현실로 이루어내는 도전의 장이다. 가족을 위한 소프트웨어라는 주제로 열린 이번 대회에 OO초의 '사랑이 보인다 SW'팀은 시각장애인 엄마를 위한 소프트웨어를 개발해 1000여 개 팀이 참가한 예선대회를 뚫고 60개팀 만이 출전할 수 있는 본선대회에 진출했다. 본선대회를 거쳐 1위팀에게는 미래창조과학부 장관상과 미국 샌프란시스코에서 열리는 글로벌 컨퍼런스 참가의 자격이 주어진다.

본선 진출팀 학생과 지도교사 190여명은 지난 9월 19일과 20일, 이틀 간 경기도 용인 인재개발원에서 열린 부트캠프에 참가했다. 삼성전자 임직원 40여명도 캠프에 참가해 학생들이 아이디어를 실현할 수 있도록 소프트웨어 개발, 서비스 기획 등 전문 분야에서 멘토링을 제공했다. 학생들이 소프트웨어에 대한 시각을 넓힐 수 있도록 각 분야 전문가들이 미디어 아트, 빅데이터, 의료 서비스 등과 소프트웨어가 접목된 사례를 소개하는 다양한 특강도 마련됐다.

OO초 '사랑이 보인다 SW'의 팀장 6학년 OOO 학생은 "이번 대회로 소프트웨어를 통해 우리 주변을 되돌아 볼 수 있었으며, 지금 배우고 있는 소프트웨어를 활용하여 세상을 조금 더 편리하게 만들고 싶다"고 전했다.

〈표 Ⅴ-5〉 SW교육 선도학교 우수 활동 사례

학교명	우수 활동
대구화남 초등학교	• 지역사회와 함께하는 SW교육 : 대구근대문화골목 탐방 프로젝트 - 대상 / 기간 / 주제 : 토요 창의 SW교실 참가자 / 6주 24차시 / 주요문화재 대구근대문화골목을 탐방 프로그램개발 - 프로그램 개발을 위한 자료 수집 및 분석: 대구시 중구청 협조를 통해 문화해설사와 함께 교육자료 분석 - 수집된 자료(견학 및 위성사진) 을 바탕으로 3D프린터를 활용한 대구근대문화골목 구성 - 기본 프로그래밍 교육(스크래치) 을 통한 프로그램 개발 기능 습득 및 피지컬컴퓨팅(비트브릭) 교육실시 - 스크래치를 통해 모둠별 대구근대문화골목 학습 프로그램 개발 및 시연 - 피지컴컴퓨팅(비트브릭) 을 활용한 프로그램 수정·보완 및 시연: 근대문화골목을 탐방하는 자동차 만들기
전북봉동 초등학교	• 학기별 1회 SW교육 축제 행사 개최 : 완주 관내 학교 2,000여명 학생 참여 - SW교육 체험부스 및 SW관련 체험교실 운영 ○ 창의로봇발명교실 운영으로 로봇을 활용한 발명품 만들기 활동 실시 - 시력보호 화면보호기 만들기, 자세교정 방석 만들기 - 도망가는 알람시계, 시각장애인용 지팡이 등
서울이태원 초등학교	• 세계시민교육과 연계한 SW활동 전개, 페스티벌「언플러그드」연계 부스 운영 • 교내 SW 방과후 동아리 운영(엔트리를 이용한 SW 창작 동아리, 앱 개발 동아리, 3D프린터 동아리) • 교내 SW 다양한 체험 활동 전개(이태원 SW 창의 캠프, 이태원 SW 가족 캠프, 이태원초 SW 페스티벌) • 교외 SW 활동 홍보 및 참여를 통한「All Together SW」분위기 조성(KODU DAY, 소프트웨어야 놀자 주간 등)

참고문헌

경인교대 미래인재연구소 (2015). **창의컴퓨팅 이슈리포트**, 2015-1.

김갑수 외(2015). **소프트웨어 교육 운영 지침 개발 연구**. 한국교육학술정보원, 연구보고 CR 2015-3.

김경규(2015). "정보과학적 사고 기반의 SW교육 프로그램 개발 및 적용". 석사학위논문. 경북대학교 교육대학원.

김수환 (2011). Computational Literacy교육을 통한 문제해결력 향상에 관한 연구. 박사학위논문. 고려대학교 대학원.

김수환, 채정병(2014). **교육용 프로그래밍 언어의 동향 분석 및 교수-학습 사례**. RM 2014-25, 한국교육학술정보원.

김영기, 한선관, 한희섭, 김수환, 전수진 (2007). **정보교육방법의 실제**, 한국학술정보.

김우찬(2015). "소프트웨어교육이 초등학교 5학년 학생들의 논리적 사고력과 창의적 문제해결력에 미치는 효과". 석사학위눈문. 경희대학교 교육대학원.

김재휘(2016). **컴퓨팅 사고력 향상을 위한 EPL 및 피지컬 컴퓨팅 교육과정 개발 및 적용**. 청주교육대학교. 석사학위논문.

김주연(2015). "정보 교과 교육 실태에 대한 중등 교사들의 인식 조사". 석사학위논문. 경상대학교 교육대학원.

김형숙(2015). "초등학교 교사들의 정보교육인식 및 개선방안". 석사학위논문. 서울교육대학교 교육대학원.

문외식(2014). **초등학생들이 수업시간에 스크래치 프로그래밍과 센서보드를 활용한 STEAM교육 모형 개발과 적용**. 한국정보교육학회 논문지 제19권 제1호, 149-158.

문외식(2015). **초등학교 프로그래밍 교육을 위한 스크래치2.0과 센서보드 활용**. 한국정보교육학회 논문지 제18권 제2호, 213-224.

백재순(2015). "목표 중심적 게임 창작 활동을 통한 소프트웨어 교육에 관한 연구". 석사학위논문. 아주대학교 대학원.

손경호(2013). "아두이노를 활용한 프로그래밍 교육방안 탐구 및 적용". 석사학위논문. 경인교육대학 교육대학원.

손경호・손원성(2014). **아두이노를 활용한 프로그래밍 교육방안**. 교육논총 제34권 제3호, 159-179.

손병길 외(2014). ICT 융합형 창의 인재 양성 방안. 한국교육학술정보원. 연구자료 RMC 2014-2.

신수범 외(2013). 교육용 프로그래밍 언어 선택 전략, PM 2013-4. 서울: KERIS.

신수범 외(2013). 교육용 프로그래밍 언어 선택 전략, 한국교육학술정보원. 기타자료 PM 2013-4.

안상진, 서영민, 이영준. (2012). 계산적 사고에 내재된 추상화의 특성 연구. 한국컴퓨터교육학회 학술발표대회논문집, 16(1), 43-46.

엄기순 · 이원규(2014). 피지컬 컴퓨팅 교육을 위한 보드 디자인. 한국컴퓨터교육학회 논문지 제19권 제2호. 35-38.

염용철 (2008). "정보교과에서 텍스추얼 교육용프로그래밍언어를 이용한 프로그래밍 학습 환경". 박사학위논문. 고려대학교.

유승욱 (2008). "초 · 중등 정보교과 교육과정에 교육용 프로그래밍 언어의 적용". 박사학위논문. 고려대학교.

유종훈 · 김용환 · 양창은 · 장명호 · 김희주 · 명노영 · 김동정 · 유헌창(2014). 아두이노 기반 피지컬컴퓨팅을 활용한 SW 개발 교육. 한국컴퓨터교육학회 논문지 제19권 제1호. 61-64.

이은형 · 이태욱(2015). 엔트리(ENTRY)를 활용한 초등 프로그래밍 입문수업 모델. 한국컴퓨터교육학회 논문지 제19권 제1호. 43-46.

이주원(2014). "정보과학적 사고력 향상을 위한 소프트웨어 교육 교수-학습 프로그램 개발". 석사학위논문. 충남대학교 교육대학원.

임정훈, 임병노, 최성희, 김세리, (2004), 초 · 중등학교에서 교실수업과 웹기반 학습을 연계한 커뮤니티 기반 프로젝트 학습모형 개발 연구, 교육공학연구, 20(3), 103-135.

장윤재 · 이원규(2014). 피지컬 컴퓨팅을 위한 프로그래밍 언어 활용 방안 연구. 한국컴퓨터교육학회 논문지 제18권 제2호, 27-32.

최숙영, (2011). 21st Century Skills와 Computational Thinking 관점에서의 '정보'교육과정 분석. 한국컴퓨터교육학회 논문지, 14(6), 19-30.

한국교육학술정보원(2015). 소프트웨어 교육 운영 지침 개발 연구. 연구보고 CR 2015-3.

한선관 · 김수환(2015). 초등 SW교육의 필요성에 대한 학부모의 인식 분석. 한국정보교육학회 논문지 제19권 제2호, 187-196.

홍정미(2015). "스크래치를 활용한 SW융합교육 프로그램이 초등학생의 ICT 소양과 SW인식에 미치는 영향". 석사학위눈문. 경인교육대학교 교육대학원.

Hamdan, N., Mcknight, P., Mcknight, K., & Arfstrom, K. M. (2013). The flipped learning model: A white paper based on the literature review titled a review of flipped learning. 2015. 1. 20

SW중심사회, http://www.software.kr/

네이버 소프트웨어야 놀자, http://www.playsw.or.kr/main

마인드스톰 http://www.lego.com/ko-kr/mindstorms

메이키메이키, http://www.makeymakey.com/

미래인재연구소 이슈리포트 http://computing.or.kr

미래인재연구소 이슈리포트 http://computing.or.kr

비트브릭, http://bitbrick.cc/

스크래치, https://scratch.mit.edu/

엔트리, http://www.play-entry.com/

주니어 소프트웨어 창작대회, https://www.juniorswcup.com/

주니어 소프트웨어 창작대회, https://www.juniorswcup.com/

햄스터 스쿨, http://hamster.school/ko/tutorial/entry

저자 약력

신재한

경북대학교 교육학박사(교육공학)
한국교육개발원 연구위원
한국교육과정평가원 교수학습센터 운영위원
교육부 연구사
(현) 국제뇌교육종합대학원대학교 뇌교육학과 교수

박민황

삼성전자 주니어SW아카데미 지도교사
네이버 엔트리 고투티처 선도교원
2016~2017 SW교육 선도학교 운영 교사
2016 로봇활용 SW교육 선도교원
2017 학교 내 무한상상실 최우수학교 운영 교사
2013, 2015 전국교육자료전 대통령상
교육정보화연구대회 SW개발 교육부 장관상 5회
(현) 대구광역시교육연수원 파견교사

나영동

대구교육대학교 교육학 석사
초등사회과 연구교사
2016 SW 선도학교 운영 교사
SW 개발 교육부장관상 2회
2015 전국교육자료전 대통령상
(현) 대구유천초등학교 교사

장준익

엔트리 고투티처 선도교원
2015 SW 선도학교 운영교사
2015 전국교육자료전 대통령상
농어촌 ICT 여건개선 교육부장관 표창
대구광역시교육연수원 파견
2018 SW교육선도학교 운영 교사
(현) 동대구초등학교 교사

김건호

대구교육대학교 교육학 석사
2013~2014 스마트교육 선도교원
2017 EBS 차세대콘텐츠 교육콘텐츠 원고 집필진
EBS 교육방송연구대회 영상클립콘텐츠 개발 부문 입상
2017 초중등 이러닝 활성화 교육부장관 표창
대구광역시교육연구정보원 파견
2018 SW교육선도학교 운영 교사
(현) 대구왕선초등학교 교사

4차 산업혁명 시대 창의융합형 인재 양성을 위한

소프트웨어 교육의 이론과 실제

2018년 9월 5일 1판 1쇄 인쇄
2018년 9월 10일 1판 1쇄 발행

저 자 : 신재한 박민황
나영동 장준익
김건호
발행자 : 한 정 주
발행처 : 교육과학사

저자와의
협의하에
인지생략

경기도 파주시 광인사길 71
전화 (031) 955-6956~8 / 팩스 (031) 955-6037
Home-page : www.kyoyookbook.co.kr
E-mail : kyoyook@chol.com
등록 : 1970년 5월 18일 제2-73호

잘못된 책은 바꾸어 드립니다.
Printed in Korea.

정가 15,000 원
ISBN 978-89-254-1317-4